Complete Dutch

Complete Dutch

Gerdi Quist and Dennis Strik

First published in Great Britain in 2003 by Hodder Education. An Hachette UK company.

This edition published in 2016 by John Murray Learning

Copyright © 2003, 2010, 2016 Gerdi Quist and Dennis Strik

British Library Cataloguing in Publication Data: a catalogue record for this title is available from the British Library.

Library of Congress Catalog Card Number: on file

9781444102383

16

The publisher has used its best endeavours to ensure that any website addresses referred to in this book are correct and active at the time of going to press. However, the publisher and the author have no responsibility for the websites and can make no guarantee that a site will remain live or that the content will remain relevant, decent or appropriate.

The publisher has made every effort to mark as such all words which it believes to be trademarks. The publisher should also like to make it clear that the presence of a word in the book, whether marked or unmarked, in no way affects its legal status as a trademark.

Every reasonable effort has been made by the publisher to trace the copyright holders of material in this book. Any errors or omissions should be notified in writing to the publisher, who will endeavour to rectify the situation for any reprints and future editions.

Cover image © Photopat houses/Alamy

Typeset by Cenveo® Publisher Services.

Printed and bound in Great Britain by CPI Group (UK) Ltd., Croydon, CR0 4YY.

John Murray Learning policy is to use papers that are natural, renewable and recyclable products and made from wood grown in sustainable forests. The logging and manufacturing processes are expected to conform to the environmental regulations of the country of origin.

Carmelite House
50 Victoria Embankment
London EC4Y 0DZ
www.hodder.co.uk

Contents

Acknowledgements

The authors and publishers would like to thank the following for permission to use their material in this book:

Algemene Nederlandse Vereniging van VVV's (anvv); W. Herrebrugh, Zuiderwoude; Prometheus, Amsterdam; Stichting: Fiets!, Amsterdam; Vervoer Bewijzen Nederland B.V.; Toon Hermans; Nederlandse Spoorwegen; Zorn Uitgeverij B.V.; Dienst Omroepbijdragen; Vomar; RTL/de Holland Media Groep S.A. and Neofiet B.V.; Jitse Groen, Director of Internet Thuis Bezorgd Faciliteiten; Egbert van de Coevering, Director of GCT Infomediair B.V.; Libelle.

CREDITS

Front cover: © Photopat houses/Alamy

Back cover: © Jakub Semeniuk/iStockphoto.com, © Royalty-Free/Corbis, © agencyby/iStockphoto.com, © Andy Cook/iStockphoto.com, © Christopher Ewing/iStockphoto.com, © zebicho – Fotolia.com, © Geoffrey Holman/iStockphoto.com,
© Photodisc/Getty Images, © James C. Pruitt/iStockphoto.com, © Mohamed Saber – Fotolia.com

Meet the authors

Gerdi and Dennis are highly experienced language teachers and authors. Gerdi is a lecturer in Dutch at University College London, and conducts research into language teaching in general, and Dutch in particular, focusing on intercultural communication. Dennis worked as a lecturer in Dutch at UCL for ten years, before moving back to the Netherlands, where he continues to write language books, teaches Dutch and works as a professional translator.

Together Gerdi and Dennis have written a whole range of language course books for learners at all levels, from beginners to advanced learners at an academic level, both for self-study purposes and classroom environments. Among the titles Gerdi and Dennis have produced are *Get started in Dutch* and *Complete Dutch*, published by Hodder Education, aimed at beginners and students at intermediate level, and the Routledge Intensive Dutch Course, which is intended for academic learners.

Only got a minute?

Dutch is the name of the official language spoken by more than 20 million people in the Netherlands and in Flanders, the northern part of Belgium – together they are sometimes called the Low Countries. Contrary to what many people would have you believe, particularly the Dutch, it is a relatively easy language to learn, particularly for speakers of English, because of the many similarities in vocabulary and the regularities of the language.

This book is designed for beginners of Dutch who have little or no experience in learning languages, and is structured progressively – each unit builds on the previous units so that you gradually learn new language patterns and vocabulary. Each unit is also built around a particular theme. They contain dialogues, reading texts and a variety of exercises. Explanations are given for the main grammar points and word patterns. Wherever possible, the texts and exercises have been taken from real-life situations, to help you communicate more successfully. Additional cultural information will familiarize you with life in the Low Countries and make you even more confident when speaking Dutch. **Veel succes!**

Only got ten minutes?

Dutch is the official language of the Netherlands and one of the official languages of Belgium, where it is spoken in the northern region of Flanders. Many people, particularly the Dutch, tend to claim it is a difficult language to learn, but in fact it is a lot more regular than, say, English, and it isn't as complicated as German.

Spelling

There is only one major spelling rule to learn, which concerns the vowel sounds **a**, **e**, **o** and **u**.

Short vowel sounds are always spelt with one letter and always occur in a closed syllable (a syllable ending in a consonant).

man *man*   **lek** *leak*   **bot** *bone*   **kus** *kiss*

Long vowel sounds can be spelt either with two letters (as in the examples) or one letter **(a**, **e**, **o**, **u)**, depending on whether they appear in a closed syllable (ending in a consonant) or an open syllable (ending in a vowel).

maan *moon*   **leek** *layman*   **boot** *boat*   **vuur** *fire*

The long vowel sounds are always spelt with two letters in closed syllables. When they appear in an open syllable, they are spelt with a single letter. This happens, for instance, when **-en** is added to make words plural:

maan *moon*   **leek** *layman*   **boot** *boat*   **vuur** *fire*
manen *moons*   **leken** *laymen*   **boten** *boats*   **vuren** *fires*

When you want to make **man** plural you clearly can't just add **-en** because then you'd get **manen** *moons*. There is a simple solution: double the end consonant, so the first one goes with the first syllable, thereby keeping it closed.

man *man*   **lek** *leak*   **bot** *bone*   **kus** *kiss*
mannen *men*   **lekken** *leaks*   **botten** *bones*   **kussen** *kisses*

Introductions & talking to and about people

You can introduce someone by saying **Dit is …** and giving his/her name. When referring to them again, you can say **hij** (*he*) if it's a man and **zij** (*she*) if it's a woman.

Here is a complete list of personal (subject) pronouns:

Pronouns	Stressed	Unstressed	
Singular	**ik**	('k)	*I*
	jij	je	*you (informal)*
	u	—	*you (formal)*
	hij	(ie)	*he*
	zij	ze	*she*
	het	't	*it*
Plural	**wij**	we	*we*
	jullie	—	*you (informal)*
	u	—	*you (formal)*
	zij	ze	*they*

Most of the pronouns have a stressed and an unstressed form. Generally, the unstressed forms are used, unless you want to emphasize who you're talking about.

There are two ways of addressing someone directly in Dutch. You use **je** or **jij** when you know someone well and you are on a first-name basis. You use **u** to be more polite, or when you don't know someone.

Many verbs change their form according to a rule. These are known as regular verbs. Look at the following chart:

helpen   *to help*

ik help	*I help*
jij helpt	*you help (singular, informal)*
u helpt	*you help (singular, formal)*
hij/zij/het helpt	*he/she/it helps*
wij helpen	*we help*
jullie helpen	*you help (plural, informal)*
u helpt	*you help (plural, formal)*
zij helpen	*they help*

However, a few verbs do not follow any logical pattern, including **zijn** (*to be*) and **hebben** (*to have*).

The verb form for **ik** is called the stem of the verb. For the other persons in the singular we use the stem **+ t: Ik woon, jij woont, hij woont,** etc. In the plural, the full form of the verb, the infinitive, is used: **Wij wonen, jullie wonen, zij wonen.**

The **-t** drops off the end of the verb when asking a question (or when **je/jij** comes after the verb). This only happens with **je** and **jij** – in all other cases the verb form does not change.

Hoe gaat het? is a common way of asking after someone's well-being. **Alles goed?** is more informal. To greet someone with **goedemorgen/middag** is quite formal. People will frequently say simply **dag**, or even more informally (particularly young people) **hoi.**

These are the object pronouns:

mij	*me*	**ons**	*us*
jou/u	*you*	**jullie/u**	*you*
hem/haar	*him/her*	**hen/hun/ze**	*them*

Negative answers

When you want to respond to a question in the negative, you need to add **niet** (*not*) to the sentence.

Werk je?	*Are you working?*
Nee, ik werk niet.	*No, I'm not working.*

Niet often comes at the end of the sentence, but before a preposition.

Nee, ik woon niet in Amsterdam.	*No, I don't live in Amsterdam.*

Niet also precedes descriptive words:

Nee, mijn schoenen zijn niet nieuw.	*No, my shoes are not new.*

Geen means *no/not any*. In Dutch, you don't say *I do not have a book*, you say *I have no book*.

Ik heb een boek.	**Ik heb geen boek.**

But:

Ik heb het boek.	**Ik heb het boek niet.**

Goodbye

When saying goodbye to someone, you often refer to the time when you will see one another again.

Tot dan.	*See you then (later).*
Tot vanavond.	*See you this evening.*
Tot morgen.	*See you tomorrow.*
Tot volgende week.	*See you next week.*

De, het, een

Names of things (nouns) are often preceded by the words **de** or **het**. For instance, **de appel**, **het beroep**, **het fruit**. These are the Dutch words for *the*.

The word **een** means *one*, but it is also used in Dutch to mean *a/an*.

There are three ways of making words plural. To most words, you add **-en** or **-s** and to words ending in **-a**, **-i**, **-o**, **-u**, **-y** you add **'s**. All plural words are **de** words.

Possession

Here are all the possessive pronouns in Dutch:

Stressed singular	Unstressed	
mijn	**(m'n)**	*my*
jouw	**je**	*your (informal)*
uw	—	*your (formal)*
zijn	**(z'n)**	*his*
haar	**(d'r)**	*her*

plural		
ons/onze	—	*our*
jullie	**je**	*your (informal)*
uw	—	*your (formal)*
hun	—	*their*

The two forms for *our*, **ons** and **onze**, mean exactly the same thing, except that **ons** is used in front of **het** words and **onze** is used in front of **de** words.

More than one verb

When you use two verbs in the same sentence, the first one, the main or finite verb, comes either at the start of the sentence in a question or as the second item in other sentences. The second verb comes right at the end. This verb at the end does not change its form and is called the infinitive or full verb.

Ik moet morgen hard werken.   *I have to work hard tomorrow.*

The most common verbs to be combined with an infinitive are the modal verbs: **zullen** (*shall*), **mogen** (*may*), **moeten** (*must*), **kunnen** (*can*) and **willen** (*want*).

There is a group of verbs that can be used together with an infinitive (the full verb), but in these cases **te** has to be inserted before the infinitive. Examples of these verbs are:

hoeven	*have to*
proberen	*try*
vergeten	*forget*

The construction **om + te + infinitive** is used to express a purpose. It could be translated as *in order to* (although often you would simply translate it as *to*).

Ik ga naar de supermarkt om boodschappen te doen.

Word order

A statement can begin with a word other than the subject. Often expressions of time, e.g. **morgen** or **zaterdag**, occupy this place in the sentence. When this happens, the verb remains in second position and the subject comes straight after the verb.

Ik ga donderdag middag ...
Donderdagmiddag ga ik ...

Deze/die + dit/dat

Deze/die and **dit/dat** are the Dutch words for *this/that*. **Deze** *(this)* and **die** *(that)* are used with **de** words. **Dit** *(this)* and **dat** *(that)* are used with **het** words:

de auto *the car*	**deze auto** *this car*	**die auto** *that car*
het huis *the house*	**dit huis** *this house*	**dat huis** *that house*

Adjectives

Adjectives such as **oud**, **nieuw**, **kort**, **strak**, etc. sometimes have an **-e** at the end and sometimes they don't.

de jas is oud
het blauwe overhemd
een zwarte rugzak

de zwarte broek
the blue shirt
a black rucksack

No **-e** is added when the descriptive word comes after the thing it describes. Add **-e** if the description comes before the thing it describes. There is a snag, though. The **-e** is occasionally left out when the descriptive word refers to a **het** word (**het T-shirt**, **het pak**) but is used with **een**, not **het**:

een dun T-shirt

a thin T-shirt

Big, bigger, biggest

Comparatives (words like *bigger*) and superlatives (words like *biggest*) are used to compare objects, people and ideas or to indicate that they surpass all others. You add **-er** to adjectives to make comparatives, and **-st** to make superlatives. With superlatives you always use **het**:

Adjective	**Comparative** (add -er)	**Superlative** (add -st)
mooi	**mooier**	**het mooist**
beautiful	*more beautiful*	*most beautiful*

Present and past

The present tense can be used to talk about things or events which started in the past and continue in the present. You must use the present tense in combination with **al** (lit. *already*) or **pas** (lit. *only*).

Ik woon al drie jaar in Amsterdam.

I've lived/been living in Amsterdam for three years.

Talking about the past

The perfect tense is used to talk about the past. It consists of a form of the verb **hebben** or **zijn** and a past participle.

Ik heb gewandeld.

I have walked.

Most verbs in Dutch are regular and form their past participle as follows:

1 Find the stem of the verb.
2 Add **ge-** at the beginning of the stem.
3 Add a **-t** or a **-d** at the end of the stem (a **-t** if the last letter of the stem is a letter in the words 'soft ketchup', otherwise a **d**).

Most verbs use a form of **hebben** in the perfect tense. A small number of irregular verbs use a form of **zijn** in the perfect tense – those verbs normally indicate a change of place or state:

Hij is met de trein gekomen.   *He has come by train. (change of place)*

The **imperfect tense** is also used to talk about the past, and consists of only one verb form: the stem of the verb + **-de(n)** or **-te(n)**. You add **-te** or **-ten** if the last letter of the stem appears in the words 'soft ketchup'. Otherwise you add **-de** or **-den**. The **-n** is added for plural forms.

Infinitive	Stem	Imperfect (Singular)	Imperfect (Plural)
werken *work*	**werk**	**werkte**	**werkten**
wonen *live*	**woon**	**woonde**	**woonden**

The imperfect is used when you give extra information about events in the past, after you have already introduced whatever topic you are talking about with the present perfect:

Ik heb twee jaar in Den Bosch gewoond.   *I lived in Den Bosch for two years.*
Ik woonde daar in een groot huis.   *I lived in a large house there.*

The imperfect is also used to describe things or events that took place regularly in the past.

Separable verbs

Verbs where the first part can be split from the main part are called separable verbs. When you use these verbs as the finite verb in the sentence, the first part splits away and appears at the end of the sentence. For example:

afzeggen   *to cancel*
Hij zegt onze afspraak voor morgen af.   *He's cancelling our appointment for tomorrow.*

When the separable verb is used with another verb, such as **zullen** or **willen**, then it goes to the end of the sentence. The main part of the separable verb meets up with its first part at the end of the sentence. For example:

aankomen   *to arrive*
Ik zal om half zes aankomen.   *I'll arrive at half past five.*

Relative clauses

Relative clauses give extra information about a thing or a person.
De tuin <u>die we hadden</u>, was enorm.   *The garden we had was enormous.*

Relative clauses start either with the relative pronoun **die** or **dat**, depending on the word they refer to. If the relative clause gives information about a **de** word, then you start with **die**; if the relative clause gives information about a **het** word, you start with **dat**. The other important thing to remember is that the verb(s) in a relative clause go(es) to the end of the clause.

If you refer to people in a relative clause and use a preposition, you refer to the person you are talking about as **wie**:

De man met wie ik samenwerk. *The man with whom I work.*

If you refer to a thing or idea in a relative clause and use a preposition, you refer to the thing you are talking about as **waar**:

De zaak waarover we hebben gesproken. *The matter we talked about.*

Diminutives

Words which end in **-je** often indicate something is small. This form (a diminutive) is similar to the English -let as in *piglet* or *booklet*, but it is used much more frequently in Dutch.

Zullen we op een terrasje een biertje gaan drinken? *Shall we have a beer on a terrace?*

Zou

You can use **zou/zouden** to ask for something politely or nicely. Because the use of the verb **zou/zouden** is polite in itself, you need not use **alstublieft** in the same sentence:

Zou je dit voor me kunnen doen? *Could you do this for me, please?*

The second meaning of **zou/zouden** is to state or remind someone of what the plan was:

Je zou nog bellen. *You were going to phone.*

Thirdly, **zou/zouden** has the meaning of giving advice:

Je zou wat vroeger naar bed moeten gaan. *You should go to bed earlier.*

The fourth function of **zou/zouden** is called the conditional – to show that you, or someone else, would like to do something, if only the conditions were right:

Als ik de loterij zou winnen, zou ik stoppen met werken. *Were I to win the lottery, I would give up work.*

Er + prepositions

You cannot use an object pronoun in combination with a preposition when you refer to a thing. In that case you need to use **er**:

Heb je van het feest gehoord? *Did you hear about the party?*
Ja, ik heb ervan gehoord. *Yes I have (heard about it).*

You don't use **er** when talking about people.

Sub-clauses

In sub-clauses:

▶ the main verb moves to the end of the sub-clause

▶ the sub-clause always starts with a linking word called a subordinating conjunction

Dat betekent dat ieder mens anders   *That means that every person responds differently.*
   reageert.

Sub-clauses are linked to main clauses by subordinating conjunctions. Examples are: **als** *when* (at that time), **toen** *when* (in the past), **hoewel** *although*, **omdat** *because*, **als** *if* (in case of).

Introduction

Before you start

Read this introduction. It will give you some general information and an idea of how the book is structured, and how to approach the course. It also gives you a few tips for learning.

What's in a name?

Dutch is the name of the official language spoken in the Netherlands and in the Dutch-speaking northern part of Belgium, **Flanders**. This whole area is sometimes referred to as the **Low Countries**. Over 20 million people speak Dutch as their first language, so it is by no means a minority language.

The Netherlands is also frequently referred to as Holland, particularly in sporting competitions. However, strictly speaking, the name Holland refers only to the two western provinces (Noord-Holland and Zuid-Holland). Dutch people living outside this area may well correct you if you refer to their country as Holland. Dutch is learned and studied worldwide by many people and, contrary to what many Dutch people would have you believe, it is a relatively easy language to learn, particularly for speakers of English, because of the many similarities in vocabulary and the regularities of the language.

What's this book about?

This book is designed for beginners of Dutch who have little or no previous language learning experience. It aims to introduce you to the basics of the Dutch language and to give you some insight into Dutch (and to a lesser extent Flemish) culture. The book aims to help you in communicating in real-life situations and conversations; not just to give you phrases for shopping and ordering food, but to give you the basics for creating your own messages and meanings. To do this, this extensively revised edition introduces you to grammatical patterns, vocabulary and expressions which are used frequently in the Low Countries. To communicate naturally with native speakers it is also very important that you understand what things are (usually) said or cannot be said in certain situations. To this end we have included some information about this, particularly about the level of (in)formality of certain ways of saying things.

This course takes you further than *Get started in Dutch* in this series, by introducing more vocabulary, including some work-related expressions, such as talking about your skills. It also introduces you to most basic grammar patterns, including talking about the past. By the end of the course you should have acquired enough language to engage in basic conversations in various situations, including to express your opinion on a variety of topics.

You should also be able to write basic texts and to read a whole range of straightforward texts in Dutch.

How is it structured?

This book is structured progressively throughout. Each unit builds on the previous ones and gradually you will be learning new language patterns and vocabulary across a variety of topics and situations. There are 16 units, each built around a particular theme. The units contain dialogues, a large number of exercises and the later units also contain reading texts. In addition there are two different kinds of explanation: explanations about grammar and word patterns and cultural information of two kinds. On the one hand, you will find explanations in terms of communicative conventions and the use of certain words and expressions. On the other hand, you will find a basic indication of some trends and values that can be observed in the Low Countries.

How do you learn a new language?

Unfortunately, there is no foolproof way of learning a new language.

Different people learn in different ways. Some may prefer to learn about the rules of the language and to practise these. Others may prefer to start talking with native speakers as soon as possible and to learn phrases which they can use in real life immediately. This course is designed to cater for both these ways of learning. In general, though, it is a good idea to use as many different strategies as possible. It may help you to memorize all the different words and patterns you have learned, or you may want to practise the different patterns with the new vocabulary or new situations you encounter. Clearly, if you want to learn a new language, you will need to invest some time in it. The only way for language to stick is to practise and, preferably, use it in real situations. But in most cases of learning a foreign language you will have to make do with second best: exercises to help you to communicate.

It is important that you practise regularly, because each unit will include some of the new words and patterns which you have learned in the previous units. It is better to practise only half an hour a day rather than one three-hour session a week.

Finally, learning a new language from a self-study book is clearly no substitute for attending classes, where you can communicate in Dutch with the teacher and other students. Ideally, you should take every opportunity available to talk in Dutch with a (near) native speaker and to read or listen to authentic Dutch material. It might also help if you can get hold of a children's book with a recording. You will then be able to listen and read at the same time. Not all children's books are interesting, but in recent years some good books have been published, even for the younger age range. The advantage of these is that the language used is simple, but authentic and up to date.

How to learn new vocabulary

Learning new words can be a daunting task, particularly if you haven't learned a foreign language before. Many people devise their own strategies to help them in learning new words. This could be speaking the new words onto a tape and listening to them while you are in the car or doing chores around the house. It could be writing words on Post-Its and sticking them around the house or wherever you will see them regularly. One thing you should do is to make a vocabulary list yourself of all the new words you encounter. Even though there is a vocabulary list at the end of this book, the advantage of having your own list is that you can group the words in a way that makes it easier for you to remember. You could group words around topic areas or you could group words grammatically, e.g. verbs, nouns, etc., whatever makes it logical for you. It is important that whenever you list a word, you list it with an example sentence (or two) so that you can learn the word in the context(s) in which it is used.

Spelling rules

Spelling rules are given in the next section. Many people find these rules difficult, particularly before they know much Dutch. If you see spellings in the first few units that seem to change and that you can't understand, you can refer to these rules for guidance. However, if at first you still remain confused, stick to the main spelling of the word that you find in the vocabulary list. Later, however, you will have to get to grips with these rules.

Symbols

 Pronunciation

 Listen to the audio

 New words and phrases

 Figuring something out

 Practice exercises

 Speak Dutch out loud

 Reading exercise

 Things to remember

Pronunciation

It is important to get your pronunciation right from the start. Here are a few suggestions about how to do this:

▶ Listen to the pronunciation guide on the recording and try to imitate the sounds and words as often as you can. If you do not have the recording, then follow these written instructions very carefully.

▶ When you start work on the units, listen to the dialogues as often as possible and repeat them aloud until your pronunciation comes as close as possible to that of the speaker on the recording.

▶ Record your own voice and then check that it sounds similar to the version on the recording. If you know a native speaker, ask them to correct your pronunciation.

▶ Listen to native Dutch speakers, the Dutch radio and television and even Dutch songs to familiarize yourself with Dutch sounds.

▶ Fortunately, you don't have to worry too much about the stress in words since this generally falls on the first syllable.

▶ Keep going: with practice you will develop a reasonable accent so that you can be easily understood.

Dutch sounds

 TR 1, 00.30

CONSONANTS

As a speaker of English, you won't find Dutch consonants much of a problem. The consonants are generally pronounced the same as in English. Here are the main exceptions:

ch	**licht** *light*	As in Scottish *loch*. You should feel it at the back of your mouth. Sounds softer the further south you go.
g	**gek** *mad*	The same guttural sound as **ch**. Never pronounced as English *g*.
j	**ja** *yes*	As in English *y* in *yes*.
k, p, t	**kat** *cat*, **pop** *doll*, **tas** *bag*	The same as in English but without exhaling as much air (hold your hand in front of your mouth and make sure you feel no air coming out with the Dutch words).
r	**rood** *red*	Can be made by trilling your tongue against the back of your upper teeth or by making friction at the back of the mouth (like a French *r*).
sch	**school** *school*	A combination of **s** and **ch**.
v	**vis** *fish*	Like English *v* in *give*, but sometimes closer to English *f*, especially at the beginning of words.
w	**wit** *white*	Between English *v* and *w*. Hold your upper teeth against your lower lip.

VOWELS

Dutch vowel sounds are sometimes trickier than the consonants because they differ considerably from those in English. There are short vowel sounds, long vowel sounds and combinations of vowels.

Short vowel sounds

a	**man** *man*	As in *hard* but shorter.
e	**lek** *leak*	As in *set* but shorter.
i	**lip** *lip*	As in *bit* but shorter.
o	**bot** *bone*	As in *hot* but shorter.
u	**kus** *kiss*	Similar to *dirt* but shorter.

Long vowel sounds

aa	**maan** *moon*	As in *cat* but longer.
ee	**leek** *layman*	As in *lane*.
eu	**neus** *nose*	There is no equivalent in English. Try making a vowel sound as in *dirt* while rounding/pouting your lips tightly.
ie	**niet** *not*	As in *cheat*.
oe	**boek** *book*	As in *book* but with your lips more rounded.
oo	**boot** *boat*	As in *boat*.
uu	**vuur** *fire*	No equivalent in English. Try making a vowel sound as in *leak* while pursing your lips. Before **r**, vowel sounds become much longer.

Combinations of vowels

au/ou	**blauw** *blue*	No equivalent in English. Try making a vowel sound as in *shout* but start by rounding your lips more with your mouth wide open.
aai	**saai** *boring*	A combination of **aa** and **ie**.
eeuw	**eeuw** *century*	A combination of **ee** and **oe**.
ei/ij	**trein** *train*	No equivalent in English. In between the English vowel sounds in *night* and *late*. **NB:** When writing, **ij** is usually written as one letter, like an English *y* with dots.
ieuw	**nieuw** *new*	A combination of **ie** and **oe**.
oei	**doei** *bye*	A combination of **oe** and **ie**.
ooi	**mooi** *beautiful*	A combination of **oo** and **ie**.
ui	**huis** *house*	No equivalent in English. Try making the English vowel sound as in *house* while tightly pursing your lips and pressing your tongue down.
uw	**ruw** *rough*	A combination of **uu** and **oe**.

There is one other Dutch vowel sound which is similar to the English vowel sound in *sister*. This sound (easy to pronounce – just let air escape through your open mouth) can be spelt in different ways:

e	as in **de** *the*
ee	as in **een** *a/an*
i	as in **aardig** *nice*
ij	as in **lelijk** *ugly*

Spelling

Dutch spelling is relatively straightforward and regularized. There is only one major rule to learn, which concerns the vowel sounds **a**, **e**, **o**, **u**.

In the section on short vowel sounds we saw:

man man   **lek** leak   **bot** bone   **kus** kiss

These short vowel sounds are always spelt with one letter and always occur in a closed syllable (a syllable ending in a consonant).

In the section on long vowel sounds we saw:

maan moon   **leek** layman   **boot** boat   **vuur** fire

These long vowel sounds can be spelt either with two letters (as in the examples) or one letter (**a**, **e**, **o**, **u**), depending on whether they appear in a closed syllable (ending in a consonant) or an open syllable (ending in a vowel).

The long vowel sounds are always spelt with two letters in closed syllables, as in the examples just seen. However, when they appear in an open syllable, they are spelt with a single letter. This happens, for instance, when **-en** is added to make words plural:

maan moon   **leek** layman   **boot** boat   **vuur** fire
manen moons   **leken** laymen   **boten** boats   **vuren** fires

When **-en** is added, the first syllable becomes an open syllable (the **n**, **k**, **t**, **r** in the middle of the examples becomes part of the second syllable), which means the long vowel sound is spelt with one letter only.

This seems easy enough, although you may well wonder what to do if you want to make **man** man plural (you clearly can't just add **-en** because then you'd get **manen** moons). There is a simple solution: double the consonant, so the first one goes with the first syllable, thereby keeping it closed.

man man   **lek** leak   **bot** bone   **kus** kiss
mannen men   **lekken** leaks   **botten** bones   **kussen** kisses

TREMA

Two dots can be placed above an **e** or an **i** to indicate that a new syllable starts. These two dots are called **trema**.

België Belgium, for instance, is pronounced Bel-gi-e. Without the trema, it would be pronounced Bel-gie.

Hallo, kom binnen!
Hello, come in!

In this unit you will learn:
▶ *How to introduce yourself and others*
▶ *How to say where you're from*
▶ *How to ask people's names*
▶ *How to ask how people are*
▶ *How to ask what people want to drink*

Dialogues 1 and 2

Listen to the following short conversations and try to find out what information people are giving about themselves. Just try to get the gist at first. Jotting down words and names as you listen will help.

At a language school, the teacher welcomes a new student:

TR 2

Teacher	Hallo, kom binnen. Hoe heet je?
Phoebe	Ik heet Phoebe.
Teacher	Welkom, Phoebe. Waar kom je vandaan?
Phoebe	Ik kom uit Amerika.
Teacher	Hoelang blijf je in Nederland?
Phoebe	Ik blijf vier weken.

Kom binnen.	*Come in.*
Waar kom je vandaan?	*Where are you from?*
Hoelang blijf je?	*How long are you staying?*
Nederland	*the Netherlands*
ik heet	*my name is*
ik kom uit	*I'm from*
ik blijf	*I'm staying (for)*

In the canteen:

Sarah	Hoi. Ben jij William?
William	Ja, wie ben jij?
Sarah	Ik ben Sarah. Ga zitten.
William	Dank je.
Sarah	Wil je ook koffie?
William	Ja, graag.

ben jij …?	*are you …?*
ja	*yes*
wie ben jij?	*who are you?*
ik ben	*I am*
ga zitten	*sit down*
dank je	*thanks*
wil je ook …?	*would you like …?*
ja, graag	*yes, please*

Exercise 1

Go through the dialogues carefully, making sure you understand everything. Then act them out, preferably with a partner. You may want to listen to the recordings several times, copying the pronunciation exactly, to sound as Dutch as possible.

Grammar

SENTENCES

As you can see from these two short dialogues, Dutch isn't as radically different from English as you might have expected. A lot of words sound the same (**hallo**, **welkom**, **koffie**) and the sentences you make with them are also remarkably like sentences in English, with many words put in the same order:

Kom binnen.	*Come in.*
Ik kom uit Amerika.	*I come from America.*
Ben jij William?	*Are you William?*
Wie ben jij?	*Who are you?*
Ik ben Sarah.	*I am Sarah.*

QUESTION WORDS

Question words are used in much the same way as in English. You've already come across several in the first two dialogues. Here they are:

<u>Hoe</u> heet je?	*What's your name?*
<u>Waar</u> kom je vandaan?	*Where are you from?*
<u>Hoelang</u> blijf je?	*How long are you staying?*
<u>Wie</u> ben jij?	*Who are you?*

Dialogues 3, 4 and 5

Here are some more conversations. Again, first try to get the gist of what's being said.

Monique is meeting Paul and a friend of his in a café in town.

TR 2, 01.00

Paul	Dag Monique. Ik zit hier!
Monique	Hoi Paul. Hoe gaat het?
Paul	Prima, dank je. Ken je Aafje?
Monique	Nee, ik ken Aafje niet.
Paul	Aafje dit is Monique. Monique dit is Aafje.
Monique	Hallo Aafje.
Aafje	Dag Monique. Wil je iets drinken?

dag	*hello, hi*
Ik zit hier.	*I'm sitting here.*
Hoe gaat het?	*How are you? (lit. How goes it?)*
prima	*(I'm) great, really well*
Ken je …?	*Have you met/do you know …?*
nee	*no*
Ik ken … niet.	*I don't know …*
dit is	*this is*
Wil je iets drinken?	*Would you like something to drink?*

Jos is having a beer in a terrace bar on a canal. He spots Maarten walking past:

Jos	Hé Maarten. Ga zitten. Wil je ook een biertje?
Maarten	Nee, dank je. Nu niet. Ik ga naar mijn ouders.
Jos	Oké. Bel me morgen.
Maarten	Dat doe ik. Tot ziens!
Jos	Doei!

hé	*hey there!*
Ga zitten.	*Sit down. (lit. go sit)*
nu niet	*not now*
Ik ga naar	*I'm going to*
mijn ouders	*my parents*
Bel me morgen.	*Call me tomorrow.*
Dat doe ik.	*I'll do that.*
tot ziens	*see you*
doei!	*bye!*

In a chatroom on the Internet (not spoken!):

A	Hoi. Ik heet Holland4U. Hoe heet jij?
B	Hallo. Ik heet R. Herring. Alles ok?
A	Ja, prima. Waar zit je?
B	Ik zit in Manchester. Jij?
A	In Haarlem.
B	Alles ok in Haarlem?

alles ok?	*everything ok?*
Waar zit je?	*Where are you?*

Exercise 2

Study these three dialogues carefully as well and then act them out with a partner.

HET INTERNET *THE INTERNET*

The last two dialogues in this unit allow you to get a glimpse of how influential English is nowadays. The Dutch constantly borrow and adopt words and phrases from English, both when they're speaking and writing. One example is **oké** in the fourth dialogue, a word which is used all the time in Dutch. In the chatroom dialogue you can see that a lot of people don't even bother with the Dutch spelling for words anymore. Here, probably because it's shorter, you don't find **oké** but **ok**. A small example, but you will find many more once you start reading Dutch texts.

💡 How to …

▶ Ask people who they are/where they're from

Hoe heet je/jij?	*What's your name?*
Ben jij … ?	*Are you … ?*
Wie ben jij?	*Who are you?*
Waar kom je vandaan?	*Where are you from?*
Hoelang blijf je (in …)?	*How long are you staying (in …)?*

- ▶ Introduce yourself and others

Ik heet …	*My name is …*
Ik ben …	*I'm …*
Ik kom uit …	*I'm from …*
Dit is …	*This is …*

- ▶ Ask how people are and say how you are

Hoe gaat het?	*How are you?*
Alles ok?	*Everything all right?*
Prima, dank je.	*Fine, thanks.*
uitstekend	*excellent*
goed	*fine/well*
niet goed	*not well*
slecht	*not well at all (badly)*

- ▶ Greet people and say goodbye

Dag!	*Hello!*
Hallo.	*Hello.*
Tot ziens.	*Goodbye.*
Hoi!	*Hi!*
Doei!	*Bye!*

- ▶ Ask if people want something (to drink) and say yes/no, thank you

Wil je …?	*Would you like …?*
Ja, graag.	*Yes, please.*
Nee, dank je.	*No, thanks.*

 Grammar

JE/JIJ/IK

As you have probably noticed from the dialogues, the Dutch mostly use **je** for *you*. However, you have also seen the word **jij**, which also means *you*. As a basic rule you use **je** to mean *you*, except when you want to stress the word, or emphasize it, then you use **jij**. In English you don't use a different word, obviously, but you change your intonation, which becomes a bit more lilting. Pretend you're having friends over for a drink. Ask the first one: *Would you like a drink?* Then ask the other friend the same question: *Would you like a drink?* You probably pronounced *you* differently this time. The same goes in Dutch except you use a different word:

To first friend:	*Wil je iets drinken?*
To second friend:	*Wil jij iets drinken?*

If you are the 'you', the reply is much simpler. You always use **ik**.

Ik wil iets drinken!	*I would like something to drink!*

INTRODUCING YOURSELF

Throughout the dialogues we've come across various ways of introducing yourself and asking who people are. Here they are:

Hoe heet je?	*What's your name?*	**Ik heet Phoebe.**	*My name's Phoebe.*
Wie ben jij?	*Who are you?*	**Ik ben Sarah.**	*I'm Sarah.*
Ben jij William?	*Are you William?*	**Ja.**	*Yes.*

The greetings you have seen vary from neutral ones, which you can use in any situation:

Dag!	*Hello!*
Hallo.	*Hello.*
Tot ziens.	*Goodbye.*

to more informal ones, which you'd use only with people you know well, friends for instance.

Hoi!	*Hi!*
Doei!	*Bye!*

● **INSIGHT**

A variation of **doei** is **doeg**. There are local variants too, like **howdo**, which is used in the south of the Netherlands. **Ik zie je**, a literal translation of *I'll see you*, is also used. Completely English expressions such as *bye bye* and *see you* are used too.

ASKING HOW PEOPLE ARE

As in English there are many different ways of asking how people are. And, of course, of saying how you are! Here are the first few from the dialogues:

Hoe gaat het?	*How are you?*
Alles ok?	*Everything all right?*
Prima, dank je.	*Fine, thanks.*

Some different answers are:

uitstekend	*excellent*
goed	*fine/well*
niet goed	*not well*
slecht	*badly*

NEGATIVE: *NIET*

Everything is not always positive, but luckily saying something is not so in Dutch is very straightforward; you simply use **niet**. **Niet** is often placed at the end of the sentence (for more on **niet** see Unit 11).

Ken je Aafje?	*Do you know Aafje?*
Nee, ik ken Aafje niet.	*No, I don't know Aafje.*
Wil je ook een biertje?	*Would you like a beer too?*
Nee, dank je. Nu niet.	*No, thanks. Not now.*

GA ZITTEN: VERBS

We've seen people ask each other questions, give answers and tell each other what to do, as in:

Kom binnen.	*Come in.*
Bel me morgen.	*Call me tomorrow.*

You can see that the verb-forms **kom** and **bel** are nice and short. We have seen such short verb forms before:

Ik kom uit Nederland.	*I come from the Netherlands.*
Wil je koffie?	*Would you like a coffee?*
Ik ken Aafje niet.	*I don't know Aafje.*
Waar zit jij?	*Where are you (located)?*

When you look in a dictionary, however, you will find not these short forms, but a longer form, the infinitive (which in English is preceded by *to*, e.g. *to do, to go, to come*). Fortunately they're easily recognizable in Dutch because the regular ones end in **-en**:

komen	*to come*
bellen	*to call*
willen	*to want*
kennen	*to know*
zitten	*to sit*

The short form used in the earlier sentences is called the stem of the verb and can be found by simply taking away the **-en** at the end of the infinitive (and sometimes a consonant, because Dutch words cannot end in two consonants that are the same). (See the spelling rules in the Pronunciation section.)

So, as you can see, it is simple to make sentences with **ik**:

Ik kom uit Canada.	*I'm from Canada.*
Ik bel je morgen.	*I will call you tomorrow.*
Ik wil een biertje.	*I want/would like a beer.*

Questions are easy, too. Just put the verb (the stem) or a question word at the beginning of the sentence:

Wil je iets drinken?	*Would you like something to drink?*
Ken je Johan?	*Do you know Johan?*
Waar kom je vandaan?	*Where are you from?*
Hoe heet je?	*What's your name?*

(Note that you add an **-e-** to **heet**, from **heten** – see spelling rules.)

> ● **INSIGHT**
> You also use the stem of the verb to tell people what to do:
>
> | | |
> |---|---|
> | **Bel me morgen.** | *Call me tomorrow (give me a call tomorrow).* |
> | **Kom binnen.** | *Come in(side).* |

All pretty easy so far, you will agree, except that not all verbs are regular. There are quite a few irregular verbs (about which more later) for which the stem of the verb can be a bit harder to find. The stem of **gaan** *to go* is **ga**, for instance. And the stem of **zijn** *to be* is **ben**. You simply have to learn these by heart.

Wie ben jij?	*Who are you?*
Ga zitten.	*Sit down* (lit. *go sit*)

Exercise 3

TR 2, 02.00

You are welcoming people to an open day at your language school. For each of the people on the list, ask their name and where they are from. Then provide the answers, as if you were those people.

Example:	Joe Stanfield / Engeland	
Answer:	Hoe heet je?	Ik heet Joe Stanfield.
	Waar kom je vandaan?	Ik kom uit Engeland.

   a Irene Joseph / Frankrijk (*France*)
   b Paolo Balti / Italië (*Italy*)
   c Hans Petersen / Duitsland (*Germany*)
   d Karen Lending / Zweden (*Sweden*)
   e Alex Harding / Engeland (*England*)

Exercise 4

TR 2, 04.12

Now ask the students how they are and provide the answers, using the information given.

Example:	Joe: excellent	
Answer:	Joe, hoe gaat het?	
	Uitstekend, dank je.	

   a Irene: not well
   b Paolo: fine / well
   c Hans: not well
   d Karen: not well at all
   e Alex: fine / well

Exercise 5

TR 2, 05.26

At the end of the open day you are offering everyone something to drink. Use the following information to make up short dialogues.

Example: Joe: koffie / nee
Answer: Joe, wil je koffie? Nee, dank je.

   a Irene: koffie / ja
   b Paolo: een biertje / nee
   c Hans: wijn (*wine*) / ja
   d Karen: thee (*tea*) / nee
   e Alex: water / ja

Exercise 6

Give the stem of the following verbs:
   a zitten
   b willen
   c kennen
   d zijn
   e komen
   f gaan
   g bellen

Exercise 7

Make the following sentences negative, following the example.

Example: Ik kom morgen. *I will be coming tomorrow.*
Answer: Ik kom morgen niet. *I will not be coming tomorrow.*

   a Ik bel morgen. *I will call tomorrow.*
   b Ik ken Marc. *I know Marc.*
   c Ik ben Mariska. *I am Mariska.*
   d Ik kan nu. *I can make it (right) now.*
   e Dit is Monique. *This is Monique.*

Ten things to remember

1 **Je** and **jij** both mean *you* (singular). You normally use **je**. If you want to stress the word, you use **jij**.

2 **Ik** is the Dutch word for *I*.

3 You ask how people are with **Hoe gaat het?**

4 The Dutch word for *not* is **niet**.

5 The full form of the verb is called the infinitive and usually ends in **-en** in Dutch.

6 The stem of the verb is usually the infinitive without **-en**.

7 The stem of the verb is used when talking about **ik** *I*.

8 The stem of the verb is also used in questions before **je** and **jij**.

9 There are quite a few irregular verbs, with irregular stems. The stem of **gaan** *to go*, for instance, is **ga**.

10 Spelling rules apply when forming the stem of a verb. The stem of the verb **heten** *to be called*, for instance, is not **het** but **heet**.

2 Wat doe je?
What do you do?

In this unit you will learn:
- ▶ *How to introduce someone*
- ▶ *How to talk about your family*
- ▶ *How to say which languages you speak*
- ▶ *How to say what nationality you are*

Dialogue

David works for a design company. He meets his boss, Hans, at the office and is introduced to a new colleague:

 TR 3

David	Hallo Hans, hoe gaat het?
Hans	Prima David. Zeg, dit is Ingrid den Bosch, onze nieuwe projectmanager.
David	Goedemorgen, mevrouw Den Bosch.
Ingrid	Goedemorgen, meneer Thompson.
David	Hoe gaat het met u?
Ingrid	Prima, dank u. Bent u soms Engelsman met een naam als Thompson?
David	Ja, dat klopt. Bent u Nederlandse?
Ingrid	Nee, ik kom uit Duitsland. Maar mijn man is Nederlander.
David	Heeft u kinderen?
Ingrid	Nee, ik heb geen kinderen. U wel?
David	Ja, mijn vrouw en ik hebben twee kinderen, een dochter van 16 en een zoon van 13. Uw Nederlands is erg goed.
Ingrid	Dank u.
Hans	Ingrid spreekt vloeiend Nederlands, Engels, Frans en Spaans.
Ingrid	Nou, ik spreek vloeiend Nederlands en Engels. En ik ben vrij goed in Frans en Spaans.
David	En Duits natuurlijk.
Ingrid	Ja, natuurlijk. En spreekt u nog andere talen?
David	O, ik spreek geen vreemde talen. Nou ja, behalve Nederlands dan. Zeg trouwens maar 'je'.
Ingrid	Prima, doe jij dat dan ook.

V **zeg, …**	(lit.) *say, … / listen, …*
onze nieuwe projectmanager	*our new project manager*
mevrouw	*Mrs*
meneer	*Mr*
Hoe gaat het met u?	*How are you?*
dank u	*thank you*
bent u soms	*Are you by any chance/perhaps?*
Engelsman	*Englishman*
met een naam als …	*with a name like …*
dat klopt	*that's right*
Nederlandse	*Dutch woman*
Duitsland	*Germany*
maar	*but*
mijn man	*my husband*
Nederlander	*Dutchman*
Heeft u kinderen?	*Do you have children?*
Ik heb geen kinderen.	*I have no children.*
u wel?	*do you?*
mijn vrouw	*my wife*
twee	*two*
een dochter van 16	*a daughter of 16*
en	*and*
een zoon van 13	*a son of 13*
uw Nederlands	*your Dutch*
… is erg goed	*… is very good*
Ingrid spreekt vloeiend …	*Ingrid speaks … fluently*
Engels	*English*
Frans	*French*
Spaans	*Spanish*
vrij goed	*quite good*
Duits	*German*
Spreekt u nog andere talen?	*Do you speak any other languages?*
natuurlijk	*of course*
Ik spreek geen vreemde talen.	*I don't speak any foreign languages.*
nou ja, …	*well, …*
behalve Nederlands dan	*except Dutch then*
Zeg trouwens maar 'je'.	(lit.) *Say 'je' by the way (please address me informally).*
Doe jij dat dan ook.	*You do so as well then.*

Exercise 1

Study the dialogue carefully, making sure you understand all the different words and phrases. Then act out the situation with a partner.

> ● **INSIGHT**
>
> Note that Dutch speakers tend to refer to British people as English, wherever they come from in the United Kingdom.

> **GREETINGS**
>
> In addition to the greetings from Unit 1 you can also use **goedemorgen**, **goedemiddag** and **goedenavond** *good morning/afternoon/evening* in most situations. They are slightly more formal than some other greetings, like **hallo** and **hoi** (this last is extremely informal).

> **FORMAL AND INFORMAL**
>
> When David and Ingrid are introduced to one another, they address each other as **mevrouw** *Madam/Mrs* and **meneer** *Sir*. They are clearly not on a first name basis. In such cases, you cannot use **je** or **jij** to talk to people: you have to use **u**. Like **je** and **jij**, **u** also means *you* but is used only in formal situations. Note that **Hoe gaat het met je?** *How are you?*, which is informal, becomes **Hoe gaat het met u?** *How are you?*, which is formal. And **dank je** *thank you* becomes **dank u**.

> ● **INSIGHT**
>
> When meeting someone, it is usually safest to start by addressing them with **u**. From the dialogue you can see that the other person will usually indicate if you can address him or her informally: **Zeg trouwens maar 'je'** *Please say 'je'*.

> **DAT KLOPT**
>
> **Dat klopt** *that's right* can be used to answer questions positively. You can also use **inderdaad**, which literally means *indeed*, but doesn't sound as incredulous. You will hear it a lot.

> **VRIJ GOED**
>
> **Ik ben vrij goed in Frans** translates as *I am quite (rather) good at French*. In contrast to some other nationalities, the Dutch tend not to understate their abilities and are quite direct about them.
>
> The word **vrij** is used frequently. Other words that can be used in the same context are: **tamelijk** and **redelijk**: **Ik ben tamelijk goed in Frans** *I am reasonably good at French*. Both words are slightly weaker than **vrij**.

 How to ...

▶ Greet people

goedemorgen	*good morning*
goedemiddag	*good afternoon*
goedenavond	*good evening*

▶ Ask someone's nationality

Bent u … ?	*Are you … ?*
Bent u Nederlander?	*Are you a Dutchman/Dutch?*
Ja, ik ben Nederlander.	*Yes, I'm a Dutchman/Dutch.*
Nee, ik ben Engelsman.	*No, I'm an Englishman.*

▶ Ask whether someone has children

Hebt/heeft u kinderen?	*Do you have children?*
Ja, ik heb twee kinderen.	*Yes, I have two children.*
Nee, ik heb geen kinderen.	*No, I have no children.*

▶ Say that something is right

Dat klopt.
Inderdaad.

▶ Ask what languages someone speaks

Spreekt u vreemde talen?	*Do you speak foreign languages?*
Spreekt u nog andere talen?	*Do you speak any foreign languages?*
Ja, ik spreek Duits.	*Yes, I speak German.*
Ik spreek vloeiend Spaans.	*I speak Spanish fluently.*
Ik spreek vrij goed Engels.	*I speak English quite well.*
Ik spreek geen Nederlands.	*I don't speak Dutch.*
Ik spreek alleen Nederlands.	*I speak only Dutch.*

 Grammar

NATIONALITIES AND LANGUAGES

In Dutch, unlike in English, most nouns referring to nationality have a masculine and feminine form:

Jan is Nederlander.	*Jan is a Dutchman.*
Ingrid is Duitse.	*Ingrid is a German woman.*

land *(country)*	man *(male)*	vrouw *(female)*	taal *(language)*
Nederland	Nederlander	Nederlandse	Nederlands
België/Vlaanderen	Vlaming	Vlaamse	Vlaams
Duitsland *(Germany)*	Duitser	Duitse	Duits
Engeland	Engelsman	Engelse	Engels
Frankrijk *(France)*	Fransman	Française	Frans
Canada	Canadees	Canadese	
de Verenigde Staten *(US)*	Amerikaan	Amerikaanse	

Vlaams is the name often used to refer to Dutch when it is spoken in the Dutch-speaking region of Belgium. **Vlaams** is not different from Dutch and the official name of the language in Belgium is Dutch. Note that the feminine nouns end in **-e**.

People nowadays say **Ik ben Engels** *I am English*, i.e. using the adjective.

GEEN

In Unit 1 you saw that **niet** is used to make sentences negative:

Ik kom morgen niet.	*I am not coming tomorrow.*

However, if you mean to say *no* or *not any*, you have to use **geen**:

Ik heb geen kinderen.	*I have no children.*
Ik spreek geen Duits.	*I do not speak (any) German.*

The opposite of **niet** and **geen** is **wel**. **Wel** cannot be translated into English. In English there is no separate word, so you give emphasis with your voice. Try saying the following examples out loud and you'll see:

Ik spreek geen Frans.	*I don't speak French.*
Maar ik spreek wel Nederlands.	*But I do speak Dutch.*

> ● **INSIGHT**
>
> Children having an argument are a good example of how **wel** and **niet** are used as opposites. The Dutch equivalent of English *yes, I did – no, you didn't* is **wel – niet**, or even more childishly: **welles – nietes**.

SPREEK/SPREEKT

In Unit 1 we talked about ourselves and others using only the stem of the verbs:

Ik kom uit Nederland.

Wil je koffie?

In this unit you find that you cannot always use only the stem of the verb. You have to add a **-t** to the end of the stem when:

▶ talking about a third person

Ik spreek vloeiend Nederlands.	*I speak Dutch fluently.*
Ingrid spreekt vloeiend Nederlands.	*Ingrid speaks Dutch fluently.*

▶ addressing someone formally with **u**

Spreek jij vreemde talen?	*Do you speak foreign languages?*
Spreekt u vreemde talen?	*Do you speak foreign languages?*

When the stem of a verb (like **zitten**) ends in a **-t** (**zit**), you can't add another **-t**, because a Dutch word cannot end in two consonants which are the same.

We should point out that you don't always just use the stem of the verb when addressing someone informally with **je/jij**: if **je/jij** precedes the verb, you have to add a **-t**. So, only if **je/jij** comes after the verb do you use the stem without a **-t**.

TALKING ABOUT THE PRESENT: REGULAR

You have now seen infinitives in Dutch (**spreken**, **bellen**, **komen**), the stems of verbs (**spreek**, **bel**, **kom**) and the forms which add a **-t** to the stem (**spreekt**, **belt**, **komt**). You will be glad to know that there are no other forms used in the present tense in Dutch. Whether you are talking about yourself, one or more other people or addressing one or more others, you always use one of these forms.

Here is what a regular verb looks like in Dutch, with all the pronouns (words for *I*, *you*, *he*, *she*, etc.). We'll give two examples:

komen *to come*   **spreken** *to talk*

SINGULAR

ik kom *I come*   **ik spreek** *I talk*
je/jij komt *you come* (informal)   **je/jij spreekt** *you speak* (informal)
(but: **kom je/jij?**)   (but: **spreek je/jij?**)
u komt *you come* (formal)   **u spreekt** *you talk* (formal)
hij komt *he comes*   **hij spreekt** *he talks*
zij komt *she comes*   **zij spreekt** *she talks*

PLURAL

wij komen *we come*   **wij spreken** *we talk*
jullie komen *you come* (informal)   **jullie spreken** *you talk* (informal)
u komt *you come* (formal)   **u spreekt** *you talk* (formal)
zij komen *they come*   **zij spreken** *they talk*

You can see that there is a clear pattern to these regular verbs. There are two verb forms in the singular (when talking to or about one other person): the stem of the verb for **ik** and stem **+ t** for all the other forms, except when **je/jij** moves after the verb, because then the **-t** is dropped.

The plural (when you're talking to or about more than one person) is even easier: you always use the whole verb, the infinitive, except for formal **u** *you*, which is the same as the singular.

> ● INSIGHT
>
> Although, as you can see, the words for *she* and *they* are the same, there can be no confusion because the verb forms are different (stem **+ t** for *she* and the infinitive for *they*).

TALKING ABOUT THE PRESENT: IRREGULAR

We already explained that there are irregular verbs as well, which don't form neat patterns like regular forms. However, the plural still takes the infinitive (except for **u**). Here are the two most important irregular verbs:

zijn *to be*   **hebben** *to have*

SINGULAR

ik ben *I am*
je/jij bent *you are* (informal)
(but: **ben je/jij?**)
u bent *you are* (formal)
hij is *he is*
zij is *she is*

ik heb *I have*
je/jij hebt *you have* (informal)
(but: **heb je/jij?**)
u hebt or **heeft** *you have* (formal)
hij heeft *he has*
zij heeft *she has*

PLURAL

wij zijn *we are*
jullie zijn *you are* (informal)
u bent *you are* (formal)
zij zijn *they are*

wij hebben *we have*
jullie hebben *you have* (informal)
u hebt or **heeft** *you have* (formal)
zij hebben *they have*

The two forms for **u** under **hebben** (**u hebt** and **u heeft**) mean the same thing and can be used interchangeably.

DE NUMMERS 1–20

 TR 3, 01.25

0	**nul**		
1	**een, één**	**11**	**elf**
2	**twee**	**12**	**twaalf**
3	**drie**	**13**	**dertien**
4	**vier**	**14**	**veertien**
5	**vijf**	**15**	**vijftien**
6	**zes**	**16**	**zestien**
7	**zeven**	**17**	**zeventien**
8	**acht**	**18**	**achttien**
9	**negen**	**19**	**negentien**
10	**tien**	**20**	**twintig**

Learn these numbers by heart.

 Exercise 2

Answer the following questions in *Dutch*. Make sure you understand the forms of the verbs hebben and zijn before you tackle this exercise. Reread the dialogue if necessary.

   a What nationality is David?
     Hij _____

   b What nationality is Ingrid?
     Zij _____

   c How many children does David have?
     Hij _____

d What languages does David speak?

Hij _____

e What languages does Ingrid speak?

Zij _____

Exercise 3

TR 3, 02.03

Read (or, if you have the recording, listen to) the following information about Kevin Wilson.

Kevin Wilson is Amerikaans. Hij komt uit Dallas. Hij heeft een vrouw en vier kinderen. Hij spreekt vloeiend Engels en Nederlands, en vrij goed Frans.

Kevin is going to an employment agency to register for work. He has to answer some questions about his nationality (nationaliteit) and so on.

Imagine that you are Kevin. How would you answer the following questions? (If you have the recording, check your own answers with those given there.)

Receptioniste	Wat is uw naam? What's your name?
Kevin	_____
Receptioniste	Wat is uw nationaliteit?
Kevin	_____
Receptioniste	Hebt u kinderen?
Kevin	_____
Receptioniste	Spreekt u Nederlands?
Kevin	_____
Receptioniste	U spreekt natuurlijk vloeiend Engels?
Kevin	_____
Receptioniste	Spreekt u nog andere talen?
Kevin	_____

Exercise 4

TR 3, 03.06

Read this introduction:

Dit is Marga Bos. Zij is Nederlands. Zij komt uit Nijmegen en heeft twee kinderen. Zij spreekt Engels en Frans en natuurlijk Nederlands.

Following the pattern of what you have just read use the information given to compose introductions for these people.

	naam	**land**	**talen**	**kinderen**
a	Wilma Miller	Duitsland	Nederlands	3
b	Brad McLain	VS	Duits	geen
c	Chantal Bouquet	Frankrijk	alleen Frans	4

 Reading

Look at the form and check the meaning of words you do not know in the vocabulary at the back of the book.

Dienst Omroepbijdragen	Formulier voor aangifte van een **TELEVISIE/RADIOTOESTEL** S.v.p. invullen in blokletters.
	MAN VROUW*
Achternaam	
Voornamen (voluit)	
Straat en huisnummer	
Postcode/woonplaats	
Geboortedatum	*Doorhalen wat niet van toepassing is.
Telefoonnumme r	zie ommezijde

? Ten things to remember

1 Words made up of more than one word are written as one word in Dutch, e.g. **projectmanager**.

2 **Je** and **jij** are used to address someone informally. To address someone formally **u** is used.

3 A formal way of saying thank you is **Dank u**. An informal way of thanking someone is **Dank je**.

4 You greet people according to the time of day with **goedemorgen** *good morning*, **goedemiddag** *good afternoon* and **goedenavond** *good evening*.

5 **Vlaams** is the name often used to refer to Dutch when it is spoken in the Dutch-speaking region of Belgium. However, **Vlaams** is not different from Dutch and the official name of the language in Belgium is Dutch.

6 The Dutch for *no/not any* is **geen**.

7 The opposite of **geen** and **niet** is **wel**.

8 When talking about a third person or addressing someone formally with **u**, you use the stem of the verb with an extra **-t** at the end. **Ingrid spreekt Nederlands.** *Ingrid speaks Dutch.* **Spreekt u vreemde talen?** *Do you speak foreign languages?*

9 The verb form for **je/jij** is **stem + t**. However, when **je/jij** follow the verb, the **-t** is dropped.

10 The verbs **zijn** *to be* and **hebben** *to have* are irregular.

3 Waar woon je?

Where do you live?

In this unit you will learn:
▶ *How to ask and answer questions about accommodation*
▶ *How to talk about the surrounding area*
▶ *How to talk about your living arrangements*

Dialogues 1, 2 and 3

*Bert talks to a new colleague, Anja, during their coffee break (**de koffiepauze**):*

 TR 4

Anja	Waar woon je?
Bert	In Amsterdam, in de Vijlmerstraat.
Anja	Waar is dat?
Bert	De Vijlmerstraat ligt in Amsterdam Oost.
Anja	Wat voor woning heb je?
Bert	Ik woon in een flat.
Anja	Hoeveel kamers heb je?
Bert	Ik heb een tweekamerflat, dus ik heb een woonkamer en een slaapkamer.
Anja	En een badkamer en een keuken natuurlijk.
Bert	Ja. Mijn keuken is vrij groot, maar de badkamer is klein.
Anja	Woon je alleen?
Bert	Nee, ik woon samen met mijn vriendin.

Waar woon je?	*Where do you live?*
Waar is dat?	*Where is that?*
… ligt in Amsterdam Oost	*… is in East Amsterdam*
Wat voor woning heb je?	*What type of house is it?*
Ik woon in …	*I live in …*
Hoeveel kamers heb je?	*How many rooms do you have?*
een tweekamerflat	*(lit.) a two-room flat*
dus	*so*
een woonkamer	*a living room*
een slaapkamer	*a bedroom*
een badkamer	*a bathroom*
een keuken	*a kitchen*
mijn	*my*

vrij groot	quite large
klein	small
Woon je alleen?	Do you live on your own?
Ik woon samen met …	I live (together) with …
mijn vriendin	my girlfriend

Renate and Jan-Peter are sitting opposite one another in the train. They strike up a conversation.

Jan-Peter Groen	Woont u hier in Haarlem?
Renate van de Hulst	Ja, maar ik woon niet in het centrum van de stad. Ik woon in een buitenwijk.
Jan-Peter Groen	In een huis?
Renate van de Hulst	Ja, ik woon in een huis, samen met mijn man en twee kinderen.
Jan-Peter Groen	Is het een groot huis?
Renate van de Hulst	Ja, redelijk groot. Het is een eengezinswoning met vier kamers. Er is een woonkamer met open keuken beneden en er zijn drie slaapkamers boven.
Jan-Peter Groen	Dat is niet gek.
Renate van de Hulst	Nee, inderdaad. En we hebben een mooie badkamer boven en een extra toilet beneden.
Jan-Peter Groen	Is het een leuke buurt?
Renate van de Hulst	Ja, het is lekker rustig. Ons huis ligt aan het water. En we zitten ook vlakbij het strand.
Jan-Peter Groen	Het klinkt ideaal!

hier	here
het centrum van de stad	the centre of (the) town
een buitenwijk	a suburb
samen met	(together) with
een groot huis	a large house
redelijk groot	reasonably large
een eengezinswoning	a house for one family
er is …	there is …
open keuken	open kitchen
beneden	downstairs
er zijn …	there are …
boven	upstairs
Dat is niet gek.	That's quite something.
een mooie badkamer	a beautiful bathroom
een leuke buurt	a nice neighbourhood
lekker rustig	nice 'n' quiet

Ons huis ligt aan het water.		*Our house is on the water.*
We zitten ook dicht bij het strand.		*We are also close to the beach.*
Het klinkt ideaal.		*It sounds ideal.*

Henriëtte has invited Willem, a fellow student, to a party. She's making sure he is coming:

Henriëtte	Dus je komt vanavond, hè?
Willem	Ja, natuurlijk. Waar is het ook alweer?
Henriëtte	Bij mij, in de Schoenmakerstraat.
Willem	Op welk nummer woon je?
Henriëtte	Op nummer 17. Schoenmakerstraat 17.
Willem	Ok. Hoe laat?
Henriëtte	Om acht uur. Is dat ok?
Willem	Prima! Tot dan.
Henriëtte	Tot vanavond!

Dus je komt vanavond, hè?	*You are coming tonight, aren't you?*
Waar is het ook alweer?	*Where is it again?*
bij mij	*at my place*
Op welk nummer woon je?	*What number do you live at?*
hoe laat?	*what time?*
om acht uur	*at eight o'clock*
Tot dan.	*See you then.*
Tot vanavond.	*See you this evening.*

Exercise 1

Study the dialogues and check whether you understand all the language in them. Act out the situations with a partner.

 WONING

The word **woning** means the same as **huis**, but it is generally used when talking about accommodation. It comes from the verb **wonen**, which means *to live*, e.g. **Ik woon in Amsterdam** *I live in Amsterdam*. The word **huis** refers more to the building itself.

When the Dutch mention the size of their accommodation, they do not state the number of bedrooms, but they count all the rooms in the house (except bathroom, kitchen, etc.). They talk in terms of a **driekamerwoning** or a **vierkamerwoning** (*three-* or *four-room house*).

EEN LEUKE BUURT

In the context of the dialogue, **buurt** means *neighbourhood*, so **een leuke buurt** means *a nice neighbourhood*. Instead of **buurt** you can also use the word **wijk** for neighbourhood. **Buurt** itself is also used in other contexts. **In de buurt** means the same as **vlakbij** *nearby*.

Addresses work in much the same way as in English, except for one big difference: the house number follows the street name. So you will first say or write the name of the street and then the number:

Mijn adres is Klevertlaan 8.   *My address is Klevertlaan 8.*
Op welk nummer woon je?   *What number do you live at?*
Op nummer 17.   *At number 17.*

This is a small word which you will hear a lot in Dutch. It can mean many things, usually depending on the intonation used (note that the accent, which you won't see a lot in Dutch, changes the sound of the e). In the last dialogue it is used to reinforce the question which is being asked, much as you do in English by using a tag question. Luckily, **hè** is easier to use than the English tags since it never changes. Note that **hè** is quite informal:

Dus je komt vanavond, hè?   *You <u>are</u> coming tonight, aren't you?*
Mooi weer, hè?   *Beautiful weather, isn't it?*
Jij wilt koffie, hè?   *You want coffee, don't you?*

● INSIGHT

In Dutch **hè?** often simply means *what?*, and is used as a reply when people don't understand what is being said. Of course it's not very polite to say **hè?,** but you will hear it used frequently, although much less so in Flanders than in the Netherlands.

GOODBYES

When saying goodbye to someone, you often refer to the time when you will see one another again. In Dutch you can do this by using **tot** plus a time reference. In the third dialogue there are two examples:

Tot dan.   *See you then (later).*
Tot vanavond.   *See you this evening.*

But, of course, you can use any time reference you like. For instance:

Tot morgen.   *See you tomorrow.*
Tot volgende week.   *See you next week.*

AT HOME

To talk about being in or going to your own home, the Dutch use the expression **bij mij**. It translates roughly as *at my place*:

Kom je bij mij?   *Are you coming to my place?*

Talking about a party, two people might say:

Waar is het?   *Where is it?*
Bij mij.   *At my place.*

Exercise 2

TR 4, 02.19

Bekijk de plattegronden goed. *Have a good look at the plans.*

Beantwoord de vragen. *Answer the questions.*

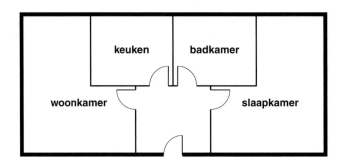

Example: Wat voor woning heb je?

Woon je in een huis?

Hoeveel slaapkamers heb je?

Answer: Ik heb een tweekamerwoning.
Nee, ik woon in een flat.
Ik heb een slaapkamer.

a

Wat voor woning heb je?

Heb je een groot huis?

b

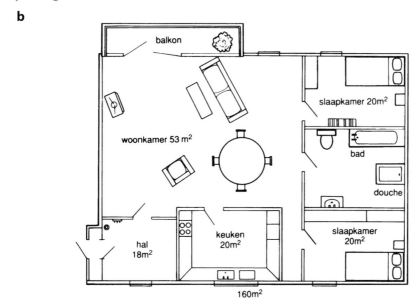

Hoeveel slaapkamers hebben jullie?

Hebben jullie een tuin?

c

Heeft u een tuin?

Ligt uw huis mooi? (*Is your house well situated?*)

Exercise 3

You know your colleague, Tilly, has recently moved house with her family and you question her about it. Here are her answers. What are your questions? (If you have the recording, do this exercise while you listen. It provides a more realistic situation for you to practise.)

 TR 4, 03.26

You	_____
Tilly	In Tilburg, maar niet in het centrum van de stad.
You	_____
Tilly	Ja, het is een leuke buurt. Lekker rustig!
You	_____
Tilly	Ik heb een driekamerflat.
You	_____
Tilly	Nee, ik woon samen met mijn vriend.
You	_____
Tilly	Nee, we hebben geen tuin maar we hebben een balkon.

Exercise 4

Someone you recently met through a course, Richard, asks you some questions. Use the information about Apeldoorn (given in exercise 7) for your answer, but extend the answer (when asked) with the information that you live alone.

 TR 4, 04.28

Richard	Waar woon je eigenlijk?
You	_____
Richard	Hoeveel kamers heeft het huis?
You	_____
Richard	Ligt het huis mooi?
You	_____
Richard	Woon je alleen?
You	_____

 # Grammar

DE, HET, EEN

You will have seen that words for things, objects and ideas (nouns) are often preceded by **de** or **het.** These are the Dutch words for *the*. They have exactly the same meaning, but it is important that you learn which words take **de** and which take **het**, because a lot of other things depend on it (we'll come back to this later). There are more **de** words than **het** words (about twice as many), so it is probably easier if you simply learn all the **het** words and assume that all the others take **de**. Luckily, there is only one word for *a* and *an* in Dutch: **een**.

Some examples:

de kamer *the room*	**een kamer** *a room*
het huis *the house*	**een huis** *a house*
de auto *the car*	**een auto** *a car*

WHEN THERE IS MORE THAN ONE (PLURAL)

The plural of nouns is altogether a bit more predictable than the articles.

There are three ways of making a noun plural. Normally the following rules apply:

▶ add **-s** when a noun has got at least two syllables and finishes with **-el**, **-en**, **-em**, **-er**, **-je**
▶ add **'s** when the word finishes with **-a**, **-i**, **-o**, **-u**, **-y**
▶ add **-en** to all other nouns.

Here are some examples for you to start off with:

add -s or -'s		add -en	
de tafel (*table*)	de tafel**s**	het boek (*book*)	de boek**en**
de vader (*father*)	de vader**s**	het ding (*thing*)	de ding**en**
de kamer	de kamer**s**	de stoel (*chair*)	de stoel**en**
het meisje (*girl*)	de meisje**s**	de fiets (*bicycle*)	de fiets**en**
de foto (*photo*)	de foto**'s**	de man	de mann**en**
de auto (*car*)	de auto**'s**	de maan (*moon*)	de man**en**
de hobby	de hobby**'s**		
de taxi	de taxi**'s**		

The Dutch word for *the*, with all plural words, is **de**:

de stoelen	*the chairs*
de boeken	*the books*

LIGGEN, ZITTEN, STAAN

Even though these verbs have their specific meanings (*to lie down, to sit, to stand*) they often have an idiomatic use where English would only use a form of *to be*. Even so, the original meaning of the verbs is maintained in some way.

Liggen is used when you can visualize something lying down:

Het boek ligt op de tafel.	*The book is on the table.*
De krant ligt op de grond.	*The newspaper is on the floor.*

But **liggen** is also used to indicate a geographical location:

De Vijlmerstraat ligt in Amsterdam Oost.	*Vijlmer Street is in East Amsterdam.*
Waar ligt Voorschoten?	*Where is Voorschoten?*

liggen	staan

Staan is used for objects which you can imagine as standing upright:

De koffie staat klaar.	*The coffee is ready.*
De fiets staat in de tuin.	*The bike is in the garden.*

Zitten is used very frequently in many different contexts, but it often refers to *living* and *being* somewhere in a more or less settled situation. You can imagine someone sitting him/herself down and getting settled:

Mijn dochter zit in Amsterdam.	*My daughter is (lives) in Amsterdam.*
Hij zit in de gevangenis.	*He is in prison.*
Zij zit altijd thuis.	*She is always at home.*
Ik zit hier heel leuk.	*I am quite comfortable here (refers to accommodation).*

Zitten *to sit Singular*	Liggen *to lie*	Staan *to stand*
ik **zit** *I sit*	ik **lig** *I lie*	ik **sta** *I stand*
je/jij **zit** *you sit* (informal)	je/jij **ligt** *you lie* (informal)	je/jij **staat** *you stand* (informal)
(also: **zit** je/jij?)	(but: **lig** je/jij?)	(but: **sta** je/jij?)
u **zit** *you sit* (formal)	u **ligt** *you lie* (formal)	u **staat** *you stand* (formal)
hij **zit** *he sits*	hij **ligt** *he lies*	hij **staat** *he stands*
zij **zit** *she sits*	zij **ligt** *she lies*	zij **staat** *she stands*
Plural		
wij **zitten** *we sit*	wij **liggen** *we lie*	wij **staan** *we stand*
jullie **zitten** *you sit* (informal)	jullie **liggen** *you lie* (informal)	jullie **staan** *you stand* (informal)
u **zit** *you sit* (formal)	u **ligt** *you lie* (formal)	u **staat** *you stand* (formal)
zij **zitten** *they sit*	zij **liggen** *they lie*	zij **staan** *they stand*

● INSIGHT

To some degree you need to acquire a feeling for when to use **staan** or **zitten**, but you would sound quite authentic when using these verbs correctly, so it's worth the effort. It might help you if you think about the literal meaning of these verbs as *standing* and *sitting*.

MORE NUMBERS

20	twintig	24	vierentwintig
21	eenentwintig	25	vijfentwintig
22	tweeëntwintig	26	zesentwintig
23	drieëntwintig	27	zevenentwintig
28	achtentwintig	100	honderd
29	negenentwintig	128	honderd achtentwintig
30	dertig	200	tweehonderd
40	veertig	282	tweehonderd tweeëntachtig
50	vijftig	300	driehonderd
60	zestig	465	vierhonderdvijfenzestig
70	zeventig	746	zevenhonderdzesenveertig
80	tachtig	1,000	duizend
90	negentig		

Note that in the mixed numbers from 20 the last number is mentioned first as in **vierentwintig** (lit. four and twenty) and that the number is written as one word.

Note also that a **trema** (two little dots above the letter) is used in the numbers **tweeëntwintig**, **drieënzestig**, and so on. Check in the spelling rules why this is so.

POSSESSIVES: MY, YOUR, HIS/HER

We've come across several words expressing possession in the dialogues:

mijn keuken	*my kitchen*
mijn vriendin	*my girlfriend*
ons huis	*our house*

These words are called possessive pronouns. You will recognize them easily since they all have equivalents in English. Here are all the possessive pronouns in Dutch:

Stressed Singular	Unstressed	
mijn	**(m'n)**	*my*
jouw	**je**	*your* (informal)
uw	—	*your* (formal)
zijn	**(z'n)**	*his*
haar	**(d'r)**	*her*
Plural		
ons/onze	—	*our*
jullie	**je**	*your* (informal)
uw	—	*your* (formal)
hun	—	*their*

You can see that, for some of the pronouns, there are stressed and unstressed forms. The difference between these is basically the same as the difference between **je** and **jij** explained in Unit 1. With the possessives, the stressed forms are generally used when writing. When speaking, the unstressed forms are more commonly used – if there is one, of course! – unless you want to emphasize who it is you are speaking about:

M'n hond en m'n kat slapen in één mand.	*My dog and my cat sleep in one basket.*
Het is niet jouw pc maar mijn pc!	*It isn't your pc but my pc!*

The forms in parentheses are not generally used in writing. They're considered too informal.

The two forms for *our*, **ons** and **onze**, mean exactly the same thing, except that **ons** is used in front of **het** words (see earlier) and **onze** is used in front of **de** words.

> **het huis**, so: **ons huis** *our house*

> **de auto**, so: **onze auto** *our car*

Because all plural words take **de** (see earlier), they also always take **onze**:

onze huizen	*our houses*
onze auto's	*our cars*

> ● **INSIGHT**
>
> It is good to remember that there are twice as many **de**-words as **het**-words. So you will use **onze** more often than **ons**, particularly since all plural words are **de**-words.

Exercise 5

Fill in the correct possessive pronoun.

a	my	Dit is _____ boek.
b	her	Misschien is dit _____ koffie.
c	our	Zijn _____ kinderen ook zo luidruchtig? (*loud*)
d	your (singular/formal)	Mag ik _____ pen even lenen? (*May I borrow your pen?*)
e	your (plural/informal)	Ik heb _____ nieuwe auto nog niet gezien. (*not yet seen*)
f	their	_____ badkamer is erg mooi.
g	his	Maar _____ badkamer niet!
h	our	Jammer genoeg is _____ huis nog niet verkocht.
		(*Unfortunately, our house hasn't been sold yet.*)

ER IS/ZIJN ...

To describe things, the phrases **er is** and **er zijn** can be used. **Er is ...** means *there is ...* and is used for singular things, i.e. when there is only one of something:

Er is een mooie badkamer.   *There's a beautiful bathroom.*

And **er zijn ...**, which means *there are ...*, is used for plurals, i.e. when there is more than one of whatever you're describing:

Er zijn boven vier slaapkamers.   *There are four bedrooms upstairs.*

Exercise 6

Welk antwoord past bij de vraag? *Match the questions and answers.*

a	Waar woont je zoon?	**i**	De kamers zijn een beetje (*a little*) klein.
b	Waar ligt dat?		
c	Zit je vlakbij het strand?	**ii**	Ja, ons huis ligt vlakbij het strand.
d	Woon je in een rustige buurt?	**iii**	Dat ligt vlakbij het strand.
e	Is het huis groot?	**iv**	Hij zit in Purmerend.
		v	Ja, het is een rustige straat.

Exercise 7

 TR 4, 05.24

Lees de volgende tekst. *Read the following text.*

Ik woon in Amsterdam. Ik heb een driekamerwoning. Er is een keuken, douche en balkon. Het huis ligt vlakbij het strand.

Use the following information to construct sentences on the same pattern as those you have just read.

	woonplaats	hoeveel kamers	speciale kenmerken	vlakbij
a	Rotterdam	4	een mooie grote achtertuin	de dierentuin
b	Haarlem	3	2 grote balkons	de duinen
c	Groningen	5	een mooie open keuken	het centrum
d	Apeldoorn	4	een comfortabele woonkamer	de Veluwe
e	Purmerend	2	een grote slaapkamer	Amsterdam

de woonplaats	*the place of residence*
de speciale kenmerken	*the special features*
de dierentuin	*the zoo*
het centrum	*the centre of town*
comfortabel(e)	*comfortable*
de Veluwe	*an area of natural beauty near Apeldoorn*

 Exercise 8

Look at the advertisement below and answer the questions in English:

    a What sort of dwelling is for sale?
    b What special features does the house have?
    c How big is the house?

Te koop.

Rotterdam. Luxe verbouwde bovenwoning, grote
woonkamer met open haard, open keuken,
luxe badkamer, 3 sl.kamers en riant balkon
(totale oppervlakte 150m²), €310.00
05998-18043

---

te koop	*for sale*
luxe	*luxurious*
verbouwd	*renovated*
de bovenwoning	*the upstairs flat*
de open haard	*the open fire*
riant	*spacious*

Exercise 9

Make up a few sentences about your own home, using the same pattern as in Exercise 7.

> **● INSIGHT**
>
> In the Netherlands you cannot buy a house anywhere you like. In many municipalities (**gemeenten**), you need to apply for a **woonvergunning** (a special permit), if the sale price is below a certain level. Houses above this price limit are in what is called **de vrije sector**. For these no **woonvergunning** is necessary. The **woonvergunning** is different from the **verblijfsvergunning**, which people of other nationalities need in order to be granted permission to live in the Netherlands.
>
> Something that everyone has to do after moving house is to register at the town hall (**het gemeentehuis**) at the **Afdeling Bevolking** *Department of Population*.

Reading

In Nederland is veel nieuwe woningbouw. Minstens de helft van de nieuwe woningen zijn koopwoningen. De rest is bestemd om te huren.

De overheid geeft in sommige gevallen subsidie voor het kopen of huren van een woning.

Sommige mensen wonen in een boot, de zogenaamde woonboten of arken.

De moderne woningbouw heeft soms een interessante architectuur. De paalwoningen van architect Blom in Heerlen en Rotterdam zijn heel bijzonder.

de woningbouw	*house-building (construction)*
minstens	*at least*
de helft	*half*
de koopwoningen	*the houses (that are owner-occupied)*
bestemd	*intended for*
huren	*to rent*
geeft	*gives*
sommige gevallen	*certain situations*
kopen	*to buy*
zogenaamde	*so-called*
de paalwoning	*the cube-shaped house on concrete pillars*
bijzonder	*unusual, special*

Answer these questions in English:

1 Are there many new houses being built in the Netherlands?

2 How many of the new houses are for sale?

3 Does the Dutch government subsidize people when buying or renting a new home?

4 Which houses have a fairly special and unusual architecture?

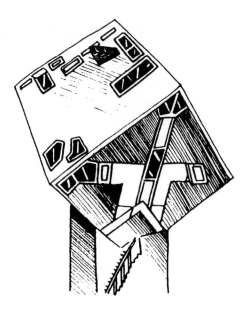

paalwoningen

Ten things to remember

1 When the Dutch mention the size of their accommodation, they count all the rooms in the house except the bathroom and kitchen. They talk in terms of a **driekamerwoning**, a three-room house.

2 In Dutch addresses, the house number follows the street name: **Mijn adres is Klevertlaan 8**.

3 **Hè** reinforces a question which is being asked (**Dus je komt vanavond, hè?**), but it can also mean *what?*

4 To talk about being in or going to your own home, you use **bij mij** in Dutch. **Kom je bij mij?** *Are you coming to my place?*

5 **De** and **het** are the Dutch words for *the*.

6 **Een** is the Dutch word for *a* and *an*.

7 Dutch words are made plural by adding **-en**, **-s** or **-'s**.

8 All plural words in Dutch take **de**.

9 Where English uses the verb *to be*, Dutch often uses a form of the verbs **liggen** *to lie*, **zitten** *to sit* or **staan** *to stand* when describing objects or people.

10 The possessive pronouns are **mijn/(m'n)** *my*, **jouw/je** *your* (informal), **uw** *your* (formal), **zijn/(z'n)** *his*, **haar/(d'r)** *her*, **ons/onze** *our*, **jullie/je** *your* (plural, informal), **uw** *your* (plural, formal), **hun** *their*.

4 De boodschappen
Groceries

In this unit you will learn:
- ▶ *How to buy food and groceries*
- ▶ *How to ask for things in shops/markets*
- ▶ *How to say what you want*
- ▶ *How to say how much you want*
- ▶ *How to use money*

Dialogues 1, 2, 3 and 4
OP DE MARKT IN THE MARKET

*You're staying in a small Dutch town for a few days. After breakfast, you walk down to the local market. You wander around the stalls (***kramen***) and stop to listen to the locals buying their fruit and vegetables.*

Kraam 1:

 TR 5

Verkoper	Goedemorgen, mevrouw. Zegt u het maar.
Klant	Goedemorgen. Mag ik een pond tomaten?
Verkoper	Natuurlijk, anders nog iets?
Klant	Ja, ook nog een kilo aardappelen.
Verkoper	Prima. Anders nog iets?
Klant	Nee, dank u. Dat was het.

Zegt u het maar.	*What'll it be?*
Mag ik …?	*May I have …?*
Anders nog iets?	*Anything else?*
Dat was het.	*That's everything.*

Kraam 2:

Verkoopster	Goedemorgen. Wie is er aan de beurt?
Klant	Ik, geloof ik. Ik wil graag drie ons kaas.
Verkoopster	Wat voor kaas?
Klant	Jonge kaas, alstublieft.
Verkoopster	Mag het iets meer zijn?
Klant	Ja, hoor. Dat is prima.

Verkoopster	Anders nog iets?
Klant	Verkoopt u ook eieren?
Verkoopster	Ja, natuurlijk. Hoeveel?
Klant	Tien scharreleieren graag.
Verkoopster	En dat was het?
Klant	Ja, dat was het. O, nee. Ik heb ook boter nodig.
Verkoopster	Eén kuipje?
Klant	Ja, graag.
Verkoopster	Dat is dan €5,25 bij elkaar.

V **Wie is er aan de beurt?** *Who's next?*
Ik, geloof ik. *I am, I believe.*
drie ons kaas *three ounces of cheese*
wat voor …? *what kind of …?*
Mag het iets meer zijn? *Can it be a little more?*
ja, hoor *yes, certainly*
Verkoopt u …? *Do you sell …?*
eieren *eggs*
scharreleieren *free-range eggs*
boter *butter*
een kuipje *a tub (for butter)*
Dat is dan … *That's … then.*
bij elkaar *altogether*

Kraam 3:

Verkoper	Wie mag ik helpen. U meneer?
Klant	Ja. Ik wil graag wat kersen.
Verkoper	Dat kan. Hoeveel?
Klant	Hoe duur zijn ze?
Verkoper	Ze kosten €2,50 per pond.
Klant	Doet u dan maar een pond.
Verkoper	Anders nog iets?
Klant	Ja, ook een kilo sinaasappelen, alstublieft.
Verkoper	Natuurlijk. Anders nog iets?
Klant	Nee, ik heb verder niets nodig.
Verkoper	Dat is €4,75, alstublieft.
Klant	Alstublieft, een briefje van 20 euro.
Verkoper	Met 5, 10 en dat is 20.
Klant	Dank u.
Verkoper	Graag gedaan. Tot ziens.

Wie mag ik helpen?	*Who can I help?*
Ik wil graag …	*I'd like …*
wat kersen	*some cherries*
dat kan	*that's possible*
Hoe duur zijn ze?	*How much are they?*
ze kosten …	*they cost …*
per pond	*a pound*
sinaasappelen	*oranges*
Ik heb verder niets nodig.	*I don't need anything else.*
een briefje van 20 euro	*a 20-euro note*
Graag gedaan.	*You're welcome.*
Tot ziens.	*See you.*

Kraam 4:

Verkoopster	Morgen, meneer. Hoe kan ik u helpen?
Klant	Goedemorgen. Heeft u wat garnalen voor me?
Verkoopster	Natuurlijk. Hoeveel wilt u?
Klant	Zo'n twee ons.
Verkoopster	Wilt u anders nog iets?
Klant	Ook nog drie zoute haringen, graag.
Verkoopster	Komt voor elkaar.
Klant	En een zak mosselen, alstublieft.
Verkoopster	Dat was het?
Klant	Ja, dat was alles.
Verkoopster	Dat wordt dan €20,50 bij elkaar.
Klant	Alstublieft.
Verkoopster	Dank u wel. Een prettige dag verder.
Klant	Bedankt. Hetzelfde.

Hoe kan ik u helpen?	*How can I help you?*
garnalen	*shrimps*
zo'n twee ons	*about two ounces*
zoute haringen	*salted herrings*
Komt voor elkaar.	*Consider it done.*
een zak mosselen	*a bag of mussels*
dat was alles	*that's everything*
Dat wordt dan …	*That'll be …*
Een prettige dag verder.	*Have a nice day.*
Hetzelfde	*the same (to you)*

Exercise 1

Study the dialogues and make sure you understand all the words and phrases. Then act them out.

BOODSCHAPPEN DOEN TO DO THE SHOPPING

Boodschappen doen refers only to doing the grocery shopping, not shopping for luxury goods like clothes, which is called **winkelen** (from the word **winkel** *shop*). Shops in the Netherlands, particularly outside the four largest cities (Amsterdam, Utrecht, Den Haag and Rotterdam) often still close at 6 p.m. However, opening hours for supermarkets tend to be more flexible, and many larger chains are now open until 8 o'clock most nights.

You will find the supermarkets pretty much the same as in the rest of the EU. As is the money of course, the euro. There are **eurobiljetten** *euro notes* of 5, 10, 20, 50, 100, 200 and 500 euro.

There are coins of 1, 2, 5, 10, 20, 50 **eurocent** and 1 and 2 **euro**.

●INSIGHT

Dutch people also frequently pay by debit card, not just in supermarkets, but in all sorts of shops. This is called **pinnen**. You simply swipe your card through a little machine on the counter, type in your pin and press a green 'yes' button to approve the transaction. In supermarkets **pinnen** can also be used to withdraw cash.

As they are doing their shopping, the Dutch use quite a few set expressions when dealing with shop assistants or market traders, and even in supermarkets – where you don't tend to say a lot on the whole – at the checkout, **de kassa**.

Here are the most often used phrases in the order in which they are usually used. Note that not all of them are used all the time.

Your turn

The salesperson will often start by asking whose turn it is to be served:

Wie is er aan de beurt?	*Whose turn is it?*
Wie mag ik helpen?	*Who may I help/serve?*

What do you want?

If it's your turn, you'll be asked what you want:

Zegt u het maar.	*What'll it be?* (lit. *say it, please*)
Zeg het maar.	*What'll it be?* (lit. *say it, please*) = *less formal*
Hoe kan ik u helpen?	*How can I help you?*

Asking for things

There are lots of ways of asking for things, but the easiest is simply to use **alstublieft** or **graag**:

Een kilo appels, alstublieft.	*A kilo of apples, please.*
Een pond kaas, graag.	*A pound of cheese, please.*

A little more, a little less?

Sometimes, for instance when buying a piece of cheese, you'll be asked whether you mind if it's a little more or less:

Mag het iets meer zijn?	*Can it be a little over/more?*
Mag het iets minder zijn?	*Can it be a little under/less?*

Anything else?

You will probably be asked whether there's anything else you'd like:

Anders nog iets?	*Anything else?*
Dat was het?	*Is that it?*

Paying

To pay, you will first be told how much the total is:

Dat is €10.	*That's 10 euros.*
Dat is dan €10 bij elkaar.	*That's 10 euros altogether then.*
Dat wordt €10.	*That'll be 10 euros.*

This is usually followed by **alstublieft** *please*.

When handing over the money to pay, you'll also use **alstublieft**, now meaning *There you are*. The salesperson takes the money and says **Dank u wel**.

When s/he hands you your change, this sequence is repeated. S/he gives you the money (and your receipt, **de bon** or **het bonnetje**) saying **alstublieft** and you thank him or her with **Dank u wel**. Saying goodbye is done usually with a simple **tot ziens** in these situations: *Goodbye!*

So paying in a shop, a supermarket or an ordinary market will usually go something like this:

Salesperson	Dat is 14 euro 20 bij elkaar, alstublieft.
You	[handing over money] Alstublieft.
Salesperson	[taking your money] Dank u wel. [giving you your change] Alstublieft.
You	[taking the change] Dank u wel. Tot ziens.
Salesperson	Tot ziens!

DE BOODSCHAPPEN

Because this unit focuses on **de boodschappen** we have included this special section with various items you may want to buy when you're in the Low Countries. We've included some common everyday items and also some specifically Dutch foods:

Het fruit *fruit*

de appel *apple*   **de appels** *apples*
de peer *pear*   **de peren** *pears*
de druif *grape*   **de druiven** *grapes*
de kers *cherry*   **de kersen** *cherries*
de aardbei *strawberry*   **de aardbeien** *strawberries*
de tomaat *tomato*   **de tomaten** *tomatoes*
de meloen *melon*   **de meloenen** *melons*
de citroen *lemon*   **de citroenen** *lemons*

De groente *vegetables*

bloemkool *cauliflower*
sperziebonen *green beans*
spinazie *spinach*
aardappelen *potatoes*
sla *lettuce*
salade *salad*

De kaas *cheese*

jonge kaas (lit. *young*) *cheese*
belegen kaas *mature cheese*
oude kaas *extra mature cheese*

Brood *bread*

bruin brood *brown bread*
wit brood *white bread*
het bolletje *roll*
het puntje *hard roll*

Het beleg *to have on bread*

de boter *butter*
de ham *ham*
de hagelslag *a kind of hundreds and thousands*
de pindakaas *peanut butter*
de chocoladepasta *chocolate spread*
de jam *jam*
de aardbeienjam *strawberry jam*

Om te drinken *to drink*

de thee *tea*
de koffie *coffee*
de melk *milk*
de volle melk *full fat milk*
de halfvolle melk *semi-skimmed milk*
de magere melk *skimmed milk*
de suiker *sugar*
de wijn *wine*
de rode wijn *red wine*
de witte wijn *white wine*
het bier *beer*
spa rood *sparkling mineral water*
spa blauw *still mineral water*
de sinaasappelsap *orange juice*
de jus d'orange *orange juice*

Om te knabbelen *to nibble*

chips *crisps*
pinda's *peanuts*
noten *nuts*
toastjes *crackers*

Exercise 2

You're going to the supermarket for a big shopping trip. Look at the illustrations that follow and say what you need, following the example. Use the phrase Ik heb … nodig *I need* …

Example:

Answer: Ik heb appels nodig. *I need apples.*

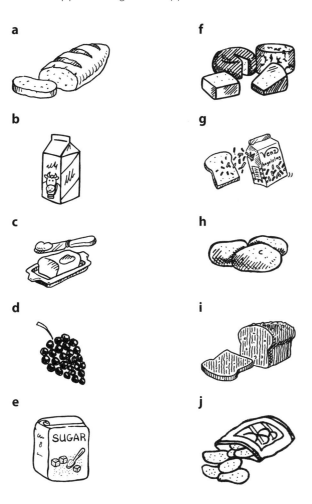

a

b

c

d

e

f

g

h

i

j

● INSIGHT

The most common way of starting the day in the Netherlands is with **een boterham** *a slice of bread*, plus **boter** *butter* and **kaas** *cheese*. Cheese can be **jong** *young*, **belegen** *mature* or **oud** *extra mature*. Another popular thing to put on your **boterham** in the Low Countries is **hagelslag**, chocolate sprinkles, which is usually made of high-quality chocolate (dark, milk or white), but which also comes in various other flavours.

Grammar

PRONOUNS

The words for *I*, *you*, *she*, *they*, etc. are called personal (subject) pronouns. We've already seen most of them, but here is a complete list:

	Pronouns Stressed	Unstressed	
singular	**ik**	('k)	*I*
	jij	**je**	*you* (informal)
	u	—	*you* (formal)
	hij	(ie)	*he*
	zij	**ze**	*she*
	het	**'t**	*it*
plural	**wij**	**we**	*we*
	jullie	—	*you* (informal)
	u	—	*you* (formal)
	zij	**ze**	*they*

As we've already seen with **jij** and **je** (in Unit 1), most of the pronouns have a stressed and an unstressed form. Generally, the unstressed forms are used, unless you want to emphasize who you're talking about (for instance when this isn't entirely clear):

Ze betaalt belasting.   *She pays tax.*
Ik betaal belasting, maar zij niet!   *I pay tax but she doesn't!*

When writing you cannot use the unstressed forms in parentheses. They are considered too informal.

 Exercise 3

Complete the following sentences by providing the correct stressed pronoun.

Example: (I) woon in Nijmegen.
Answer: Ik woon in Nijmegen.

   a (you, plural/informal) drinken te veel wijn.
   b (they) willen graag naar de markt in Haarlem.
   c (she) koopt sinaasappels en kersen.
   d (you, singular, formal) bent aan de beurt. (*it's your turn*)
   e (he) zit de hele dag voor de televisie. (*sit in front of the television all day*)
   f (you, singular, informal) hebt veel boeken. (*many books*)
   g (I) wil graag een kopje koffie.
   h (we) gaan morgen naar het strand. (*beach*)

IT

When referring to things in Dutch – always *it* in English – both **het** and **hij** are used. You use **het** when you're referring to a **het** word:

Heb jij het boek?	*Do you have the book?*
Ja, ik heb het.	*Yes, I have it.*

When referring to a **de** word you have to use **hij**:

Is de bibliotheek open?	*Is the library open?*
Ja, hij is open.	*Yes, it's open.*

Exercise 4

Fill in the correct pronoun. Use the stressed form only when needed.

Example: Wilt _____ koffie? (you, singular, formal)
Answer: Wilt **u** koffie?

  a Ben _____ erg moe? (*very tired*) (you, singular, informal)
  b Heeft _____ een nieuwe vriendin? (*new girlfriend*) (he)
  c _____ gaat vaak joggen. (*often goes jogging*) (she)
  d _____ hou van je. Hou _____ ook van mij? (I, you, singular, informal) (*I love you. Do you love me?*)
  e Waar komen _____ vandaan? (you, plural, informal)
  f _____ kosten Ð5 per kilo. (they)
  g _____ eruit of _____ eruit! (*she's going or I'm going*) (she, I)
  h Heb _____ de krant van vandaag? (*today's paper*) (you, singular, informal)

Grammar

HOEVEEL? HOW MUCH?

When you go shopping, you'll need to be able to say how much you want of something. We've seen various ways of expressing quantities. Some are very specific, like weights:

  een gram *gram*
  een ons = 100 gram
  een pond = 500 gram
  een kilo = 1,000 gram

Note the difference between *a/an* and *one* in Dutch. Both are usually written as **een**, but to make absolutely clear you mean *one* instead of *a/an*, you can add two accents to the double **e**:

  één *one*
  een *a/an*

Halves are easily expressed by adding **-eneenhalf** to a number (lit. *and a half*):

tweeëneenhalf *two and a half*
viereneenhalf ons *450 grams*

Only one and a half doesn't work this way:

anderhalf *one and a half*

A specific quantity preceded by **zo'n** means *about* or *roughly* that amount. You can also use **ongeveer** *about/roughly*:

zo'n 300 **gram** *about 300 grams*
ongeveer een kilo *about a kilo*

You can be even more vague by using **wat ...** *some ...*:

wat garnalen *some shrimps*

Besides weights there are lots of other quantities, of course. Here are some of the most common:

de fles *bottle*
de doos *box*
het pak *carton*
de zak *bag*
de krat *crate*

Exercise 5

TR 5, 02.42

Say how much you need. Look at the following shopping list and use the information in parentheses to make up mini-dialogues, asking how much you need of everything and also providing the answer.

Example: aardbeien (een pond)
Answer: Hoeveel aardbeien hebben we nodig?
We hebben een pond aardbeien nodig.

  a tomaten (1,5 pond)
  b citroenen (3)
  c jonge kaas (4 ons)
  d koffie (2 pakken)
  e wijn (4 flessen)
  f bier (een krat)
  g chips (2 zakken)
  h halfvolle melk (1 pak)

Grammar

FORMAL AND INFORMAL

The difference between formal and informal is indicated not only by pronouns and verb forms. There are many other ways of using language formally or informally. For instance, by choosing formal or informal words and expressions. In the dialogues in this unit you saw the formal **alstublieft** a lot because in all the situations we had strangers talking to one another (customers and sales assistants) who would address each other formally. However, in informal situations you would use **alsjeblieft**. The same difference exists between **dank u (wel)** and **dank je (wel).**

> ● INSIGHT
>
> Greetings can also differ between formal and informal situations. **Goedemorgen**, as we saw in the dialogues, is more formal, whereas **hoi**, for instance, is informal. When saying goodbye, **tot ziens** would be more formal than **doei!**

MODAL VERBS

Have a look at the following two short sentences from the dialogues:

Wie mag ik helpen? — *Who may/can I help?*
Hoe kan ik u helpen? — *How can I help you?*

You can see that there are two verbs in each of these sentences. **Mag / helpen** in the first sentence and **kan / helpen** in the second. The two first verbs, **mag** from **mogen** and **kan** from **kunnen** belong to a group of verbs called *modal verbs*, which are usually combined with another verb. This second verb is put at the very end of the sentence and is always the infinitive form of the verb, **helpen** in the examples. In other words, it's only the form of the modal verb which changes. Just look at these examples.

Kunt u me helpen? — *Can you help me?*
Mogen we hier zwemmen? — *May we (are we allowed to) swim here?*
Ik kan niet zwemmen. — *I can't swim.*

You can imagine how useful it is to be able to use these verbs because in combination with the other verbs you already know, you'll be able to say a lot more. Here are the most often used modal verbs with all their forms:

	willen *want*	kunnen *can/be able to*	mogen *may/be allowed*	moeten *must/have to*
ik	wil	kan	mag	moet
jij	wil/wilt*	kan/kunt*	mag	moet
u	wil/wilt*	kan/kunt*	mag	moet
hij/zij/het	wil	kan	mag	moet
wij	willen	kunnen	mogen	moeten
jullie	willen	kunnen	mogen	moeten
u	wil/wilt*	kan/kunt*	mag	moet
zij	willen	kunnen	mogen	moeten

(* **Wilt** and **kunt** are more formal than **wil** and **kan**.)

> ● INSIGHT
> If the infinitive used in combination with the modal verb is **hebben** or **gaan**, it is usually left out:
> **Wij willen een biertje (hebben).** *We want (to have) a beer.*
> **Ik moet naar het station (gaan).** *I have to go to the railway station.*

Exercise 6

TR 5, 04.29

Fill in the correct form of the modal verb.

Example: Maria _____ morgen werken. (moeten)
Answer: Maria **moet** morgen werken.

a Ik _____ in het weekend in het bos wandelen. (*walk in the forest*) (willen)
b _____ je hier roken? (*Are you allowed to smoke here?*) (mogen)
c Hij _____ erg goed zingen. (*sing really well*) (kunnen)
d _____ jullie dat formulier ook invullen? (*fill in that form*) (moeten)
e Ik _____ morgen niet komen. (kunnen)
f _____ je iets meer of iets minder? (willen)
g We _____ nu de afwas doen. Of later. (kunnen) (*We can do the dishes now. Or later.*)
h Jij _____ eerst je werk afmaken. (*finish your work*) (moeten)

Exercise 7

TR 5, 05.31

Give a positive answer to the following questions.

Example: Kun je zwemmen? *Can you swim?*
Answer: Ja, ik kan zwemmen.

a Mag je van je baas thuis werken? *Does your boss allow you to work at home?*
b Moet je vaak de afwas doen? *Do you have to do the dishes a lot?*
c Kan ik vanmiddag op visite komen? *Can I come and visit (drop by) this afternoon?*
d Willen jullie melk in je koffie? *Would you like milk in your coffee?*
e Mogen we hier roken? *Are we allowed to smoke here?*
f Wil je het huis ook echt kopen? *Do you really want to buy the house?*
g Kan je de computer zelf repareren? *Can you repair the computer yourself?*
h Moet ik het programma voor je opnemen? *Do I have to record the programme for you?*

❓ Ten things to remember

1 **Boodschappen doen** refers only to doing the grocery shopping, not shopping for luxury goods, which is called **winkelen**.

2 The easiest way of asking for something is by using **alstublieft** or **graag**. **Een kilo appels, graag.** *A kilo of apples, please.* **Een pond kaas, alstublieft.** *A pound of cheese, please.*

3 Most pronouns have an unstressed form (like **'k** for **ik**). Generally the unstressed forms are used, unless you want to emphasize who you're talking about.

4 When referring to things in Dutch, using *it* in English, both **het** and **hij** are used. **Het** refers to **het** words, **hij** refers to **de** words.

5 *A/an* and *one* are both usually written as **een**. To make clear that you mean *one* instead of *a/an*, you can add accents to the double **e: één**.

6 To give a rough estimate of a quantity, you can use **wat ….** **Ik wil wat garnalen.** *I want some shrimps.*

7 There are formal and informal greetings. **Goedemorgen** is more formal, for instance, whereas **hoi** is informal. **Tot ziens** is a more formal way of saying goodbye, and **doei** is informal.

8 Modal verbs are usually combined with another verb, which is put at the very end of the sentence in its infinitive form.

9 The modal verbs in Dutch are **willen** *want*, **kunnen** *can/be able to*, **mogen** *may/be allowed*, **moeten** *must/have to*.

10 The verbs **hebben** and **gaan** are usually left out when combined with a modal verb. **Wij willen een biertje (hebben).** *We want (to have) a beer.*

Weet u de weg?
Do you know the way?

In this unit you will learn:
▶ *How to ask for and give directions*
▶ *How to ask for information*

Dialogues 1, 2, 3, 4 and 5
OP HET PLEIN IN THE SQUARE

Michiel is on his lunch break from work. He's sitting reading a newspaper on a bench in a busy square. A woman passer-by approaches him:

 TR 6

Passer-by 1	Pardon, meneer. Ik zoek het NS-station.
Michiel	U moet hier links. Dan loopt u rechtdoor. Het station ziet u aan de linkerkant.
Passer-by 1	Dank u wel.

NS-station	*railway station*
Ik zoek …	*I'm looking for …*
U moet hier links.	*Go left here.*
dan loopt u rechtdoor	*then walk straight ahead*
aan de linkerkant	*on the left (side)*

Michiel continues reading his newspaper, but then a man walks up to him.

Passer-by 2	Pardon, mag ik u iets vragen?
Michiel	Ja, natuurlijk.
Passer-by 2	Weet u de weg naar het ziekenhuis?
Michiel	Ja, hoor. U gaat hier rechtsaf en u loopt tot de stoplichten. Bij de stoplichten moet u linksaf. Het ziekenhuis is dan de derde straat rechts.
Passer-by 2	Vriendelijk bedankt.

Mag ik u iets vragen?	*May I ask you something?*
Weet u de weg naar het ziekenhuis?	*Do you know the way to the hospital?*
u gaat hier linksaf	*turn left here*

tot de stoplichten	*up to the traffic lights*
bij de stoplichten	*at the traffic lights*
de derde straat rechts	*the third street on the right*
Vriendelijk bedankt.	*Thank you very much.*

A few moments later, a car stops in front of Michiel and a young woman leans out of the window.

Passer-by 3	Hoi, ben je hier bekend?
Michiel	Jawel.
Passer-by 3	O, gelukkig. Ik wil parkeren maar ik kan geen plek vinden. Is er hier een parkeergarage?
Michiel	Ja, ik geloof het wel.
Passer-by 3	Weet je waar?
Michiel	Nou, zie je die kerk daar voorbij de stoplichten?
Passer-by 3	Ja.
Michiel	Je moet voorbij die kerk en dan is het ergens aan de linkerkant. Het is de derde of de vierde straat, geloof ik. Ik weet niet precies waar.
Passer-by 3	Dat geeft niet. Ik weet genoeg. Dank je!
Michiel	Geen dank.
Passer-by 3	Hoi!

Ben je hier bekend?	*Do you know the area?*
jawel	*yes, I do*
o, gelukkig	*oh, good*
Ik wil parkeren.	*I want to park (my car).*
Ik kan geen plek vinden.	*I can't find a space.*
Is er hier een parkeergarage?	*Is there a car park here?*
Ja, ik geloof het wel.	*Yes, I think so.*
Weet je waar?	*Do you know where?*
Zie je die kerk daar?	*Can you see that church there?*
voorbij de stoplichten	*past the traffic lights*
dan is het ergens aan de	*then it's somewhere on*
de derde of de vierde straat	*the third or fourth street*
ik weet niet precies waar	*I don't know where exactly*
Dat geeft niet.	*That doesn't matter.*
Ik weet genoeg.	*I know enough (have enough information).*

Just as Michiel is about to have a sandwich, two women – clearly in a hurry – come up to him:

Passer-by 4	Meneer?
Michiel	Ja, mevrouw?
Passer-by 5	Waar is de Kastanjelaan?
Passer-by 4	Ja, we kunnen de Kastanjelaan niet vinden. Weet u waar die is?
Michiel	Eh, ja. Maar het is best ver. U kunt hier beter op de bus stappen.
Passer-by 5	Op de bus?
Michiel	Ja, lijn 23.
Passer-by 4	Is het zo ver dan?
Michiel	Nog wel zo'n half uur lopen.
Passer-by 5	Dat is te ver, Sjaan, dan maar met de bus.
Passer-by 4	Goed dan. Bedankt hoor.
Michiel	Graag gedaan.

We kunnen … niet vinden.	*We can't find …*
Weet u waar die is?	*Do you know where it is?*
Het is best ver.	*It's quite a long way.*
op de bus stappen	*get on a bus*
lijn 23	*bus 23* (lit. *line 23*)
Is het zo ver dan?	*Is it far then?*
Nog wel zo'n half uur lopen.	*It's about a half hour walk.*
Dat is te ver.	*That's too far.*
Dan maar met de bus.	*Then we'll go by bus.*
goed dan	*ok then*

Michiel is starting his sandwich again. Once more someone approaches.

Passer-by 6	Pardon, meneer. Bent u hier bekend?
Michiel	Nee, het spijt me. Ik ben hier helemaal niet bekend.
Passer-by 6	O, nou, bedankt.

Ik ben hier helemaal niet bekend.	*I don't know the area at all.*
O, nou, bedankt.	*Oh, well, thanks.*

Exercise 1

Before you go any further, read through the different situations again and make sure you know what's being said. Act the situations out, preferably with a partner.

How to …

▶ Ask for directions

Asking for directions (and understanding the directions you're given!) is a surprisingly difficult task. It takes a lot of practice before you'll feel confident. It's usually best to start with the simplest and most straightforward language:

Ik zoek …	*I'm looking for …*
Waar is …?	*Where is …?*

These two simple phrases will get you a long way. Don't forget to try and be as polite as possible, of course. But even that's not difficult, simply say **pardon, meneer** or **pardon, mevrouw** *excuse me sir/madam.*

If you want to use a little more language, you could first ask permission to ask a question:

Pardon, mag ik u iets vragen?	*Excuse me, may I ask you something?*

Or you can ask first whether someone knows the area:

Bent u hier bekend?	*Do you know the area?*

To ask for actual directions you could use more elaborate language:

Weet u de weg naar het ziekenhuis?	*Do you know the way to the hospital?*
Weet u waar het ziekenhuis is?	*Do you know where the hospital is?*
Is er hier een parkeergarage?	*Is there a car park around here?*
De Kastanjelaan. Weet u waar die is?	*De Kastanjelaan. Do you know where it is?*

▶ Give directions

Giving directions can be done in many different ways, too. Starting with the simplest, you can indicate the actual direction:

links	*left*
rechts	*right*
rechtdoor	*straight ahead*
aan de linkerkant	*on the left (hand side)*
aan de rechterkant	*on the right (hand side)*

To indicate someone has to *turn* left or right, you can use:

linksaf	*turn left*
rechtsaf	*turn right*

Normally, people give directions in Dutch by using the verbs **moeten** *must/have to* or **gaan** *go*:

U moet hier links.	*(You have to go) left here.*
U gaat hier rechtsaf.	*(Go and) turn right here.*

Other verbs to do with motion can also be used. So, for a pedestrian you can use **lopen** *to walk* and for someone driving a car you can use **rijden** *drive*, for instance:

U loopt tot de stoplichten.	*Walk up to the traffic lights.*
U rijdt hier rechtdoor.	*Drive straight on here.*

You can also use **nemen** *take* or *turn into* a street on the right or left:

U neemt de eerste straat rechts.	*Take the first street on the right.*
Dan neemt u de vierde straat links.	*Then take the fourth street on the left.*

To cross a street is **oversteken**, which is used as follows:

Bij het zebrapad steekt **u** over.	*Cross the street at the zebra crossing.*

Some other useful vocabulary:

de straat	*street*
de weg	*road*
de snelweg	*motorway*
naar	*to*
tot	*up to*
voorbij	*past*
tegenover	*opposite*
naast	*next to*
voor	*in front of*
achter	*behind*
ergens	*somewhere*
het zebrapad	*zebra crossing*
het stoplicht	*traffic light*
de rotonde	*roundabout*
de afslag	*turning/exit (on motorways)*

Note that even though most of the directions are given in a more formal way (because it's usually strangers speaking), you can, of course, be more informal as well, like the woman who drives up to Michiel in a car in the third dialogue. She is probably being informal because both she and Michiel are of the same generation and relatively young, so being informal would be accepted.

So, for instance, she greets him with the informal **hoi** and instead of **Bent u hier bekend?** she asks him **Ben je hier bekend?**

> ● **INSIGHT**
>
> When asking for directions, you will often get a very complicated answer. Don't be frustrated if you don't understand everything that is being said. Simply concentrate on the most important directions, which will normally be the words and phrases listed above.

Exercise 2

TR 6, 02.30

Use the information given to ask for directions in an appropriate manner.

Example: You approach an elderly lady in the street. You're looking for the post office.
(**het postkantoor**)

Answer: Pardon, mevrouw. Ik zoek het postkantoor.

NB Of course this answer and the answers in the key are just examples. Try out as many different ways as possible.

   a You're in a railway station looking for a toilet. You approach a (male) member of staff.
   b You're asking a lady where the post office is.
   c Ask a teenager whether there's a car park in the area.
   d You ask a man whether he knows the way to De Langestraat.
   e Ask a lady whether she knows the area. Say that you're looking for a bank (**een bank**).
   f Ask a traffic warden where the hospital is.

● **INSIGHT**

We have already seen **hoi!** as a way of greeting people, but in the dialogues in this unit you can see that **hoi!** can also be used to say goodbye. This is a relatively new thing, and is used mostly by young people in very informal situations.

Hoor is used in different contexts and can be difficult to translate (and for that reason is often not translated at all!), but often it is used simply to reassure the listener, as in:

ja, hoor	*yes (certainly)*
bedankt, hoor	*thanks (very much)*

 Grammar

MOETEN

In the previous unit we looked at modal verbs: verbs which are used in combination with other verbs. It was briefly mentioned there that, when the verb in combination with the modal verb is either **hebben** or **gaan**, this verb is usually left out. You come across this quite a bit when asking for or giving directions. **Moeten** is used a lot when giving directions and frequently you will see **moeten** on its own because the second verb **gaan** is left out:

U moet hier rechtdoor (gaan).	*(You have to) go straight on here.*
Je moet voorbij die kerk (gaan).	*(You have to) go past that church.*

The same happens with the other modal verbs when used in combination with **gaan** and **hebben**.

Ik wil een auto (hebben).	*I want (to have) a car.*
We kunnen naar Brussel (gaan).	*We can go to Brussels.*
Jullie mogen niet uit (gaan).	*You aren't allowed (to go) out.*

 Exercise 3

Translate the following sentences into Dutch.

Example: You have to go to London tomorrow. (singular/informal)

Answer: *Je moet morgen naar Londen.*

a Go left at the traffic lights.
b We want to have a dvd-player. (**dvd-speler**)
c She can't go to the party. (**het feest**)
d Do you want (to have) a dog?
e The report (**het rapport**) has to go to head office (**het hoofdkantoor**) tomorrow.
f May I have another biscuit? (**nog een koekje**)
g They want to go home early. (**vroeg naar huis**)
h Remco and I have to go to Antwerp. (**Antwerpen**)

 Grammar

LINKING SENTENCES: *EN* AND *MAAR*

You have probably noticed that the sentences being used in the dialogues are getting longer. What's happening is that we have started linking sentences together to make longer ones. This is done very easily in Dutch. You simply take two sentences, for instance:

U gaat hier rechtsaf.	*Turn right here.*
U loopt tot de stoplichten.	*Walk up to the traffic lights.*

and link them with the word **en** *and*: **U gaat hier rechtsaf en u loopt tot de stoplichten**.

The same can be done using **maar** *but*:

Ik wil parkeren.	*I want to park (my car).*
Ik kan geen plek vinden.	*I can't find a space.*

Ik wil parkeren maar ik kan geen plek vinden.

Words like **en** and **maar** are called co-ordinating conjunctions. Here's a list of the most common co-ordinating conjunctions in Dutch and the way in which they are used:

▶ **en** *and* (summing up information)

Ik moet naar de kapper	*I have to go to the hairdresser*
en ik ga boodschappen doen.	*and I'm going to do the shopping.*

▶ **maar** *but* (indicates a contradiction)

Ik heb eigenlijk geen tijd	*I don't really have the time*
maar ik ga toch.	*but I'm going anyway.*

▶ **of** *or* (indicates alternatives)

Wil je vanavond soep	*Would you like soup tonight*
of heb je liever vis?	*or would you prefer fish?*

▶ **want** *because* (indicates a reason)

Ik kan vanavond niet	*I can't (come) tonight*
want ik heb al een afspraak.	*because I already have an appointment.*

▶ **dus** *so, thus* (indicates a conclusion)

Ik heb niet veel tijd	*I don't have much time*
dus ik moet snel werken.	*so I have to work quickly.*

 Exercise 4

Fill in the correct conjunction in the following sentences.

    a Ik wil op vakantie _____ ik heb geen geld.

    b We moeten hard werken _____ het werk moet vanavond af (*has to be finished this evening*).

    c Wil je suiker _____ melk in je koffie?

    d Geen suiker _____ wel melk, alsjeblieft.

    e Ik ben moe _____ ik doe niks! (*nothing*)

    f Wilt u Nederlandse kersen _____ wilt u Spaanse? (*Spanish ones*)

    g Ik woon in Heerlen _____ mijn zus (*sister*) woont daar ook.

 Grammar

WHERE DOES THE VERB GO?

One of the most important things about Dutch is the place of the verb in a sentence. Most other elements can move around a great deal, but for verbs there are some strict rules. Luckily, there aren't many and they're easy to remember.

The most important rule is that in statements the verb takes up the second position in the sentence. This means that the verb is the second item in the sentence, following the first item, which can consist of one word or a group of words. For example:

Zij heeft een hele goede baan.	*She has a very good job.*
Mijn vriend en ik gaan op vakantie.	*My boyfriend and I are going on holiday.*

Often, as in these examples, you start a statement with the subject of the sentence (**zij** in the first and **mijn vriend en ik** in the second example). However, you can also start your sentence with another word or phrase. The thing to remember is that the verb still *has* to come second, which means the subject moves behind the verb. This is called inversion. In this first sentence the subject precedes the verb:

We gaan morgen op vakantie.   *We're going on holiday tomorrow.*

But in the next sentence the subject follows the verb because the sentence starts with **morgen**:

Morgen gaan we op vakantie.   *Tomorrow we're going on holiday.*

You've already seen that a sentence can contain more than one verb. In such cases the main verb – called the finite verb – takes the second position in the sentence, and the other verb(s) is/are moved to the very end.

Ik moet morgen de hele dag werken.   *I have to work the whole day tomorrow.*

● INSIGHT

Questions are a little different from most other sentences. They are fine when they start with a question word – the verb comes in second position as usual:

Waarom moet je morgen werken?   *Why do you have to work tomorrow?*

But if the question doesn't start with a question word, then the verb becomes the first item in the sentence.

Moet je morgen werken?   *Do you have to work tomorrow?*

Exercise 5

Look at the following sentences from the dialogues. Underline the verb in each sentence and determine whether inversion has taken place or not.

    a U moet hier links.
    b Dan loopt u rechtdoor.
    c Het station ziet u aan de linkerkant.
    d Bij de stoplichten moet u linksaf.

Exercise 6

Rewrite the following sentences, starting the new sentence with the underlined word or words.

Example: Ik drink <u>normaal</u> koffie met melk. *I normally drink white coffee* (lit. *coffee with milk*).
Answer: Normaal drink ik koffie met melk.

    a We gaan <u>morgen</u> naar het strand. *We are going to the beach tomorrow.*
    b Hij heeft <u>vaak</u> hoofdpijn. *He often has headaches.*
    c Ze hebben een tweede huis <u>in Italië</u>. *They have a second home in Italy.*
    d Hij rijdt altijd te snel <u>op de snelweg</u>. *He always drives too fast on the motorway.*
    e Je moet <u>de keuken</u> schoonmaken. *You have to clean the kitchen.*
    f Hij kan zijn emails <u>vandaag</u> niet lezen. *He can't read his emails today.*
    g Ze wil <u>voor de spits</u> vertrekken. *She wants to leave before the rush hour.*
    h We willen <u>dit jaar</u> ons huis verven. *We want to paint our house this year.*

Exercise 7

Put the following sentences in the right order. Sometimes there may be more than one possibility.

    a werken – wij – vandaag – moeten
    b wil – ook – morgen – je – naar de bioscoop? (*cinema*)
    c op vakantie – wij – in februari – gaan
    d rechtsaf – u – moet – bij de stoplichten
    e weet – naar het Rijksmuseum – de weg – u?
    f want – komen – ik – niet – kan – naar de dokter – moet – ik
    g je vader en moeder (*father and mother*) – vandaan – komen – waar?
    h repareren – ik – morgen – mijn computer – moet

💡 Grammar

NUMBERS: *EERSTE, TWEEDE, DERDE ...*

Numbers such as *first*, *second*, *third* are called ordinals. In Dutch they are formed by adding **-de** or **-ste** to the cardinal numbers (**vier**, **tien**, **twaalf**, etc.) If you don't want to write them in full, you can simply add an **-e** to the number:

1e	eerste	11e	elfde
2e	tweede	12e	twaalfde
3e	derde	13e	dertiende
4e	vierde	14e	veertiende
5e	vijfde	15e	vijftiende
6e	zesde	16e	zestiende
7e	zevende	17e	zeventiende
8e	achtste	18e	achttiende
9e	negende	19e	negentiende
10e	tiende	20e	twintigste

Note that **eerste** and **derde** are irregular forms.

 Exercise 8

Write the numbers in parentheses in full in Dutch.

Example: Het postkantoor is in de (2nd) straat rechts.
Answer: Het postkantoor is in de **tweede** straat rechts.

    a Dit is de (4th) keer dat je te laat bent. *This is the fourth time you have been late.*
    b De Sint Annalaan is de (3rd) straat links. *Sint Annalaan is the third street on the left.*
    c Mijn (5th) vrouw heet Carolien. *My fifth wife's name is Carolien.*
    d De (13th) verdieping bestaat niet. *The thirteenth floor doesn't exist.*
    e Hij doet het rijexamen voor de (8th) keer. *He's taking his driving test for the eighth time.*

 Exercise 9

 TR 6, 04.07

Look at the map and listen to the recording if you have it. Following the directions given, identify which building/place you are shown the way to.

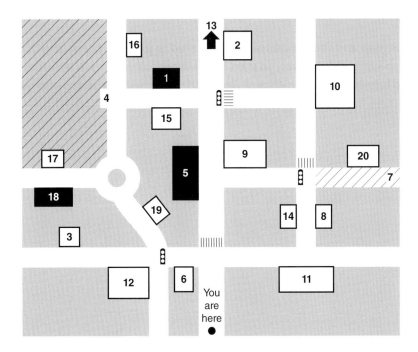

1 het postkantoor
2 de bank
3 het museum
4 het park
5 het hotel
6 de kerk *church*
7 de markt *market*
8 het restaurant
9 het politiebureau *police station*
10 het ziekenhuis

11 de supermarkt
12 de bioscoop
13 het station
14 het café
15 het VVV *Dutch tourist office*
16 de dokter
17 de school
18 het zwembad *swimming pool*
19 de schoenwinkel *shoe shop*
20 het stadhuis *town hall*

a U moet rechtdoor voorbij het zebrapad tot de stoplichten. Bij de stoplichten gaat u rechtsaf. Het is rechtdoor aan het einde van de straat. (*at the end of the street*)

b Je moet hier rechtdoor en dan linksaf. Dan weer rechtdoor, en het is voorbij de stoplichten aan de rechterkant.

c U moet hier rechtsaf en dan direct linksaf. Het is aan de linkerkant.

d Je gaat hier direct linksaf en dan rechtdoor. Bij de stoplichten moet je rechtsaf tot de rotonde. Bij de rotonde neem je de tweede straat rechts. Het is aan de rechterkant.

Exercise 10

Now use the map and the various places indicated to practise giving directions. Try and make up various dialogues, so start by asking for directions in different situations (formal and informal) and in different ways and then provide the answers yourself.

Ten things to remember

1 You can simply ask for directions with the structures **Ik zoek …** *I'm looking for* …. and **Waar is … ?** *Where is … ?*

2 **Hoi** is normally a way of greeting people, but it can also be used to say goodbye. This is usually done by young people and is relatively new.

3 **Hoor** is difficult to translate, but often it is used simply to reassure the listener. **Ja, hoor.** *Yes, certainly.* **Bedankt, hoor.** *Thanks very much.*

4 **Moeten** is used a lot when giving directions. Often **moeten** is used on its own, because the second verb **gaan** *to go* is left out: **U moet hier rechtdoor (gaan).** *You have to go straight on here.*

5 Co-ordinating conjunctions link main clauses. Those used most often are **en** *and*, **maar** *but*, **of** *or*, **want** *because*, **dus** *so/thus*.

6 The most important rule as far as placement of the verb goes (if there is only one verb in a sentence), is that the verb takes up the second position in the sentence.

7 The first item in the sentence, preceding the verb, can consist of one word or a group of words.

8 Often you start a sentence with the subject. If you start with another word or phrase the verb still has to come second, so the subject moves further back, after the verb.

9 If there is more than one verb in a sentence, the main or finite verb takes the second position, and the other verb(s) are moved to the end of the sentence.

10 If a question doesn't start with a question word, the finite verb becomes the first item in the sentence.

Leuke schoenen!

Nice shoes!

In this unit you will learn:
- ▶ *How to describe things*
- ▶ *How to talk about colours*
- ▶ *How to talk about clothes*
- ▶ *How to say whether you like something or not*

Dialogues 1, 2 and 3

Petra and Alex are on holiday in the Netherlands. As they get ready to head off into town, Petra decides what she wants to do that day:

 TR 7

Petra	Alex, ik heb een paar nieuwe schoenen nodig.
Alex	Alweer? Je hebt toch schoenen?
Petra	Jij snapt dat niet. Die passen toch niet bij deze broek.
Alex	Waarom niet?
Petra	Dat zie je toch zo? Trouwens, ik wil ook een paar comfortabele schoenen. We lopen zoveel. Ik wil een paar leuke sportschoenen. Kom op, we gaan winkelen.
Alex	O, nou. Oké dan.

een paar nieuwe schoenen	*a pair of new shoes*
alweer?	*again?*
Je hebt toch schoenen?	*You have shoes, don't you?*
Jij snapt dat niet.	*You don't understand.*
Die passen toch niet bij deze broek.	*They don't go with these trousers.*
Dat zie je toch zo?	*Can't you see? (lit. you can see that easily, can't you?)*
trouwens	*anyway*
We lopen zoveel.	*We walk such a lot.*
leuke	*nice*
kom op	*come along*
We gaan winkelen.	*We're going shopping.*

In de winkelstraat:

Petra	Kijk, daar in die etalage. Daar hebben ze leuke schoenen.
Alex	Hmm. Wel duur.
Petra	Ik ga naar binnen.
Winkelbediende	Dag. Kan ik u helpen?
Petra	Ja, er staat een paar witte sportschoenen in de etalage. Kan ik die even passen?
Winkelbediende	Natuurlijk. Welke bedoelt u?
Petra	Die witte met rode strepen. Daar vooraan.
Winkelbediende	Ik zie ze. Welke maat heeft u?
Petra	Maat 36.
Winkelbediende	Ik ga ze even halen. Een ogenblik.

kijk	*look*
daar in die etalage	*there in the shop window*
wel duur	*expensive though*
Ik ga naar binnen.	*I'm going in.*
Kan ik die even passen?	*Can I try those on?*
Welke bedoelt u?	*Which ones do you mean?*
die witte	*those white ones*
met rode strepen	*with red stripes*
daar vooraan	*there at the front*
Welke maat?	*What size?*
Ik ga ze even halen.	*I'm going to get them.*
een ogenblik	*one moment*

Even later (A little later):

Petra	Hoe vind je deze schoenen?
Alex	Nou, ik vind ze eigenlijk niet zo mooi. Ik hou niet van die rode strepen.
Petra	Ze zitten wel goed. Misschien zijn die donkerblauwe toch leuker. Die hebben witte strepen.
Winkelbediende	Ze zijn er ook nog in het grijs met zwarte strepen.
Petra	O nee, ik hou helemaal niet van zwart en grijs. Dat is veel te somber. Nee, ik neem deze blauwe, denk ik. Vind je deze wel mooi, Alex?
Alex	Ja, die blauwe zijn mooier.
Petra	En ze staan net zo goed bij deze broek. Goed, ik neem ze.
Winkelbediende	Prima, ik zal ze voor u in een tas doen. Loopt u even mee naar de kassa?

Hoe vind je …?	*What do you think of …?*
Ik vind ze eigenlijk niet zo mooi.	*I don't like them that much really.*
Ik hou niet van …	*I don't like …*
Ze zitten wel goed.	*They do fit well.*
… toch leuker …	*nicer after all*
ook nog	*also*
grijs	*grey*
zwart	*black*
veel te somber	*much too sombre*
Ik neem …	*I'll have …*
Ze staan net zo goed bij deze broek.	*They go just as well with these trousers.*
Ik zal ze voor u in een tas doen.	*I'll put them in a bag for you.*
Loopt u even mee?	*Will you follow me? (lit. will you walk with me?)*
naar de kassa	*to the till*

Exercise 1

As usual, go through the dialogues making sure you understand them thoroughly. Try to act them out with a partner.

WINKELEN

In Unit 4 we had a look at **boodschappen doen** *grocery shopping*. In this unit we are dealing with a different kind of shopping: **winkelen**. **Winkelen** includes everything that isn't included in the groceries, so everything from clothes to things for the home and books. A shop is a **winkel** in Dutch, although sometimes, usually in combination with other words, **zaak** or **handel** are used as well. Here are some different types of shop:

de boekwinkel/boekhandel *bookshop*
de kledingzaak *clothes shop*
het warenhuis *department store*
de drogisterij *chemist's*
de schoenwinkel *shoe shop*
de sportwinkel *sports shop*

KLEREN CLOTHES

You will generally look for clothes in a **kledingzaak** although **boutique** and other names are used as well. Here is a list of items you can wear (with both singular and plural forms), including things like glasses and earrings. For all these you use the verb **dragen** in Dutch:

Ik draag een T-shirt. *I'm wearing a t-shirt.*

de broek **de broeken**	**de schoen** **de schoenen**	**het overhemd** **de overhemden**	**het T-shirt** **de T-shirts**
de korte broek **de korte broeken**	**de sportschoen** **de sportschoenen**	**de blouse** **de blousen**	**de rok** **de rokken**
de jurk **de jurken**	**de sok** **de sokken**	**de stropdas** **de stropdassen**	**de trui** **de truien**

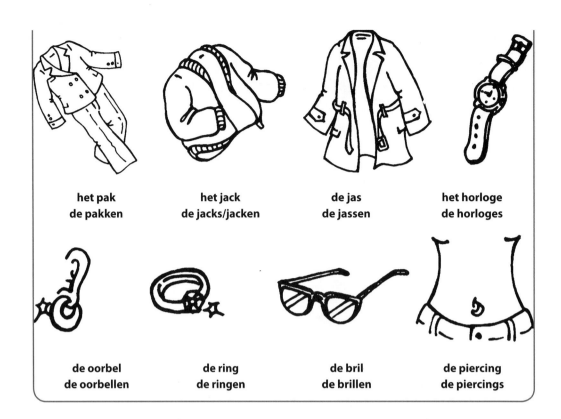

het pak **de pakken**	**het jack** **de jacks/jacken**	**de jas** **de jassen**	**het horloge** **de horloges**
de oorbel **de oorbellen**	**de ring** **de ringen**	**de bril** **de brillen**	**de piercing** **de piercings**

● **INSIGHT**

Note that some words, for example **broek** and **bril**, are singular in Dutch, where they are plural in English. They can, therefore, be used with singular verb forms in Dutch:

Mijn broek is te lang.	*My trousers are too long.*
Je nieuwe bril is mooi.	*Your new glasses are beautiful.*

DE MATEN SIZES

Measurements are different from those used in Britain and because Dutch people are on average a little larger than British people, small sizes are not easy to obtain.

Vrouwen

Nederlandse maten	34	36	38	40	42	44	46
Engelse maten	8	10	12	14	16	18	20

Mannen

Herenconfectie maten (*men's fashion sizes*)

Nederlandse maten	34	36	38	40	42	44	46
Engelse maten	8	10	12	14	16	18	20

Boordmaat (*collar sizes*)

in centimetres	36	37	38	39	40	41	42	43	44	45
in inches	14	14½	15	15½	15¾	16	16½	17	17½	17¾

TOCH

Toch is another one of those little words that can be used in different situations and which is difficult to translate. In the dialogues we saw it in two different contexts. In the first it is used like an English tag question, to check that certain information is correct. Often this also conveys some irritation on the part of the speaker (particularly in the second example).

Je hebt toch schoenen?	*You have shoes, don't you?*
Die passen toch niet bij deze broek.	*Those don't go with these trousers, do they?*

In the second context, **toch** means *after all*:

Misschien zijn die blauwe toch leuker.	*Perhaps those blue ones are nicer after all.*

 Grammar

HOUDEN VAN

The Dutch often use the expression **houden van** *to like/love* to convey their likes and dislikes.

Ik hou van rood.	*I like red.*
Hij houdt niet van rood.	*He doesnt like red.*

The verb **houden** is regular, except that the stem of the verb, which should be **houd**, is usually written (and certainly pronounced) as **hou**:

Ik hou van jou.	*I love you.*

The same goes when **je/jij** appear behind the verb and the **-t** is dropped: instead of **houd**, you'd usually write **hou**.

Another verb which can be used to express likes and dislikes is **vinden** which literally means *to find*, but is often better translated as *think*:

Wat vind jij?	*What do you think?*
Vindt hij het huis mooi?	*Does he like the house?*

houden van *to like / love*	**vinden** *to find (think)*
ik hou van	**vind**
jij houdt van (but**: hou jij van …?**)	**vindt** (but: **vind jij?**)
u houdt van	**vindt**
hij/zij/het houdt van	**vindt**
wij houden van	**vinden**
jullie houden van	**vinden**
u houdt van	**vindt**
zij houden van	**vinden**

Exercise 2

TR 7, 02.09

Using the information given, use the correct form of houden van to ask whether the following people like various things.

Example: Robert / moderne kunst (*modern art*)
Answer: Houdt Robert van moderne kunst?

   a Milva / politiek (*politics*)
   b Esther en Fred / klassieke muziek (*classical music*)
   c Marius / kranten lezen (*reading newspapers*)
   d Bill en Nancy / zwemmen (*swimming*)
   e Frédérique en haar kinderen / schoonmaken (*cleaning*)
   f jij / literatuur (*literature*)

Exercise 3

TR 7, 02.57

Now give a positive and a negative answer to the questions you've come up with in Exercise 2.

Example: Houdt Robert van moderne kunst?
Answer: positive: Ja, Robert houdt van moderne kunst.
              negative: Nee, Robert houdt niet van moderne kunst.

Exercise 4

TR 7, 04.00

Use the information given to ask what people think. Use the correct form of vinden.

Example: Monique / Italiaans eten (*Italian food*) / lekker (*nice*)
Answer: Vindt Monique Italiaans eten lekker?

   a Johan / Indonesisch eten / lekker
   b Julie en Micha / fietsen (*cycling*) / leuk (*fun*)
   c jullie / soaps op de TV / saai (*boring*)
   d Michaels zus (*Michael's sister*) / fotografie (*photography*) / interessant (*interesting*)
   e jij / sporten (*playing sports*) / leuk
   f je ouders (*your parents*) / de schilderijen van Rembrandt (*Rembrandt's paintings*) / mooi

 Grammar

DEZE/DIE + DIT/DAT

You will have noticed the use of these four words in the dialogues at the beginning of this unit. **Deze/die** and **dit/dat** are the Dutch words for *this/that*. **Deze** *this* and **die** *that* are used with **de** words. **Dit** *this* and **dat** *that* are used with **het** words:

de auto *the car*   **deze auto** *this car*   **die auto** *that car*

het huis *the house*   **dit huis** *this house*   **dat huis** *that house*

Because all plurals are **de** words, you always use **deze** *these* and **die** *those* with them:

de auto's *the cars*   **deze auto's** *these cars*   **die auto's** *those cars*

de huizen *the houses*   **deze huizen** *these houses*   **die huizen** *those houses*

You usually use **deze/die/dit/dat**, or demonstratives as they're called, directly in front of nouns:

Is dit boek van jou of dat boek?   *Is this book yours or that book?*

But when it is clear what you are talking about you can also leave the noun out and use the demonstratives on their own. In English, you'd often add *one*:

Is dit boek van jou of dat?   *Is this book yours or that one?*

Wil je deze film zien of die?   *Do you want to see this film or that one?*

Exercise 5

Fill in deze, die, dit or dat. There are usually two possibilities.

   a Hoe heet _____ hond? (*dog*)

   b Waar komt _____ geld vandaan?

   c Hoe heet _____ James Bond film?

   d Zijn _____ sleutels van jou? (*Are these/those keys yours?*)

   e Ik vind _____ koffie niet om te drinken! (*really horrible*)

   f _____ horloge (*watch*) is heel oud.

   g _____ boek kost €6 en _____ boek kost €12.

   h Mijn broer vindt _____ kamer niet groot genoeg. (*My brother thinks this/that room isn't big enough.*)

Grammar

ADJECTIVES

Adjectives are words that describe characteristics of objects, people and ideas. There are various examples in the dialogues: **nieuw** *new*, **leuk** *nice/fun*, **wit** *white*, **somber** *sombre*, **mooi** *beautiful*, etc.

Normally, the standard form of adjectives is used, as in the few examples you've just seen and as they're listed in the dictionary. However, when used in front of nouns – and this happens a lot – an **-e** needs to be added to the adjective:

Het boek is mooi.   *The book is beautiful.*

(no **-e** because the adjective comes after the noun)

But: Het mooie boek.   *The beautiful book.*

(an **-e** is added because the adjective is in front of the noun)

There is one exception to this rule: no **-e** is added to the adjective in front of an indefinite **het** word. This means that if the noun you're talking about is a **het** word and is used with **een** or no article at all, then the adjective does *not* get an **-e**.

Het interessante boek.   *The interesting book.*
Een interessant boek.   *An interesting book.*

> ● **INSIGHT**
>
> When adding an **-e** to adjectives, you may have to alter the spelling, following the spelling rules explained at the beginning of this book. **Wit** *white* becomes **witte** for instance and **leeg** *empty* becomes **lege**:
>
> een wit overhemd   *a white shirt*
> het witte overhemd   *the white shirt*
> een leeg glas   *an empty glass*
> het lege glas   *the empty glass*

Here are some useful pairs of adjectives:

groot *large*	**klein** *small*
dik *fat*	**dun** *thin*
mooi *beautiful*	**lelijk** *ugly*
duur *expensive*	**goedkoop** *cheap*
interessant *interesting*	**saai** *boring*
snel *fast*	**langzaam** *slow*
hoog *high*	**laag** *low*
warm *warm*	**koud** *cold*
goed *good*	**slecht** *bad*
oud *old*	**nieuw** *new*
licht *light*	**donker** *dark*

And here are some colours, which can also function as adjectives:

zwart *black*	**wit** *white*
rood *red*	**blauw** *blue*
groen *green*	**geel** *yellow*
bruin *brown*	**grijs** *grey* (becomes **grijze**)
roze *pink*	**oranje** *orange*

Materials when used as adjectives usually get an **-en** ending which never changes:

goud *gold* becomes	**gouden**	**een gouden ring** *a gold ring*
zilver *silver* becomes	**zilveren**	**een zilveren oorbel** *a silver earring*
hout *wood* becomes	**houten**	**een houten tafel** *a wooden table*

However, **plastic** keeps its English spelling: **een plastic tasje** *a plastic bag.*

Note that **welk** *which* also functions as an adjective.

Welk boek?	*Which book?*
Welke film?	*Which film?*

 Exercise 6

 TR 7, 04.50

Describe what the following people are wearing. Make sure you add an -e to the adjectives when needed.

Example: Jenny: blue blouse, grey trousers, black shoes
Answer: Jenny draagt een blauwe blouse, een grijze broek en zwarte schoenen.

  a Felipe: blue trousers, white shirt, green tie
  b Marja: red dress, gold earrings, black glasses
  c Chris: dark suit, light tie, gold watch
  d Jurgen: black t-shirt, yellow shorts, white socks
  e Jennifer: green skirt, pink blouse, yellow glasses
  f Karin: brown trousers, black shoes, silver ring
  g Joop: grey trousers, blue shirt, orange tie
  h Miranda: white dress, pink shoes, plastic earrings

 Exercise 7

Now describe in as much detail as possible what you are wearing. You may want to look up new words in a dictionary.

Grammar

BIG, BIGGER, BIGGEST

Comparatives (words like *bigger*) and superlatives (words like *biggest*) are used to compare objects, people and ideas or to indicate that they surpass all others:

Ik ben groter dan jij!	*I'm bigger than you!*
Mijn auto is sneller dan jouw auto.	*My car's faster than your car.*
Maar zijn auto is het snelst.	*But his car is the fastest.*

In Dutch these forms are easily made. You add **-er** to adjectives to make comparatives, and **-st** to make superlatives. With superlatives you always use **het**:

adjective	**comparative** (add -er)	**superlative** (add -st)
mooi *beautiful*	**mooier** *more beautiful*	**het moist** *most beautiful*
vreemd *strange*	**vreemder** *stranger*	**het vreemdst** *strangest*

When the adjective ends in an **-r**, then you add **-der** instead of **-er** for comparatives:

duur *expensive*	**duurder** *more expensive*	**het duurst** *most expensive*

The rules for adding an **-e** to adjectives also apply to comparatives and superlatives.

Ik wil een groter huis.	*I want a bigger house.*
Ik wil een grotere auto.	*I want a bigger car.*
de mooiste hond ter wereld	*the most beautiful dog in the world*

As usual, there are also some irregular forms. Here are the most common ones.

goed *good*	**beter** *better*	**het best** *best*
veel *much/many*	**meer** *more*	**het meest** *most*
weinig *little/few*	**minder** *less/fewer*	**het minst** *least/fewest*

● **INSIGHT**

With comparisons, strictly speaking, the word **dan** should be used. However, more and more Dutch speakers are using **als** instead. However, particularly in more formal situations, this can be seen as a very bad grammatical mistake. **Mijn hond is liever als jouw hond** (*my dog is nicer than your dog*).

QUICK AND QUICKLY

In English, you can make an adjective into an adverb by adding *-ly* to an adjective. In Dutch, this is not necessary because adverbs have the same form as adjectives:

Het is slecht weer.	*It's bad weather.*
	slecht = adjective
Het team speelt slecht.	*The team play badly.*
	slecht = adverb

An adverb which is used a lot in Dutch, but which is difficult to translate into English, is **graag**. **Graag** expresses the fact that you *like doing something*:

Ik zwem graag.	*I like (to go) swimming.*
Ik loop graag op het strand.	*I like (to go) walking on the beach.*

Graag has irregular forms for the comparative and superlative: **liever** (when you prefer something) and **het liefst** (when you most like doing something):

Ik drink graag koffie.	*I like (drinking) coffee.*
Hij drinkt liever thee.	*He prefers (drinking) tea.*
Zij drinkt het liefst wijn.	*Most of all, she likes (to drink) wine.*

Exercise 8

TR 7, 06.22

Pretend you are shopping with a Dutch-speaking friend. Ask him or her which of the following items/things s/he wants to buy. Use dit/dat, deze/die in your questions.

Example: de auto: blauw/zwart

Answer: Wil je deze blauwe auto kopen of die zwarte (auto)?

a het boek: dun/dik
b de poster: goedkoop/duur
c de bank (*sofa*): groot/klein
d het horloge: goud/zilver
e de tafel: hoog/laag
f de computer: snel/langzaam
g de gordijnen (*curtains*): groen/blauw
h het schilderij (*painting*): modern/klassiek

 Grammar

TALKING ABOUT THE FUTURE

Talking about the future in Dutch is very easy: you usually just use a form of the present tense. However, you can also use **gaan** *to go*, which operates like a modal verb in these cases, i.e. you combine it with an infinitive at the end of the sentence. This structure looks a lot like English:

Ik ga een CD kopen.	*I'm going to buy a CD.*
We gaan het huis roze schilderen.	*We're going to paint the house pink.*

Zullen *shall/will* is used in combination with an infinitive to make the proper future tense, but this is used much less often than the present tense or **gaan** + infinitive to talk about the future. **Zullen** is only used when making a promise or giving a guarantee.

Ik zal het niet vergeten.	*I won't forget.*
Hij zal het voor u doen.	*He will do it for you.*

Here are the forms of the verb **zullen**:

ik zal	**wij zullen**
jij zal	**jullie zullen**
u zal	**u zal**
hij/zij zal	**zij zullen**

Exercise 9

Look at Jasper's diary and write down what he's going to do next week. Use gaan + infinitive.

Example: maandag
Answer: Ik ga maandag zwemmen.

MAANDAG *zwemmen* swimming	**VRIJDAG** *koffie drinken bij Remco* have coffee at Remco's
DINSDAG *boodschappen doen* do the shopping	**ZATERDAG** *het huis schoonmaken* clean the house
WOENSDAG *de auto wassen* wash the car	**ZONDAG** *met de hond op het strand wandelen* walk on the beach with the dog
DONDERDAG *squashen met Erik* play squash with Erik	

⚡ Ten things to remember

1 Normally, the standard form of adjectives is used. However, in front of a noun, an **-e** needs to be added to the adjective. **Het boek is mooi.** *The book is beautiful.* **Het mooie boek.** *The beautiful book.*

2 No **-e** is added to adjectives in front of a noun, if the noun is a **het**-word which is used indefinitely, i.e. with **een** or with no article at all. **Het interessante boek.** *The interesting book.* **Een interessant boek.** *An interesting book.*

3 Materials, when used as adjectives, usually get an **-en** ending which never changes, e.g. **goud** *gold*: **een gouden ring** *a golden ring*.

4 Comparatives are used to compare objects, people and ideas. You add **-er** to adjectives to make comparatives, e.g. **mooi** *beautiful*, **mooier** *more beautiful*.

5 Superlatives are used to indicate that objects, people and ideas surpass all others. In Dutch **-st** is added to adjectives to make superlatives, e.g. **mooi** *beautiful*, **het mooist** *most beautiful*. You always use **het** with superlatives.

6 The rules for adding an **-e** to adjectives also apply to comparatives and superlatives. **Ik wil een groter huis en een grotere auto.** *I want a bigger house and a bigger car.*

7 In English you can make an adjective into an adverb by adding *-ly*. In Dutch this is not necessary, e.g. **slecht** is used for *bad* and *badly*.

8 The adverb **graag** is used a lot in Dutch. **Graag** expresses the fact that you like doing something, e.g. **Ik zwem graag.** *I like (to go) swimming.*

9 To talk about the future, you usually just use a form of the present tense (**Ik werk morgen.** *I'm working tomorrow*) or a form of **gaan** plus an infinitive (**Ik ga morgen werken.** *I'm going to work tomorrow*).

10 The verb **zullen** *shall/will* can be used with an infinitive to make the future tense in Dutch, but this structure is only used to talk about the future when making a promise or giving a guarantee. **Ik zal het niet vergeten.** *I won't forget.*

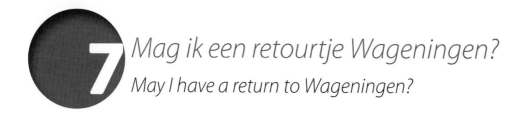

7 Mag ik een retourtje Wageningen?

May I have a return to Wageningen?

In this unit you will learn:
▶ *How to ask questions about public transport*
▶ *How to tell the time*

Dialogue

David is going to visit a business contact in Wageningen. Helen needs the car today, so David will go by train.

Aan het loket op het station:

 TR 8

David	Ik ga naar Wageningen. Welke trein moet ik dan nemen?
Lokettist	Even kijken hoor. Er is geen directe verbinding. U moet de sneltrein tot Utrecht nemen. Daar moet u op de stoptrein naar Arnhem overstappen.
David	Hoe laat vertrekt de trein naar Utrecht?
Lokettist	Er gaat een trein over tien minuten van spoor 3A. U kunt proberen die trein te halen. Hij is om half negen in Utrecht. In Utrecht staat als het goed is de stoptrein naar Arnhem te wachten.
David	Kan ik hier een kaartje kopen?
Lokettist	U kunt een OV-chipkaart kopen, maar voorlopig ook nog een gewoon kaartje. De OV-chipkaart is voor al het openbaar vervoer. U kunt ook een OV-chipkaart in een machine kopen. In de machine kunt u geld op de kaart zetten. U moet altijd in- en uitchecken.
David	Hoe doe ik dat?
Lokettist	U houdt de kaart bij de kaartlezer op een van de poortjes bij de ingang van het station.

David moet in Wageningen de bus nemen. Lijn 6 komt langs de Merwedestraat. De bus staat klaar dus hij hoeft niet lang te wachten.

In de bus:

Buschauffeur	Goedemorgen.
David	Goedemorgen. Ik wil naar de Merwedestraat. Ik heb een OV-chipkaart.
Buschauffeur	U moet met uw OV-chipkaart inchecken.
David	Hoe?
Buschauffeur	U moet de kaart voor de kaartlezer bij de deur houden. Bij het uitstappen moet u uitchecken. Dan houdt u weer uw kaart voor een kaartlezer.
David	Kunt u me waarschuwen als we bij de Merwedestraat zijn?
Buschauffeur	Jazeker.

het loket	*the ticket window*
de lokettist	*the booking clerk*
ik ga naar	*I am going to*
even kijken hoor	*let me see*
er is geen directe verbinding	*there is no direct connection*
tot	*as far as*
de sneltrein	*the intercity*
daar	*there*
de stoptrein	*the stopping train*
overstappen	*to change (train/bus, etc.)*
hoe laat vertrekt de trein?	*when does the train leave?*
er gaat	*there is*
over 10 minuten	*in 10 minutes*
het spoor	*the platform*
proberen	*to try*
te halen	*to catch*
als het goed is	*should (if everything is the way it should be)*
wachten	*to wait*
een kaartje	*a ticket*
OV-chipkaart	*electronic ticket*
Voorlopig	*for the time being*
openbaar vervoer	*public transport*
geld op de kaart zetten	*to charge money to the card*
in- en uitchecken	*to check in and out*
de kaartlezer	*card reader*
de poortjes	*gates*
ingang	*entrance*
hij hoeft niet lang te wachten	*he doesnt have to wait long*
de bus staat klaar	*the bus is ready, waiting*

lijn 6 komt langs	the 6 comes along
de buschauffeur	the bus driver
voor de kaartlezer ... houden	hold ... in front of the card reader
bij de deur	near the door
bij het uitstappen	when getting off (the bus)
waarschuwen	to warn, let someone know

 Exercise 1

Go through the dialogue to ensure that you understand everything. Then act out the situation, preferably with a partner.

OPENBAAR VERVOER PUBLIC TRANSPORT

The public transport system in the Netherlands is well organized. Trains and buses get you to many destinations and in Amsterdam and Rotterdam there are (albeit limited) underground services **(de metro)**.

In Amsterdam, Den Haag, Utrecht and Rotterdam there are trams as well. Fast tram services have been established in several places, the so-called **sneltram**, which takes passengers out of the centre of the town to the outlying areas quickly.

In 2010 a new ticketing system for public transport was introduced in the Netherlands, the **OV-chipkaart**. The **OV-chipkaart** is an electronic card, as big as a credit card, with a chip, to which money can be charged, and which can be used on all means of public transport. The old system of train tickets – see further down – will also remain in use for some time.

There are two types of **OV-chipkaart**, a personal one, **de persoonlijke OV-chipkaart**, which is registered to one person's name, and an anonymous card, **de anonieme OV-chipkaart**, which is not registered to one person, and which can be used by anyone (but only by one person at a time).

The **OV-chipkaart** can be bought at ticket offices, but also from machines at train stations, where you can also charge money to the card, and from various other outlets such as newsagents. The **persoonlijke OV-chipkaart** can be charged automatically from one's bank account.

Disposable cards are also available, which are only valid for a limited period of time or for one particular journey.

When using public transport, you have to check in at the beginning of each journey (i.e. hold the card in front of a card reader at the entrance to train stations or in a bus or a tram) and check out, in the same way, at the end of your journey.

The old train tickets (**de treinkaart** or **het kaartje**) are single (**enkele reis** or **enkeltje**) or return (**het retour** or **retourtje**). There is also a special pass, **de voordeelurenkaart**, which offers a reduction (**de korting**) after 9 a.m. on weekdays and all day at the weekend. Tickets are bought at the ticket window or from machines at the railway station, called **het NS-station**, after the Dutch 1 railway company. The old bus and train tickets are called **strippenkaart**.

BORDEN SIGNS

At railway stations it is easy to find your way around by looking at the internationally used signs. These are square blue pictograms depicting the various establishments, i.e. a knife and fork for a restaurant, a flower for the flower stall, a suitcase and umbrella for the left luggage, and so on.

The times of departure are shown on large yellow and blue-edged signs, showing not only the departure times and platforms that the trains depart from, but also the stations at which the train will stop.

Various symbols indicate whether a train is an intercity train or not, whether it runs on Sundays and public holidays and so on.

EVEN

This is one of these little Dutch words that can have several meanings and are frequently inserted into sentences; often it means *just*.

Exercise 2

Answer the following questions with complete sentences in Dutch.

DQ 358832	**NV Nederlandse Spoorwegen**

Geldig op/van	**Geldig tot en met**
21.05.02	DAGRETOUR
HAARLEM	— AMSTERDAM CS

via:

Afgiftepunt	Reductie	Nummer	Prijs
885.072		161821	8,50

Bijz.:

Dit is het treinkaartje van David. *This is David's train ticket.*

    a Van welk station vertrekt David?
    b Waar gaat hij naartoe?
    c Wat kost het kaartje?
    d Is het een enkeltje of een retourtje?

💡 How to …

▶ Say that you have to/need to do something

U moet de trein tot Utrecht nemen.	*You have to take the train as far as Utrecht.*
Waar moet ik inchecken?	*Where must I check in?*

▶ Buy a train ticket

Een enkeltje Alkmaar graag.	*A single to Alkmaar, please.*
Mag ik een enkele reis naar Alkmaar?	*May I have a single to Alkmaar?*
Een retourtje Groningen graag.	*A return to Groningen, please.*
Mag ik een retour naar Groningen?	*May I have a return to Groningen?*
Een OV-chipkaart, graag.	*An OV-chipkaart, please.*

▶ Say you want to go to a particular destination

Waar wilt u naartoe?	*Where do you want to go to?*
Naar de Merwedestraat.	*To the Merwedestraat.*
Ik wil naar de Merwedestraat.	*I want to go to the Merwedestraat.*

▶ Ask for the time

Hoe laat is het?	*What's the time?*
Het is tien voor één.	*It is ten to one.*
Hoe laat vertrekt de trein?	*When does the train leave?*
Om vijf over acht.	*At five past eight.*

💡 De klok

The 12-hour clock is used in everyday speech. The 24-hour clock is used only in written timetables, programmes and so on. The Dutch clock can be divided in half: the top part, which centres around the full hour and the bottom part which centres around the half hour.

The top part of the Dutch clock is similar to the English clock:

5.45 kwart voor zes
a quarter to six

5.50 tien voor zes
ten to six

5.55 vijf voor zes
five to six

6.00 zes uur
six o'clock

6.05 vijf over zes
five past six

6.10 tien over zes
ten past six

6.15 kwart over zes
a quarter past six

The bottom half of the Dutch clock is more tricky. In English, we express the half hour by saying it is half past the hour, e.g. it is half *past* seven. In Dutch you look *forward* to the next hour: so 7.30 is **half acht**.

6.20 tien voor half zeven
lit. *ten to half before seven*

6.25 vijf voor half zeven
lit. *five to half before seven*

6.30 half zeven
lit. *half before seven*

6.35 vijf over half zeven
lit. *five past half before seven*

6.40 tien over half zeven
lit. *ten past half before seven*

It may be necessary to specify what time of day you are talking about:

01.00 één uur 's nachts	*one o'clock at night*
06.00 zes uur 's morgens/'s ochtends	*six o'clock in the morning*
12.00 twaalf uur 's middags	*twelve noon*
19.00 zeven uur 's avonds	*seven o'clock in the evening*
Ik moet de trein van vijf over tien nemen.	*I need to take the five past ten train.*
Om half negen ga ik naar mijn werk.	*I go to work at half past eight.*

Exercise 3

TR 8, 02.07

Tell the time on the clocks. Hoe laat is het?

(a) Het is _____.

(b) Het is _____.

(c) Het is _____.

(d) Het is _____.

(e) Het is _____.

(f) Het is _____.

Exercise 4

TR 8, 02.47

Look at the timetable and answer the questions in complete sentences as if you were at the station in Amsterdam CS.

Amsterdam CS /Schiphol ✈ /Haarlem /Den Haag /Rotterdam /Vlissingen

Amsterdam RAI / Schiphol ✈ /Den Haag

Amsterdam CS	17 23	17 26		17 29	17 34	17 40
Amsterdam Sloterdijk	17 28			17 34	17 40	17 45
Amsterdam De Vlugtlaan						
Amsterdam Lelylaan		17 35				
Haarlem	17 38			17 44	17 51	17 55
Haarlem				17 46		17 56
Heemstede-Aerdenhout				17 50		18 00
Amsterdam RAI						17 42
Amsterdam Zuid WTC						17 45
Schiphol		17 42				17 52
Schiphol		17 44				17 54
Hoofddorp						17 59
Nieuw Vennep						18 03
Leiden		17 59		18 06	18 15	18 14
Leiden		18 00	18 02	18 09	18 17	18 19
De Vink			18 05			
Voorschoten				18 14		18 24
Den Haag Mariahoeve			18 12	18 19		18 29
Den Haag Laan van NOI				18 22		18 32
Den Haag CS			18 18			18 35
Den Haag CS			18 12			
Den Haag HS		18 11	18 15	18 25	18 27	
Den Haag HS		18 12	18 16		18 28	18 31

a Hoe laat vertrekt de volgende trein naar Den Haag HS (Holland Spoor)?
b Hoe laat is de trein daar?
c Ik moet om kwart over zes in Leiden zijn. Welke trein moet ik dan nemen?
d Hoe laat vertrekt de trein naar Voorschoten?
e Kunt u mij vertellen welke trein ik moet nemen naar Schiphol?
f Gaat er een trein van Haarlem naar Schiphol?
g Van welk station in Amsterdam gaat er een trein naar Den Haag CS?
h Hoe laat vertrekt de volgende stoptrein van Leiden naar Den Haag CS?

 # Grammar

WILLEN

In Unit 4 you were introduced to some modal verbs. Here is **willen**, one of those verbs, again.

Singular

ik wil	*I want*
jij wilt (wil)	*you want (informal)*
u wilt	*you want (formal)*
hij/zij/het wil	*he/she/it wants*

Plural

wij willen	*we want*
jullie willen	*you want (informal)*
u wilt (wil)	*you want (formal)*
zij willen	*they want*

Ik wil bellen.	*I want to phone.*
Wil jij een appel?	*Do you want an apple?*
Zij willen wat drinken.	*They want to drink something.*

As you saw in Unit 4 modal verbs are used very frequently and are often used in conjunction with another verb, which then appears in its full form (the infinitive) at the end of the sentence:

Ik wil bloemen kopen.	*I want to buy flowers.*
Ik ga bellen.	*I'm going to phone.*
Wij willen wat drinken.	*We want something to drink.*
Zij gaan boodschappen doen.	*They are going to do the shopping.*

There is also a group of verbs that can be used together with an infinitive (the full verb), but in these cases **te** will have to be inserted before the infinitive. Some of these verbs are:

hoeven *have to*

proberen *try*

vergeten *forget*

staan (often translated as) *to be*

zitten (often translated as) *to be*

beginnen *start*

beloven *promise*

U hoeft niet lang te wachten.	*You don't have to wait long.*
Ik probeer te komen.	*I am trying to come.*
Wij vergeten boodschappen te doen.	*We forget to do the shopping.*
Hij staat te wachten.	*He is (stands) waiting.*
Ik zit te lezen.	*I am reading.*
De trein begint te rijden.	*The train starts to move.*
Ik beloof te komen.	*I promise to come.*
Ik durf niet te kijken.	*I don't dare to look.*
Ik weiger dat te geloven.	*I refuse to believe that.*

Look at the 'wheel' diagram. On the left-hand side of the wheel are the key verbs that can be used in conjunction with an infinitive. On the right are several end parts of sentences always ending in the infinitive. But only the shadowed segments of the left wheel tally with the shadowed segments of the right. Similarly, the sections with a white background on the left side of the wheel can be linked to the white right-hand sections. Within these similarly coloured parts of the wheel, you can make up several sentences.

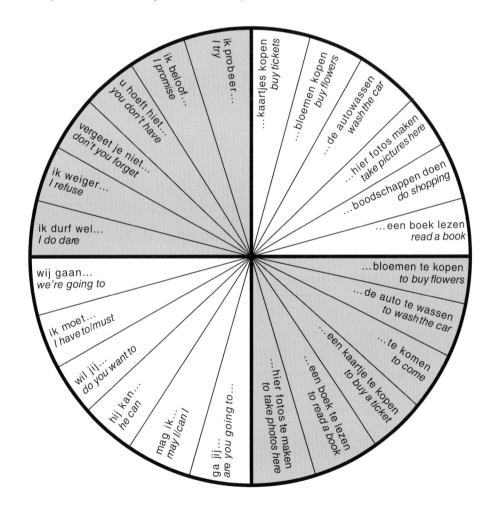

Hoeven is normally used when you do *not* have to do something:

U hoeft niet lang te wachten.   *You don't have to wait long.*
U hoeft niet te komen.   *You don't have to come.*

Moeten is normally used when you *do* have to do something.

U moet lang wachten.   *You have to wait a long time.*
U moet komen.   *You have to come.*

Exercise 5

Fill the gaps with te or leave blank, as appropriate.

a Ik moet de trein van negen uur _____ halen.
b Ik probeer de trein van half 10 _____ halen.
c Ik durf niet naar huis _____ gaan.
d Ik wil met je mee _____ komen. (*I want to come with you*)
e Ik ga over tien minuten boodschappen _____ doen.
f Hans zit de hele dag _____ lezen. (*Hans is reading all day*)
g Vergeet niet je wisselgeld mee _____ nemen.
h Je hoeft niet op me _____ wachten.
i Waar moet ik _____ overstappen?
j Ingrid staat in de keuken _____ praten.

het wisselgeld	*small change*
praten	*to talk*

Exercise 6

Vul het juiste woord in. *Fill in the right word.* **Use a word from the box.**

a Ik ga _____ Dordrecht.
  _____ trein moet ik dan nemen?
b Er gaat een trein _____ acht minuten.
  U kunt proberen die trein _____ halen.
c _____ kan ik bellen?
d Ik _____ graag een retourtje Castricum.
e Je _____ niet lang op de bus te wachten.

te	over	mag	naar	hoeft	welke	waar	wil

Exercise 7

TR 8, 04.39

Here are some of the most common pictograms used as signs in the Netherlands, with their meanings in Dutch:

<table>
<tr><td align="center">a</td><td align="center">b</td><td align="center">c</td></tr>
<tr><td align="center"></td><td align="center"></td><td align="center"></td></tr>
<tr><td align="center">de krantenkiosk</td><td align="center">de fietsenstalling</td><td align="center">de telefooncel</td></tr>
<tr><td align="center">d</td><td align="center">e</td><td align="center">f</td></tr>
<tr><td align="center"></td><td align="center"></td><td align="center"></td></tr>
<tr><td align="center">de bushalte</td><td align="center">de restauratie</td><td align="center">het wisselkantoor</td></tr>
</table>

Note that different prepositions are used for different words (**aan**, **op**, **bij**, **in**, and so on):

Bij een krantenkiosk kun je kranten en tijdschriften kopen.	*At a newspaper stall you can buy newspapers and magazines.*
In een fietsenstalling kun je fietsen stallen.	*At a bicycle shed you can 'park' your bike.*
In een telefooncel kun je bellen.	*In a telephone box you can phone.*
Bij een bushalte kun je de bus nemen.	*At the bus stop you can take a bus.*
In de restauratie kun je iets eten en drinken.	*In the buffet you can have something to eat and drink.*
Op het wisselkantoor kun je geld wisselen.	*At the bureau de change you can change money.*

> **● INSIGHT**
>
> **Restauratie** is the word used for a buffet at a railway station. In any other situation, the word **restaurant** would be used.

Now look at the pictograms again and ask where each of them is. Phrase each of the questions in two ways following the example:

Waar is de fietsenstalling?
Waar kan ik mijn fiets stallen?

Here are two more common signs:

de uitgang

de ingang

Exercise 8

TR 8, 05.52

If you have the recording, listen to the announcements (or read the following bullet list) made about departures of trains. For each of the three announcements write down:

   a the time the train will leave
   b the destination of the train
   c the platform the train will leave from.

richting destination (lit. direction)	**herhaling** repeat

The following is a transcript of what you will hear on the recording; make sure you listen to it first without reading the transcript:

▶ De sneltrein richting Den Haag vertrekt om 19.45 van spoor 7A; herhaling: de sneltrein richting Den Haag vertrekt om 19.45 van spoor 7A.
▶ De stoptrein richting Eindhoven vertrekt om 12.15 van spoor 2B; herhaling: de stoptrein richting Eindhoven vertrekt om 12.15 van spoor 2B.
▶ De intercity richting Arnhem vertrekt om 13.52 van spoor 5; herhaling: de intercity richting Arnhem vertrekt om 13.52 van spoor 5.

Ten things to remember

1 A train arrives at a **spoor**, but the platform where the passengers wait for the train is called **perron**.

2 **Even** can have several meanings. Often it means *just*.

3 The Dutch clock is divided into a top half, which centres around the full hour, and a bottom half, which centres around the half hour.

4 The top part of the clock works the same as in English: **Het is drie uur** – *It's three o'clock.* **Het is vijf over een** – *It's five past one.* **Het is tien over vijf** – *It's ten past five.* **Het is kwart voor twee** – *It's a quarter to two.*

5 The bottom part of the clock refers to the half hour: **Het is half acht** – *It's half past seven.* **Het is tien voor half acht** – *It's twenty past seven.* **Het is vijf over half negen** – *It's twenty-five to nine.*

6 Usually the 12-hour clock is used. It may be necessary to indicate what time of day you are talking about: **'s nachts** *at night*, **'s morgens/'s ochtends** *in the morning*, **'s middags** *in the afternoon*, **'s avonds** *in the evening*.

7 Modal verbs are used with an infinitive at the end of the sentence.

8 Another group of verbs is also used with an infinitive at the end of the sentence, but in this case **te** is placed before the infinitive: **U hoeft niet lang te wachten.** *You don't have to wait long.*

9 Examples of these verbs are: **hoeven** *to have to*, **proberen** *to try*, **vergeten** *to forget*, **staan** *to stand/to be*, **zitten** *to sit/to be*, **beginnen** *to start*.

10 **Hoeven** is normally only used when you do <u>not</u> have to do something.

Heeft u een leuke vakantie gehad?
Did you have a nice holiday?

In this unit you will learn:
▶ *How to talk about events in the past*
▶ *How to describe places*
▶ *How to talk about the weather*

Dialogue

Helen and Anne, two good friends, are visiting Amsterdam for the weekend.
In het hotel:

 TR 9

Anne	We willen graag een tweepersoonskamer reserveren.
Hotelmanager	Hoe lang wilt u blijven?
Anne	Twee nachten.
Hotelmanager	Dat kan. Een tweepersoonskamer met douche en inclusief ontbijt kost €60.
Anne	Ja, dat is goed.
Hotelmanager	Dat is voor u geboekt. Hier heeft u de sleutel.
Anne	Heeft u wat informatie over de uitgaans-mogelijkheden in de stad?
Hotelmanager	Ja, ik heb een heleboel informatie. Hier is de *Uitkrant*, daar staan de films, concerten en toneelstukken in vermeld. Waar bent u in geïnteresseerd?
Helen	We zijn vooral geïnteresseerd in kunst en cultuur. Zijn er speciale tentoonstellingen op het moment?
Hotelmanager	Er is net een grote tentoonstelling in het Stedelijk Museum geweest, maar die is nu afgelopen. Het Amsterdams Historisch Museum is tijdelijk gesloten, maar de andere musea zijn allemaal geopend.

tweepersoonskamer	*double room*
Hoe lang wilt u blijven?	*How long do you want to stay?*
de nacht	*the night*
het ontbijt	*the breakfast*
geboekt	*booked*
de sleutel	*the key*

uitgaansmogelijkheden	opportunities for going out
heleboel	lots
de *Uitkrant*	free events paper for Amsterdam
het toneelstuk	the play
vermeld	mentioned
Waar bent u in geïnteresseerd?	What are your interests?
de tentoonstelling	the exhibition
We zijn geïnteresseerd in …	We are interested in …
vooral	especially
kunst en cultuur	the arts and culture
het Stedelijk Museum	the City Museum
geweest	been
afgelopen	finished
tijdelijk	temporarily
gesloten	closed
allemaal geopend	all open

At the end of their weekend Helen and Anne check out at the hotel desk:

Hotelmanager	Heeft u een leuke vakantie gehad?
Helen	Ja, heel leuk. We hebben erg veel gedaan en het was erg gezellig.
Hotelmanager	Wat heeft u allemaal gezien?
Helen	We zijn gisteren naar het Nationale Ballet geweest in het Muziektheater en we hebben vandaag het Anne Frankhuis bezocht.
Hotelmanager	U heeft zeker ook een rondvaart door de grachten gemaakt?
Anne	Nee, maar we hebben wel langs de grachten gewandeld. En we hebben op een terrasje lekker wat gedronken en zo.
Helen	Amsterdam is heel erg mooi.
Hotelmanager	Vooral in dit mooie weer! U heeft het dus naar uw zin gehad. Prima.
Anne	Ja, het is ons prima bevallen. We komen gauw weer terug.

gehad	had
gedaan	done
erg gezellig	very nice (atmosphere)
gezien	seen
bezocht	visited
zeker	certainly
door de grachten	on (lit. through) the canals

langs	*along*
gewandeld	*walked*
een terrasje	*a terrace*
hebben lekker wat gedronken	*had a nice drink*
en zo	*and such (things)*
heel erg mooi	*very beautiful*
dit mooie weer	*this beautiful weather*
U heeft het dus naar uw zin gehad.	*So you enjoyed yourselves.*
Het is ons prima bevallen.	*We really enjoyed it.*
We komen gauw weer terug.	*We will come back again soon.*

 Exercise 1

Having made sure you understand the vocabulary and phrases in the dialogue, and having listened carefully to the recording, act out the situation with a partner.

MUSEA

There are many interesting museums in Amsterdam. The three most renowned are the **Rijksmuseum** (National Museum), the **Van Gogh Museum** and the **Stedelijk Museum** (City Museum). The **Rijksmuseum** contains the Netherlands' most important collection of paintings and other art objects up to the nineteenth century. The collection of Dutch seventeenth-century masters is particularly famous and includes major paintings by Rembrandt, such as the **Nachtwacht** (*Night Watch*). The **Van Gogh Museum** contains the Van Gogh collection. The **Stedelijk Museum** is the Amsterdam City Museum and contains an impressive collection of modern art. The **Amsterdam Historisch Museum** mentioned in the dialogue is an extensive exhibition on the history of the city.

● **INSIGHT**

For more detailed tourist information you can go to the many tourist information offices, **het VVV**. You can book accommodation through them or just pick up information. Many larger cities publish a special monthly bulletin, such as the *Uitkrant* in Amsterdam, with information about films, theatres, exhibitions and so on. For more general information you can go to the **ANWB**; they sell maps, booklets, etc. of tourist places in the Netherlands and abroad. They also sell travel insurance and offer advice on travelling arrangements. (They are comparable to the British AA and RAC.)

STOPERA

Het Muziektheater is the official name of the building where concerts, operas and ballets are performed. It is sometimes also known as **Stopera**, which stems from the time that the **Muziektheater** was built. There was a lot of public resistance because the building meant the destruction of the old flea market, **het Waterlooplein**. The action was called **Stop Opera**, hence the name **Stopera**. The flea market was re-established a bit further away and is still referred to as **het Waterlooplein**, even though it is actually situated at Rapenburgh.

How to …

▶ Book a room

Ik wil graag een tweepersoonskamer reserveren.	*I should like to book a double room.*
Heeft u een eenpersoonskamer vrij?	*Have you got a single room available?*
Kunnen we een kamer voor twee nachten boeken?	*Can we book a room for two nights?*
Wilt u een kamer met bad of met een douche?	*Do you want a room with a bath or with a shower?*

▶ Say you enjoyed yourself

We hebben genoten.	*We have enjoyed ourselves.*
Het is me prima bevallen.	*I enjoyed myself.*
Ik heb het naar mijn zin gehad.	*I have enjoyed myself.*

▶ Say what your interests are

Ik ben geïnteresseerd in kunst.	*I am interested in art.*
Ik ben niet geïnteresseerd in kunst.	*I am not interested in art.*
Ik ben vooral geïnteresseerd in voetbal.	*I am particularly interested in football.*

Grammar

TALKING ABOUT THE PAST

When you talk about the past in Dutch, you usually use a combination of two verbs:

Wij hebben een leuke vakantie gehad. *We have had a nice holiday.*

This combination of two verbs is called the present perfect, or simply, perfect tense. Here are some more examples:

Ik heb langs de gracht gewandeld.	*I (have) walked along the canal.*
Hij is vroeg naar huis gegaan.	*He went home early.*

This is the tense that's used most often when talking about the past. There is another tense which can also be used to talk about the past and this will be discussed in a later unit.

The perfect tense consists of a form of the verb **hebben** or **zijn** and a special verb form at the end of the sentence. This verb form at the end is called a past participle. The past participle never changes; it always has the same form. The form of **hebben** or **zijn** changes depending on who (or what) you're talking about.

Ik heb gewandeld.	*I have walked.*
Jij hebt gewandeld.	*You have walked.*
U hebt/heeft gewandeld.	*You have walked.*
Hij/zij heeft gewandeld.	*He/she has walked.*
Wij hebben gewandeld.	*We have walked.*
Jullie hebben gewandeld.	*You have walked.*
Zij hebben gewandeld.	*They have walked.*

THE PAST PARTICIPLE

Most verbs in Dutch are regular when it comes to forming their past participle, i.e. there's a simple rule. This is what you do:

1 Find the stem of the verb (normally just chop off the **-en** ending of the infinitive).

2 Add **ge-** at the beginning of the stem.

3 Add a **-t** or a **-d** at the end of the stem (a **-t** if the last letter of the stem is a letter in the words *soft ketchup*, otherwise a **-d**).

Let's have a look at the verbs **wandelen** and **werken**.

Take away the **-en** ending of both verbs to find the stem: **wandel**, **werk**. Now add **ge-**: **gewandel**, **gewerk**. Now add a **-t** or a **-d**.

The **k** of **werk** appears in *soft ketchup*, so you have to add a **-t**, but the **l** of **wandel** doesn't, so you have to add a **-d**. This means the two past participles are: **gewandeld** and **gewerkt**.

Here are some more examples. We've listed the infinitive, the stem of the verb and their past participle:

Infinitive	Stem	Past participle	
praten	**praat**	**gepraat**	*talk*
maken	**maak**	**gemaakt**	*make*
fietsen	**fiets**	**gefietst**	*cycle*
stoppen	**stop**	**gestopt**	*stop*
branden	**brand**	**gebrand**	*burn*
schilderen	**schilder**	**geschilderd**	*paint*
regenen	**regen**	**geregend**	*rain*
reizen	**reis**	**gereisd**	*travel*
leven	**leef**	**geleefd**	*live*

Note that verbs whose stem ends in **-d** or **-t** do not take an extra **-d** or **-t** in the past participle.

Note also the verbs **reizen** and **leven**. The stem of these verbs ends in **-s** and **-f**, because words in Dutch cannot end in **-z** or **-v**. However, the *soft ketchup* rule does not apply because the last letter of the verbs before **-en** are **z** and **v** respectively. If you are not quite clear about the spelling rules, refer back to the Pronunciation section.

> **● INSIGHT**
>
> Instead of "soft ketchup" Dutch children are taught another way to see if a past participle should end in a **-t** or a **-d**. They are given the Dutch word **'t kofschip** (a traditional Dutch boat). The principle stays the same, because the same letters are involved (**t, k, f, s, p**). If the last letter of the stem is one of these letters, the past participle should end in a **-t**, otherwise it ends in a **-d**.

NO GE-

There is a group of verbs that do not have **ge-** in the past participle. These are the verbs that have one of the following prefixes:

be-	bestellen	**Ik heb wijn besteld.**	*I have ordered wine.*
her-	herhalen	**Ik heb het herhaald.**	*I have repeated it.*
ont-	ontmoeten	**Ik heb hem ontmoet.**	*I have met him.*
ver-	vertellen	**Ik heb het verteld.**	*I have told it.*
er-	erkennen	**Ik heb het erkend.**	*I have recognized/admitted it.*
ge-	geloven	**Ik heb hem nooit geloofd.**	*I have never believed him.*

NOT SO REGULAR

Even though the majority of verbs follow the rules as set out earlier, a small group of verbs that are used very frequently is irregular, which means these rules do not apply. The main difference is that they do not use the stem of the verb to form their past participle. The simplest thing to do is to learn these irregular forms off by heart. You will find a table at the end of the book, but to help you on your way, some of the most frequent ones follow.

The most important irregular verbs to learn are **hebben** and **zijn**:

zijn	**ik ben geweest**	*I have been*
hebben	**ik heb gehad**	*I have had*

Here are some more irregular verbs:

kopen	**ik heb gekocht**	*I have bought*
brengen	**ik heb gebracht**	*I have brought*
beginnen	**ik ben begonnen**	*I have started*
komen	**ik ben thuis gekomen**	*I have come home*
doen	**ik heb veel gedaan**	*I have done a lot*
blijven	**ik ben thuis gebleven**	*I have stayed at home*

HEBBEN OR *ZIJN*

Most regular verbs use **hebben** in the perfect tense. Even many irregular verbs use **hebben**:

Jij hebt een mooie tekening gemaakt.	*You have drawn a nice picture.*
Wij hebben een tijdje gepraat.	*We have talked for a while.*
We hebben veel gedaan.	*We have done a lot.*

A small number of irregular verbs use **zijn** in the perfect tense and those verbs normally indicate a change of place or state:

Ik ben met mijn werk begonnen.	*I have started my work. (change of state)*
Hij is met de trein gekomen.	*He has come by train. (change of place)*
Wij zijn verhuisd.	*We have moved house.*

However:

Ik ben thuis gebleven.	*I have stayed at home.*
Ik ben de hele dag op mijn werk geweest.	*I have been at work all day.*

Neither verb indicates a change, yet they form their perfect tense with **zijn**.

Here follows a list of the most common verbs that use **zijn** in the perfect tense:

zijn (geweest)	*to be*
blijven (gebleven)	*to stay*
komen (gekomen)	*to come*
gaan (gegaan)	*to go*
beginnen (begonnen)	*to begin*
stoppen (gestopt)	*to stop*
vertrekken (vertrokken)	*to leave*
verhuizen (verhuisd)	*to move house*
vallen (gevallen)	*to fall*
worden (geworden)	*to become*
trouwen (getrouwd)	*to marry*
scheiden (gescheiden)	*to divorce*
geboren worden (geboren geworden)	*to be born*
sterven (gestorven)	*to die*

VERBS OF MOTION

There is also a group of verbs that sometimes uses **hebben** and sometimes **zijn** in the perfect tense. These verbs indicate motion of some sort.

Zijn is used when there is an indication of direction or destination. **Hebben** is used when there is no direction and the emphasis is more on the movement:

▶ **Rijden**

Wij zijn naar Amsterdam gereden.	*We drove to Amsterdam.*
We hebben daar wat rondgereden.	*We drove around there (a bit).*

▶ **Wandelen**

Ik ben naar het park gewandeld.	*I walked to the park.*
Ik heb daar een uur gewandeld.	*I have been walking there for an hour.*

▶ **Lopen**

De oude man is tot het bankje gelopen.	*The old man walked to the bench.*
Daarna heeft hij in het park gelopen.	*After that he walked in the park.*

▶ **Vliegen**

We zijn naar Athene gevlogen.	*We flew to Athens.*
Ik heb nog nooit gevlogen.	*I have never flown.*

Ik ben naar Amsterdam gefietst.   **Ik heb gefietst.**

▶ **Rennen**

Ik ben naar huis gerend.   *I ran home.*
Ik heb veel gerend vandaag.   *I have run a lot today.*

▶ **Fietsen**

Ik ben de stad in gefietst.   *I cycled into town.*
Ik heb langzaam gefietst.   *I cycled slowly.*

● **INSIGHT**

This may seem like an awful lot to remember about the present perfect but don't worry, take your time. There are only three main points to remember:

1 There is a large group of regular verbs, which make their past participle as follows: **ge** + stem + **t/d**. Add a **-t** when the last letter of the stem appears in *soft ketchup*, otherwise, a **-d**.

2 There is a much smaller group of irregular verbs most of which you will learn quickly. They are used frequently.

3 Most verbs use **hebben** to form the perfect tense, but a smaller group uses **zijn**. These verbs tell you about changing where you are or what you are doing.

Exercise 2

You are back at work after a short holiday. Your colleague asks you about it. Use the recording for the dialogue with your colleague.

This is the information you should use in your answers:

You've been in Amsterdam, you have enjoyed yourself. You have been to the Rijksmuseum and you have seen a play. You confirm again that you have enjoyed yourself.

(Remember that there are several ways of saying that you have enjoyed yourself.)

 TR 9, 02.00

Colleague	Hallo, heb je een leuke vakantie gehad?
You	_____
Colleague	Waar ben je geweest?
You	_____
Colleague	Wat heb je allemaal gedaan?
You	_____
Colleague	Dus je hebt het wel naar je zin gehad?
You	_____

Exercise 3

Fill in the gaps and make the perfect tense by using the appropriate form of hebben or zijn and the past participle of the verb given between brackets. Refer to the verb list at the back of the book if you get stuck.

   a Ik _____ gisteren naar de markt _____. (zijn)
   b We _____ daar groente en fruit _____. (kopen)
   c Daarna _____ we een eind _____. (fietsen)
   d We _____ tot het strand _____. (fietsen)
   e We _____ 's avonds naar een restaurant _____. (gaan)
   f Jullie _____ veel _____ en _____. (eten/drinken)
   g We _____ een leuk hotel vlakbij het strand _____. (boeken)
   h Het was zo leuk, daar _____ we het wel mee _____. (treffen)
   i Helen _____ erg veel boeken _____. (lezen)
   j We _____ uren _____. (praten)
   k De kinderen _____ gisteren naar school _____. (rennen)
   l Ze _____ hard _____. (rennen)
   m _____ u dat al aan de kinderen _____? (vertellen)
   n We _____ de lerares voor het eerst _____. (ontmoeten)
   o Ik _____ het mijn ouders _____. (beloven)
   p Zij _____ veel _____. (reizen)
   q _____ je ook Nederlands _____? (studeren)

de lerares	*the female teacher*
mijn ouders	*my parents*
studeren	*to study*
beloven	*to promise*

 Exercise 4

Look at the pictures with captions. Make up questions in the perfect tense. The first word(s) to use are given in a to f overleaf.

voorbeeld: De koningin opent de Oosterscheldedam in 1986. Wanneer heeft de koningin de Oosterscheldedam geopend?

a Beatrix en Claus trouwen in 1966.

b Rietveld maakt Rietveldstoel.

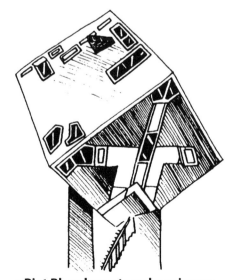

c Piet Blom bouwt paalwoningen.

d Nederland wordt Europees kampioen in 1988.

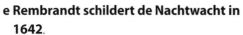

e Rembrandt schildert de Nachtwacht in 1642.

f Amsterdammer kust koningin Beatrix.

a Wanneer _____?
b Wie _____?
c Wie _____?
d Wanneer _____?
e Wanneer _____?
f Wie _____?

de koningin	*the queen*
bouwen	*to build*
de paalwoning	*cube-shaped house on concrete pillars*
schilderen	*to paint*
kussen	*to kiss*

Exercise 5

TR 9, 02.48

Read the following sentences and make up a similar account in the perfect tense using the situations given:

voorbeeld: Ik ben naar België geweest.
Ik heb in Brugge het Minnewater bezocht.
Ik heb veel oude gebouwen gezien.
We hebben ook wat kant gekocht.
Ik heb lekkere wafels gegeten.

bezocht	*visited*
wafels	*waffles*
de kant	*the lace*

a Frankrijk / Parijs, de Eiffeltoren / de Seine / wijn / stokbrood en Franse kaas *(French bread and French cheese)*
b Italië / Florence, de kathedraal / oude kerken en schilderijen / souvenirs / pizza
c Amerika / New York, de Empire State Building / moderne architectuur / een t-shirt / bagels

> **HET WEER**
> One of the most important aspects of anyone's holiday is the weather. And because the weather in the Netherlands and Flanders is so changeable, it is a good idea to learn how to talk about it, so you keep up to date!

First some vocabulary.

het is koud	*it's cold*
het is warm	*it's warm*
het is zacht	*it's mild*
Het is lekker (weer).	*It's nice (weather).*
Hoeveel graden is het vandaag?	*What's the temperature today?*
Het is 15 graden.	*It is 15 degrees.*
het regent	*it's raining*
het sneeuwt	*it's snowing*

het vriest	*it's freezing*
het waait	*it's windy*
de zon schijnt	*the sun is out*
het onweert	*there's a thunderstorm*

 Exercise 6

Look outside the window and answer this question: Wat voor weer is het vandaag?
What's the weather like today?

Now study the following newspaper forecast and get the gist of it by using the vocabulary given.

HET WEER

VERWACHTING TOT VANAVOND:

Veel bewolking en in de ochtend af en toe regen. 's Middags enkele opklaringen. Middagtemperatuur ongeveer 2 graden. Tot matig toenemende zuidwestelijke wind, kracht 3 à 4.

VRIJDAG T/M MAANDAG:

Af en toe zon. Ook een enkele regen- of onweersbui. Vrij zacht met een middagtemperatuur van ongeveer 16 graden.

Uitgebreid weeroverzicht op pagina 24

---

de bewolking	*heavy cloud*
af en toe regen	*rainy periods*
enkele opklaringen	*some bright intervals*
matig	*moderate/moderately*
toenemende zuidwestelijke wind	*increasing southwesterly wind*
de regenbui	*the shower (rain)*
de temperatuur	*the temperature*
ongeveer	*approximately*

To know what the weather is going to be like on a particular day, you need to know the days of the week, of course. Here they are:

zondag	*Sunday*
maandag	*Monday*
dinsdag	*Tuesday*
woensdag	*Wednesday*
donderdag	*Thursday*
vrijdag	*Friday*
zaterdag	*Saturday*

Look how you say the following:

zondagmorgen	*Sunday morning*
donderdagmiddag	*Thursday afternoon*
vrijdagavond	*Friday evening*
woensdagnacht	*Wednesday night*

 Exercise 7

Read the following weather forecast and find out what the weather will be like this morning, this afternoon and this evening.

De weersverwachting voor vandaag   *Today's weather forecast*

Vanochtend is er bewolking. Vanmiddag zullen er enkele opklaringen zijn. Vanavond zal de wind toenemen. Vannacht zal het gaan regenen.

vandaag	*today*
vanochtend/vanmorgen	*this morning*
vanmiddag	*this afternoon*
vanavond	*this evening*
toenemen	*to increase*
vannacht	*tonight*

Look at the weather map and answer the following questions.

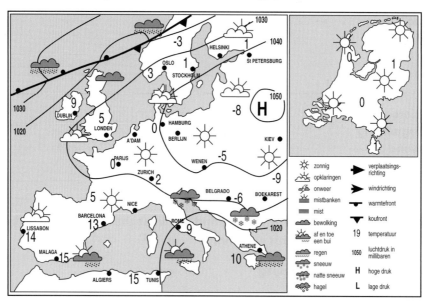

a Regent het in Nederland?

b Wat voor weer is het in Athene?

c Is het koud in Lissabon?

d Vriest het in Londen?

e Hoeveel graden is het in Stockholm?

f Wat is op de weerkaart de warmste plaats in Europa?

🔖 Ten things to remember

1 To say you enjoyed yourself you can use: **We hebben genoten.** *We have enjoyed ourselves.* **Het is me prima bevallen.** *I enjoyed myself.* **Ik heb het naar mijn zin gehad.** *I have enjoyed myself.*

2 To say you are (not) interested in something, you can use **Ik ben geïnteresseerd in …** *I'm interested in … .* **Ik ben niet geïnteresseerd in …** *I'm not interested in ….*

3 The perfect tense consists of a form of the verb **hebben** or **zijn** plus a past participle at the end of the sentence.

4 The past participle is formed by taking the stem of the verb, placing **ge-** in front of it, and adding a **-t** or a **-d** at the end. A **-t** is added if the last letter of the stem appears in "soft ketchup". Otherwise a **-d** is added. For example: Infinitive – **werken**. Stem – **werk**. Past participle – **gewerkt**.

5 Note that the stem of **reizen** *to travel* and **leven** *to live* end in **-s** and **-f** (**reis**, **leef**). However, in such cases we look at the last letter of the infinitive before the **-en** ending (**z** and **v,** in these cases), i.e. we have to add a **-d** to the stem. The past participles are **gereisd** and **geleefd**.

6 One group of verbs do not start their past participle with **ge-**. These are verbs which start with **be-**, **her-**, **ont-**, **ver-**, **er-**, **ge-**. For example: Infinitive – **bestellen** *to order*. Stem – **bestel**. Past participle – **besteld**.

7 The irregular past participles of the verbs **hebben** and **zijn** are **gehad** and **geweest**.

8 Most verbs use a form of **hebben** to form the perfect tense: **We hebben veel gedaan.** *We have done a lot.*

9 A small number of irregular verbs use a form of **zijn** in the perfect tense. Those verbs normally indicate a change of place or state: **Hij is met de trein gekomen.** *He has come by train.*

10 Verbs which indicate motion use **zijn** in the present perfect when an indication of direction or destination is given. If no direction or destination is given, **hebben** is used: **Ik ben naar het park gewandeld.** *I walked to the park.* **Ik heb in het park gewandeld.** *I walked in the park.*

9
Ik heb bloemen voor je meegebracht
I've brought flowers for you

In this unit you will learn:

▶ *How to arrange to meet people*
▶ *How to invite people for dinner*
▶ *How to talk about dinner*
▶ *How to say what you want*
▶ *How to say what you prefer*

Dialogue

Helen and Paul want to invite Jolande and Eelco for dinner. Helen is on the phone to Eelco:

 TR 10

Eelco	Met Eelco.
Helen	Hoi, Eelco met Helen.
Eelco	Hé, Helen. Hoe gaat 't?
Helen	Prima, luister. We willen jullie graag een keer uitnodigen om bij ons te komen eten. Jullie hebben zoveel voor ons gedaan sinds we hiernaartoe verhuisd zijn. Hebben jullie zin om zaterdagavond te komen?
Eelco	Dan kunnen we helaas niet. We moeten op visite bij de ouders van Jolande.
Helen	Volgende week zaterdag misschien?
Eelco	Ja, dat is wat ons betreft prima.
Helen	Goed. Jullie zijn toch geen vegetariërs, hè?
Eelco	Nee, niet meer. We eten allebei gewoon vlees.

Zaterdagavond:

Helen	Hoi, kom binnen. Geef je jas maar, ik hang hem wel op.
Jolande	Hier, ik heb bloemen voor je meegebracht.
Helen	Wat leuk. Ze zijn prachtig, dank je wel. Ga maar vast naar binnen, Paul staat nog even in de keuken.
Eelco	Jullie hebben het gezellig gemaakt, zeg.
Helen	Dank je. Het ziet er al veel beter uit dan een paar weken geleden, hè?
Jolande	Ja. En al die kaarsen maken het ook gezellig.

Helen	Willen jullie eerst iets drinken? Wijn, pils of heb je liever iets sterkers?
Eelco	Voor mij een pilsje, graag.
Jolande	Voor mij een rode wijn alsjeblieft.

Tijdens de maaltijd:

Paul	Wil je nog meer ketjap?
Eelco	Nee, dank je. Ik heb liever de satésaus.
Helen	Ja, ik vind de satésaus ook heerlijk.
Eelco	Een beetje zoet, dat is lekker bij deze pittige gerechten.
Jolande	Het is heerlijk, Paul. Maar zoveel werk om alles klaar te maken!
Paul	Ach, dat valt wel mee. Ik heb een Indonesisch recept uitgeprobeerd. Ik kan het je straks meegeven als je wilt. Wil je nog meer? Er is genoeg, hoor.
Eelco	Nee, dank je. Ik heb genoeg gehad. Ik zit vol.
Jolande	Ik ook. Het was echt zalig, maar ik kan niks meer op.

een keer	*some time*
uitnodigen	*to invite*
zoveel	*so many, so much*
sinds	*since*
dat is wat ons betreft prima	*(as far as we're concerned) that's fine*
vegetariër	*vegetarian*
geef (geven)	*to give*
de bloem	*the flower*
meegebracht (meebrengen)	*brought (with) (to bring (with))*
Ga maar vast naar binnen.	*Go right on in.*
gezellig	*cozy*
de kaars	*the candle*
de pils	*lager*
iets sterkers	*something stronger*
tijdens de maaltijd	*during the meal*
de ketjap	*soy sauce*
de satésaus	*peanut sauce*
zoet	*sweet*
pittig	*spicy, hot*
het gerecht	*dish*
heerlijk	*lovely*
klaarmaken	*to prepare*
ach	*oh, well*
dat valt wel mee	*it isn't so bad*

Indonesisch	*Indonesian*
het recept	*the recipe*
uitgeprobeerd (uitproberen)	*tried out (to try something out)*
straks	*later, in a minute*
ik zit vol	*I am full*
zalig	*delicious*
Ik kan niks meer op.	*I can't eat any more.* (lit. *nothing more*)

 Exercise 1

Go through the dialogue carefully, listening to the recording as often as possible, and then act out the situation with a partner.

> **ETENTJES**
> In the Netherlands it is common to take flowers to the host/hostess, though it is not necessary. Candles are frequently used in the Netherlands for dinner parties.

> **ASKING FOR THINGS**
> The language throughout the dialogue is quite direct. The Dutch do not beat about the bush when inviting people and asking for things. They normally use the simple phrase **wilt u/wil jij** where the English would say: would you like …
>
> Similarly people ask **kun je me de ketjap even geven?**

> **GEZELLIG**
> This is a word very peculiar to Dutch and cannot be easily translated. It relates to atmosphere, enjoying yourself, being with people, being comfortable and so on.

> **● INSIGHT**
> Note that **ketjap** is not the same as *ketchup*. **Ketjap** is the Indonesian name for a kind of soy sauce. The Dutch eat a lot of Indonesian food and many names of these particular snacks and ingredients have become part of the Dutch language. Note that the word for *ketchup* is the same in Dutch: **tomatenketchup**.

 How to …

▶ Invite someone

Heb je zin om morgen te komen?	*Do you fancy coming tomorrow?*
Kom je morgen bij ons eten?	*Would you like to come to dinner tomorrow?*

▶ Ask for things

Kun je me het zout even geven?	*Could you pass me the salt?*
Mag ik de ketjap even?	*Can I have the soy sauce, please?*

▶ State preference

Wil je rode wijn of heb je liever pils? *Would you like red wine or would you prefer lager?*
Ik heb liever pils. / Liever pils. *I prefer lager.*

▶ Say that you are a vegetarian

Ik ben vegetariër. *I am a vegetarian.*
Wij eten liever vegetarisch. *We prefer to eat vegetarian food.*

Note that **vegetariër** is the person and **vegetarisch** is the word describing the food.

Exercise 2

Complete the dialogues using the phrases i–vii.

– Hier zijn wat bloemen voor je.

a _____   **i** Ik heb liever sinaasappelsap.

b _____   **ii** Wil je nog wat eten?
– Ja, lekker.

c _____   **iii** Wil je wijn of een pilsje?
– Heb je iets sterkers?

d _____   **iv** Ze zijn mooi.
– Nee, ik heb genoeg gehad.

– Wil je een glas wijn?

e _____   **v** Ja, leuk.
– Heb je zin om te komen?

f _____   **vi** Kun je morgenavond?

g _____   **vii** Wil je iets drinken?
– Dat is wat mij betreft prima.

 Grammar

OM + *TE* + INFINITIVE

You have seen the combination of certain verbs with **te** plus an infinitive in Unit 7:

Ik probeer te komen.
U hoeft niet te wachten.

The construction **om + te + infinitive** is something different and is used to express a purpose. It could be translated as *in order to* (although often you would simply translate it as *to*).

Ik ga naar de supermarkt om boodschappen te doen.
I'm going to the supermarket (in order) to do the shopping.
Zoveel werk om alles klaar te maken.
So much work to prepare everything.

The phrase **zin hebben om + te + infinitive** expresses an action, *to feel like doing something*:

Ik heb zin om naar huis te gaan. *I feel like going home.*
Hebben jullie zin om zaterdag te komen? *Do you feel like coming (over) on Saturday?*

You will also come across the phrase **zin hebben in**, which means *to feel like having something (to eat/drink)*:

Ik heb zin in koffie. *I feel like a coffee.*

 Exercise 3

TR 10, 02.24

Make the two sentences into one, using om + te + infinitive.

voorbeeld: Ik ga naar de winkel. Ik koop bloemen.
                 Ik ga naar de winkel om bloemen te kopen.

a	Ik koop kaartjes.	Ik ga naar de opera.
b	Jan fietst hard.	Hij is op tijd thuis.
c	Ik wil naar de winkel.	Ik koop een fles wijn.
d	Anneke koopt een krant.	Ze leest hem.
e	We gaan naar het postkantoor.	We kopen postzegels.
f	We gaan naar het VVV.	We vragen informatie.

 **de fles**   *the bottle*
de postzegel   *the stamp*
leest (lezen)   *to read*

● INSIGHT

When an adjective (a word that describes something) comes after **iets** or **niets**, it needs an extra **-s** at the end.

iets sterkers	*something stronger*
niets nieuws	*nothing new*
iets lekkers	*something tasty*
niets moois	*nothing beautiful*

 Grammar

HEM, HAAR (HIM, HER)

Words like *him* and *her* are called object pronouns. You'll find the Dutch object pronouns in the table that follows. As with the subject pronouns (see Unit 4), there is a stressed and an unstressed version. Normally the unstressed version is used, particularly when speaking. The stressed version is used where in English you'd change your intonation (underlined in the following example):

Johanna's two young children both want her attention.

| **Jos** | Mam, kun je **me** helpen? | *Mum, can you help me?* |
| **Bram** | Mam, kun je **mij** helpen? | *Mum, can you help <u>me</u>?* |

Stressed	Unstressed		Stressed	Unstressed	
mij	**me**	*me*	**ons**	—	*us*
jou	**je**	*you*	**jullie**	**je**	*you*
u	**u**	*you* (formal)	**u**		*you* (formal)
hem	**('m)**	*him*	**hen/hun**	**ze**	*them* (people)
haar	**(d'r)**	*her*	**ze**	—	*them* (things)
het	**('t)**	*it*			

NB The unstressed forms in brackets are not usually used when writing.

voorbeelden:
Kun je me/mij de rijst aangeven?	*Can you hand me the rice?*
Ik heb jou/je eerder gezien.	*I have seen you before somewhere.*
Ik versta u niet.	*I can't hear you.*
Ik geef 'm/hem het boek.	*I give the book to him.*
Ik kan d'r/haar zien.	*I can see her.*
Kom je bij ons eten?	*Would you like to come over for dinner?*
Ik heb dit voor jullie klaargemaakt.	*I prepared this for you.*
Ik heb hen/hun/ze ook uitgenodigd.	*I have invited them as well.*

Note that the place of the object pronoun in the sentence is normally as close as possible to the main verb.

One important thing to remember is that object pronouns in Dutch are also used to refer to things. In Unit 4 you saw that **hij** and **het** are used to refer to objects. The object pronouns **hem**, **het** and **ze** are used in the same way:

Hem is used for **de** words:	**Heb je de krant gelezen?**
	Nee, ik heb hem niet gelezen.
Het is used for **het** words:	**Heb je het boek gelezen?**
	Nee, ik heb het niet gelezen.
Ze is used for objects in the plural:	**Heb je mijn boeken gezien?**
	Nee, ik heb ze niet gezien.

Hem and **ze** can also be used to refer to people, whereas **het** is used only to refer to objects.

Exercise 4

Fill in the object pronoun for the person in brackets.

a Wat —— (hij) betreft hoef je niet te komen.
b Voor —— (ik) een pilsje graag.
c Ik heb het geld aan —— (zij, plural) gegeven.
d Ik heb —— (zij) niet gezien.
e Ga je met —— (hij) naar de opera?
f Ik geloof —— (jij) niet.
g Mijn ouders wonen naast —— (wij).
h We komen bij —— (jullie) eten.
i Heb je —— (de boeken) weggezet?
j Heb je —— (mijn kinderen) gezien?
k Heb jij —— (de bloemen) meegebracht?
l Ik vind —— (de jurk) mooi.

 wegzetten   *to put away*

 Grammar

COMMANDS AND ENCOURAGEMENTS

In Unit 1 you saw that you can tell people what to do, i.e. give commands, by using the verb:

Kom binnen.   *Come inside.*
Hang je jas op.   *Hang up your coat.*
Blijf hier.   *Stay here.*
Eet je bord leeg.   *Eat up your food.* (lit. *empty your plate*)
Ga zitten.   *Sit down.*

This form can be used regardless of whether you are talking to one person or more. However, to be very polite, you could add **u** to the sentence:

Komt u binnen.
Gaat u zitten.

An impersonal command can be given by using the infinitive:
Niet roken.   *Don't smoke.*

And in a recipe:

Vlees in stukjes snijden.   *Cut the meat into small chunks.*

A command can be changed into an encouragement by adding **maar**. This is done very frequently in Dutch:

Kom maar binnen.	*Do come inside.*
Geef je jas maar.	*Do give me your coat.*
Ga maar zitten.	*Do sit down.*
Eet maar op.	*Do eat.*
Blijf maar hier.	*Do stay here.*
Neem maar hoor.	*Do take (it).*

Exercise 5

Put the dialogue in the right order to fit the pictures.

a Ze zijn schitterend, dank je wel.

b Wat gezellig is het hier.

c Prima.

d Ga maar vast naar binnen.

e Hoe gaat het?

f Ik heb wat bloemen voor je meegebracht.

g Ja, lekker.

h Ga maar zitten.

i Heb je zin in koffie?

j Geef je jas maar. Ik hang hem wel op.

k Hallo, kom binnen.

When you have completed the dialogue check your version with that in the key.

 # Grammar

SEPARABLE VERBS

In Unit 8 you met verbs with the prefixes **be-**, **het-**, **ont-**, **ver-**, **er-** and **ge-**. These prefixes are fixed which means they cannot be separated from the verb. However, in Dutch, there are also verbs with prefixes that can be separated. These prefixes normally extend the meaning of the verb. Often these verbs are made up of a preposition (words like *out*, *in*, *by* in English) and a verb. Their meaning in combination is usually obvious:

op (*up*) + **bellen** (*ring, phone*)	= **opbellen** *ring up*
op + **hangen**	= **ophangen** *hang up*
binnen (*into*) + **komen**	= **binnenkomen** *to enter*

Here are some more examples:

meebrengen *bring (along)*	**afwassen** *wash up*
aansteken *light*	**weggaan** *go (away)*
uitproberen *try (out)*	**nadenken** *(over) think/reflect on*
opeten *eat (up)*	**wegzetten** *put away*

Sometimes the extended meaning is less clear:

uit (*out*) + **nodigen** (*invite*)	= **uitnodigen** *invite*
af + **spreken** (*talk*)	= **afspreken** *arrange*

Sometimes the prefix is an adverb or adjective in combination with a verb:

klaar (*ready*) + **maken**	= **klaarmaken** *prepare*
schoon (*clean*) + **maken**	= **schoonmaken** *to clean*

The reason these verbs are called separable is that the prefix is sometimes separated from the main verb.

HOW AND WHEN TO SEPARATE THEM

a If the separable verb is the main verb (i.e. if it needs to change its form depending on what the sentence is about) the two parts will split and the prefix will go to the end of the sentence:

Ik bel Saskia op.	*I'll ring Saskia.*
Bel me morgen even op.	*Ring me tomorrow.*
Ik hang je jas even op.	*I'll hang up your coat.*
Hang je jas maar op.	*Hang up your coat.*
Ik breng bloemen voor je mee.	*I'll bring flowers for you.*
Breng je bloemen voor me mee?	*Will you bring flowers for me?*

b When using the infinitive of the separable verb, for instance when used in combination with a modal verb, the two parts are together:

Ik wil je uitnodigen.	*I want to invite you.*
Ik moet nu weggaan.	*I have to go now.*
Wij zullen afwassen.	*We will do the dishes.*
Ik zal een nieuw recept uitproberen.	*I will try a new recipe.*

c As you have seen in Unit 7 the infinitive is sometimes used with **te**. When this construction is used with a separable verb then the two parts of the verb are split with **te** in between:

Ik heb geprobeerd om je op te bellen.	*I've tried to phone you.*
Je hoeft het niet op te eten.	*You don't have to eat it.*

d The perfect tense, as you know, is formed by a form of **hebben** or **zijn** and a past participle. The past participle comes at the end of the sentence. The past participle is formed of a separable verb with **ge-** in between the prefix and the original verb:

Ik heb mijn jas opgehangen.	*I hung up my coat.*
Wij hebben voor jullie afgewassen.	*We've done the dishes for you.*
We zijn gisteren weggegaan.	*We went away yesterday.*

● INSIGHT

Mee means *along* or *with*, and can be used to make up lots of different separable verbs. For example: **meegaan** *to go along*, **ga je ook mee?** *are you going along too?*; **meezingen** *to sing along*, **iedereen zingt mee** *everyone is singing along*; **meedoen** *to join in*, literally: *to do along*, **België doet mee aan de reddingsactie** *Belgium is joining the rescue operation.*

Exercise 6

Fill in the correct form and separate the verbs where appropriate. Each gap stands for part of the separable verb.

Examples: Jaap en Hester hebben ons _____. (uitnodigen)
Jaap en Hester hebben ons uitgenodigd.
Ze _____ Renée en Jeroen ook _____. (uitnodigen)
Ze nodigen Renée en Jeroen ook uit.

a We _____ _____. (binnenkomen)
b Het ziet er gezellig uit. Jaap heeft de kaarsen _____. (aansteken)
c We _____ onze jassen aan de kapstok _____. (ophangen)
d Ik heb een vriendin _____. (meebrengen)
e We zullen weer vroeg _____ moeten _____. (weggaan)
f Waarom is ze zo vroeg _____. (weggaan)
g Ik moet er nog over _____? (nadenken)
h Ik heb geen zin om _____ te _____. (nadenken)
i Heb je de boeken al _____? (wegzetten)

 de kapstok   *the hallstand*
vroeg   *early*
waarom   *why*

📝 Ten things to remember

1 The construction **om + te + infinitive** is used to express a purpose and can be translated as (*in order*) *to*. **Ik ga naar de supermarkt om boodschappen te doen.** *I'm going to the supermarket (in order) to do the shopping.*

2 When an adjective follows **iets** or **niets**, it needs an extra **-s** at the end. **Ik heb niets moois.** *I have nothing beautiful.*

3 The object pronouns **hen** and **hun** are nowadays interchangeable; most Dutch speakers don't know the difference and use **ze** as often as possible.

4 When referring to objects, **hem** is used for **de**-words, **het** is used for **het**-words, and **ze** is used for objects in the plural.

5 To give a command, the stem of the verb is used: **Kom binnen.** *Come in.* If you want to be very polite, the verb form for **u** can be used: **Komt u binnen.** *Come in.*

6 Verbs containing a prefix (often a preposition) which can be separated from the main verb are called separable verbs. For instance: **schoonmaken** *to clean*. **Ik maak de keuken schoon.** *I'm cleaning the kitchen.*

7 If the separable verb is the main or finite verb, the two parts will split and the prefix will go to the end of the sentence: **opbellen** *to phone*. **Ik bel je morgen op.** *I will call you tomorrow.*

8 When using the infinitive of a separable verb, the two parts of the verb are joined: **Ik wil je uitnodigen.** *I want to invite you.*

9 When the infinitive is used with **te** (see Unit 7), **te** is placed between the two parts of the separable verb: **Je hoeft het niet op te eten.** *You don't have to eat it.*

10 When forming the past participle of a separable verb, **ge** is placed between the two parts of the verb. For example: Infinitive – **weggaan** *to go away*. Past participle – **weggegaan**.

10 Vroeger
In the past

In this unit you will learn:

▶ *How to talk about times of the day, week, year*
▶ *How to describe events from the past*
▶ *How to talk about things you used to do*

Dialogue

Imran and Else have both recently moved to the Netherlands and are having Dutch lessons with a group of other foreigners. They go for a drink after one of their lessons:

 TR 11

Imran	Hoe lang woon je al in Nederland?
Else	O, nog aar twee maanden. Niet zo lang dus!
Imran	En daarvoor?
Else	Ik kom uit Duitsland, maar ik heb hiervoor twee jaar in Engeland gewoond.
Imran	Beviel dat?
Else	Jazeker. Ik vond het heerlijk. Ik woonde in een groot huis op het platteland. De tuin die we hadden, was enorm. Ik vond mijn baan ook heel interessant. Ik moest wel elke dag anderhalf uur naar Londen reizen, maar dat vond ik niet erg.
Imran	Waarom ben je nu dan toch naar Nederland verhuisd?
Else	Dat moest vanwege mijn werk. De baan die ik in Engeland had, was maar voor twee jaar. Dat wist ik. En het bedrijf bood me mijn huidige baan in Nederland aan. Woon jij al lang in Nederland?
Imran	Iets langer dan jij, zo'n zes maanden.
Else	En daarvoor?
Imran	Daarvoor heb ik een tijd in New York gewoond. Ik had daar wel een leuke baan, maar New York beviel me eigenlijk niet zo. Het appartement dat ik had, was erg klein. En ik moest evengoed nog drie kwartier reizen naar m'n werk elke ochtend. Ik vond New York ook te druk en te duur.
Else	Wat voor baan had je?

Imran	Ik ben financieel analist. Ik werkte in New York bij dezelfde bank als nu, alleen werk ik nu aan een ander project, over electronisch betalingsverkeer in de EU.
Else	Interessant. Wat vind je van de Nederlandse lessen? Vind je het moeilijk?
Imran	Nee, niet echt. Alleen vond ik de onderwerpen die we vanavond hebben besproken niet makkelijk. Snapte jij alles?
Else	Nee, ik vond het ook niet makkelijk. Vooral de oefeningen die we moesten maken, waren moeilijk. Ik moet m'n aantekeningen nog maar eens doorlezen. Wil je nog iets drinken?

nog maar	*only*
daarvoor	*before that*
hiervoor	*before this*
Beviel dat?	*Did you like that?*
heerlijk	*wonderful*
op het platteland	*in the country*
enorm	*enormous*
de baan	*job*
elke dag	*each day*
reizen	*travel*
Dat vond ik niet erg.	*I didn't mind.*
Waarom ben je nu dan toch naar Nederland verhuisd?	*Why then did you (now) move to the Netherlands anyway?*
vanwege mijn werk	*because of (my) work*
maar voor twee jaar	*only for two years*
dat wist ik	*I knew that*
het bedrijf	*company*
bood me mijn huidige baan aan	*offered me my present job*
iets langer	*a little longer*
een tijd	*a (long) while*
beviel me eigenlijk niet zo	*I didn't really like it*
evengoed	*anyway*
kwartier	*quarter of an hour*
te druk	*too busy*
te duur	*too expensive*
wat voor baan	*what kind of job*
financieel analist	*financial analyst*
dezelfde	*the same*

electronisch betalingsverkeer	*electronic payment traffic*
niet echt	*not really*
de onderwerpen	*topics/subjects*
die we hebben besproken	*which we discussed*
Snapte jij alles?	*Did you understand everything?*
vooral	*especially*
m'n aantekeningen	*my notes*
nog maar eens doorlezen	*read through again*

Exercise 1

Make sure you understand the various words and phrases in the dialogue. Listen carefully to the recording, trying to copy the pronunciation as closely as possible. Then act out the situation with a partner.

TIMES OF DAY

In the dialogue, Imran says he had to travel to work **elke ochtend**. We have already seen that **ochtend** means *morning*. Let's recap the other times of the day:

de ochtend	*morning*	**de avond**	*evening*
de morgen	*morning*	**de nacht**	*night*
de middag	*afternoon*		

With only minor changes, these rather abstract words for the times of day can be used to talk about more specific moments. By adding **van-** in front of each word, like **vanochtend**, you are referring not to the morning, afternoon, evening, night in general, but only to *this* morning, *this* afternoon, evening and night, i.e. you're talking only about *today*:

vanochtend	*this morning*
vanmorgen	*this morning*
vanmiddag	*this afternoon*
vanavond	*this evening*
vannacht	*tonight*

Contrariwise, by adding **'s** at the beginning and an **-s** at the end, you can talk about times of day in general, **'s morgens** means *in the morning* in general:

's ochtends	*in the morning*
's morgens	*in the morning*
's middags	*in the afternoon*
's avonds	*in the evening*
's nachts	*at night*

Monday morning

If you want to refer to a specific day, you simply combine the time of day with the word for the day itself:

maandagochtend	*Monday morning*
woensdagmiddag	*Wednesday afternoon*
vrijdagavond	*Friday evening*

Today, tomorrow, yesterday

Some other specific days:

vandaag	*today*
morgen	*tomorrow*
overmorgen	*the day after tomorrow*
gister(en)	*yesterday*
eergister(en)	*the day before yesterday*
aanstaande …	*next…*

The **(en)** at the end of **gister** and **eergister** is optional:

Heb jij gisteren niet gewerkt?	*Didn't you (go to) work yesterday?*
Aanstaande woensdag ga ik uit eten.	*I'm going out for dinner next Wednesday.*

Next week or last week?

Referring to next week or last week is easy, too:

volgende week	*next week*
vorige week	*last week*
verleden week	*last week*
Hij is vorige week op vakantie gegaan.	*He went on holiday last week.*
Ze komen volgende week dinsdag terug.	*They're coming back Tuesday of next week.*

De maanden van het jaar *months of the year*

januari	**mei**	**september**
februari	**juni**	**oktober**
maart	**juli**	**november**
april	**augustus**	**december**

De seizoenen	*the seasons*
de winter	*winter*
de lente	*spring*
het voorjaar	*spring*
de zomer	*summer*
de herfst	*autumn*
het najaar	*autumn*

Note that **'s** and **s** can be added to **winter** and **zomer** to talk about *in winter* and *in summer* in general:

's Winters schaatst iedereen in Nederland. *In winter everyone in the Netherlands goes ice-skating.*

's Zomers is fietsen heel populair. *In summer, cycling is very popular.*

Exercise 2

TR 11, 02.08

Times of day. Use the information provided to answer the questions. Start with the time of day.

Example: Wanneer heb je dat gedaan? (gisteren)
Answer: Gisteren heb ik dat gedaan.

    a Wanneer kom je thuis? (vanavond)
    b Wanneer ga je naar Brussel? (overmorgen)
    c Wanneer verhuis je? (in het najaar)
    d Wanneer wil je op de koffie komen? (vanmiddag)
    e Wanneer zwem je? ('s ochtends)
    f Wanneer moet je examen doen? (in mei)

 Grammar

PRESENT AND PAST

Talking about the present, as we've seen, is done with verbs in the present tense. However, the present tense can also be used to talk about things or events which started in the past and continue in the present. English uses the present perfect tense for such situations (e.g.

I have lived in Amsterdam for 3 years, i.e. you're still living there). In Dutch you must use the present tense in combination with **al** (lit. *already*) or **pas** (lit. *only*).

Ik woon al drie jaar in Amsterdam.   *I've lived/been living in Amsterdam for three years.*
Hij woont pas twee maanden in   *He's only lived/been (living) in Amsterdam for two*
  Amsterdam.   *months.*

Al indicates that you think a particular time span is long and **pas** indicates that you think it isn't.

In questions about events which started in the past but continue in the present you will come across **al** too:

Hoelang woon je al in Maastricht?   *How long have you been (living) in Maastricht?*

In addition, there are a few other words which can be used with the present tense in these cases too, like **nog maar** *only*, **sinds** *since* and **nu** *now*:

Ik woon nog maar een maand in Nederland. *I've only been (living) in the Netherlands for a month.*
Dus u woont hier sinds vorig jaar?   *So you've lived/been (living) here since last year?*
Zij wonen nu een maand hier.   *They've now been (living) here for a month.*

Exercise 3

TR 11, 03.21

Answer the following questions.

Example: Hoelang woon je al in Den Haag? (2 jaar; you think it's a long time)
Answer: Ik woon al twee jaar in Den Haag.

   a Hoelang leer je al Nederlands? (4 months; you don't think it's a long time)
   b Hoelang werk je al bij dat bedrijf? (5 years; you think that's a long time)
   c Hoelang heb je al vrij? (a week; you think that's a long time)
   d Hoelang zijn jullie al getrouwd? (*married*) (3 years; you don't think that's a long time)
   e Hoelang schrijf je al poëzie? (*poetry*) (20 years; you think that's a long time)
   f Hoelang heb je je zus al niet gezien? (8 months; you think that's a long time)
   g Hoelang zijn jullie kinderen al op vakantie? (1½ weeks; you don't think that's a long time)
   h Hoelang sta je hier al te wachten? (10 minutes; you don't think that's a long time)

 Grammar

PERFECT/IMPERFECT

In Unit 8 we saw that you generally talk about the past using the present perfect tense:

Ik heb twee jaar in Den Bosch gewoond.   *I lived in Den Bosch for two years.*

Unlike the structure with present tense + **al/pas**, the present perfect is used for events which started in the past and have already finished; they no longer continue into the present. In other words, in the example you've moved out of Den Bosch.

There is, however, another tense which is used to talk about the past, known as the imperfect. The imperfect consists of only one verb form: the stem of the verb **+ -de(n)** or **-te(n)**. You add **-te** or **-ten** if the last letter of the stem appears in the words *soft ketchup*. Otherwise you add **-de** or **-den**. The **-n** is added for plural forms.

For example:

infinitive	stem	imperfect (singular)	imperfect (plural)
werken *work*	**werk**	**werkte**	**werkten**
wonen *live*	**woon**	**woonde**	**woonden**

You will find double **-t-** and double **-d-** with verbs whose stem ends in a **-t** or a **-d**:

praten *talk*	**praat**	**praatte**	**praatten**
redden *save*	**red**	**redde**	**redden**

And if the stem ends in an **-s** or **-f** but the infinitives have a **-z-** or **-v-** then the imperfect takes **-de(n)** even though the **-s** or **-f** of the stem appears in *soft ketchup*:

reizen *travel*	**reis**	**reisde**	**reisden**
leven *live*	**leef**	**leefde**	**leefden**

Separable verbs act the same in the imperfect as they do in the present, the prefix simply moves to the end:

uitgaan *to go out*   **Ik ging vroeger erg vaak uit.**   *I used to go out a lot.*

Of course, there are also irregular forms. Here are the most important ones (with the ending for the plural given in brackets, or the two forms separated by a comma):

infinitive	imperfect
hebben *have*	**had(den)**
zijn *be*	**was, waren**
gaan *go*	**ging(en)**
doen *do*	**deed, deden**
brengen *bring*	**bracht(en)**
kopen *buy*	**kocht(en)**
geven *give*	**gaf, gaven**
komen *come*	**kwam(en)**
zitten *sit*	**zat(en)**
vinden *find*	**vond(en)**
moeten *must/have to*	**moest(en)**
kunnen *can/be able to*	**kon(den)**
willen *want*	**wilde(en)**
mogen *may/be allowed*	**mocht(en)**

WHEN TO USE THE IMPERFECT

The imperfect is used when you give extra information about events in the past, after you have already introduced whatever topic you are talking about with the present perfect:

Ik heb twee jaar in Den Bosch gewoond.   *I lived in Den Bosch for two years. I lived in a large*
Ik woonde daar in een groot huis.   *house there.*

This is exactly what Else and Imran do in the dialogue at the beginning of this unit. First, Else starts talking about the past – her time in England – in the present perfect:

Ik heb hiervoor twee jaar in Engeland gewoond. *Before this, I lived in England for two years.*

Ik vond het heerlijk. Ik woonde in een groot huis op het platteland. De tuin die we hadden, was enorm. Ik vond mijn baan ook heel interessant. Ik moest wel elke dag anderhalf uur naar Londen reizen, maar dat vond ik niet erg. *I loved it. I lived in a big house in the country. The garden we had was enormous. I also thought my job was really interesting. I did have to travel to London for an hour and a half each day, but I didn't mind.*

Even after Imran asks why she moved to the Netherlands, she continues in the imperfect, since she is still talking about the same situation:

Dat moest vanwege mijn werk. De baan die ik in Engeland had, was maar voor twee jaar. Dat wist ik. En het bedrijf bood me mijn huidige baan in Nederland aan. *I had to because of my work. The job I had in England was only for two years. I knew that. And the company offered me my present job in the Netherlands.*

If you look at what Imran says about his past, you'll see that he uses the present perfect and imperfect in exactly the same way. The imperfect gives you a sense of drama, of actually experiencing what is being said, seeing it for yourself, as if it's being brought alive. This is not

---

● INSIGHT

It can be difficult to decide when to use the present perfect and when to use the imperfect. Start off by observing how native Dutch speakers use these tenses, by having a good look at the use of tenses in Dutch texts that you might be reading, and by listening carefully to native speakers when they speak. As a rule of thumb, the present perfect is used if you are simply giving a list of more or less unrelated facts (I went here and there, I did this and then that, etc.) and the imperfect is used to give more details about any of these facts (it was really busy, I was tired, I became angry …).

Ik ben bij m'n ouders geweest. Ik heb met m'n zus geluncht. Ik heb schoenen gekocht. Ik heb boodschappen gedaan. *I dropped by my parents'. I had lunch with my sister. I bought shoes. I did the groceries/shopping.*

In de supermarkt was het druk. Er stond een lange rij. Ik was moe, ik werd boos … *It was busy in the supermarket. There was a long queue. I was tired. I became angry …*

---

the case with the present perfect, which creates a sense of distance, as if you're looking at the past from a long way off.

There is a second use of the imperfect, besides giving extra information about a situation. The imperfect is also used to describe things or events that took place regularly in the past.

So, for instance, if you're talking about your school days a long time ago – an activity that was typically a regularity – you would have to do so in the imperfect:

Ik zat op een leuke school. _I went to a nice school._
We hadden woensdagmiddag vrij. _We had Wednesday afternoon off._

Some other examples of this use of the imperfect:

Ik speelde vroeger veel buiten. _I used to play outside a lot (in the past)._
Mijn broertje huilde vaak. _My little brother cried a lot._

 Exercise 4

 TR 11, 04.56

You're describing what the following people did in 1980. Fill in the correct form of the verb. Use the imperfect throughout.

Example: Joan (werken) op een bank.
Answer: Joan werkte op een bank.

   a Jolanda (doen) een cursus caligrafie.
   b Geert en Hanifa (wonen) nog samen in dat appartementje in Rotterdam.
   c Masima (geven) les op een middelbare school. (_Masima taught in a secondary school_)
   d Ik (gaan) vaak naar concerten en het theater.
   e Hanneke (zitten) een jaar lang voor haar studie in het buitenland. (_abroad_)
   f Eelkert (werken) meestal niet.

 Exercise 5

 TR 11, 05.30

Ik heb vijf jaar in Frankrijk gewoond. _Nick lived in France for five years._ **Use the information given to describe his life there.**

Example: in een groot huis wonen
Answer: Hij woonde in een groot huis.

   a een grote tuin hebben
   b als ontwerper werken (_work as a designer_)
   c vaak uitgaan
   d veel vrienden maken
   e veel geld verdienen (_earn a lot of money_)
   f weinig vakantie krijgen
   g in restaurants eten
   h veel Frans spreken

 Grammar

DIT IS/DAT IS

Dit is … *this is …* and **dat is …** *that is …* are useful phrases to describe people, objects or ideas. They work pretty much the same as in English, except that it's important to remember that – for once – you don't have to worry about **de** words or **het** words. Whatever you're talking about, you can always use **dit is/dat is**:

Dit is de CD die ik gister gekocht heb.	*This is the CD that I bought yesterday.*
Dat is het overhemd dat ik zoek.	*That is the shirt I'm looking for.*
Dat is een goede film.	*That's a good film.*

> ● **INSIGHT**
>
> You can even use **dit/dat** to talk about plural things simply by changing **zijn** to **is**:
>
> | | |
> |---|---|
> | **Dit zijn Martijns boeken.** | *These are Martijn's books.* |
> | **Dat zijn mooie foto's.** | *Those are beautiful photos.* |

RELATIVE CLAUSES

Relative clauses give extra information about a thing or a person. Look at the following sentences:

De tuin was enorm.	*The garden was enormous.*
Het appartement was erg klein.	*The apartment was very small.*
De oefeningen waren moeilijk.	*The exercises were difficult.*

We can give more information about **de tuin**, **het appartement**, **de oefeningen** by adding relative clauses:

De tuin die we hadden, was enorm.	*The garden we had was enormous.*
Het appartement dat ik had, was erg klein.	*The apartment I had was very small.*
De oefeningen die we moesten maken, waren moeilijk.	*The exercises we had to do were difficult.*

Relative clauses start either with the relative pronoun **die** or **dat**, depending on the word they refer to. If the relative clause gives information about a **de** word then you start with **die**; if the relative clause gives information about a **het** word, you start with **dat**. The other important thing to remember is that the verb(s) in a relative clause go(es) to the end of the clause.

We can, for instance, lengthen the relative clause with **de tuin** from the examples, but the verb still goes to the very end:

De tuin die we twee jaar lang in Engeland hadden, was enorm.	*The garden which we had for two years in England was enormous.*

Note that the comma after the relative clause makes it easier to spot where it ends and the rest of the sentence continues.

Exercise 6

Fill in die or dat.

    a De auto _____ Jan gekocht heeft, is erg mooi.

    b De boom _____ in mijn tuin staat, is erg oud.

    c Het schilderij _____ ik heb gekocht, is van een bekende schilder. (*is by a well-known artist*)

    d De klok _____ in mijn keuken hangt, loopt achter. (*is slow*)

    e Het straatfeest _____ de buren (*neighbours*) hadden georganiseerd, was fantastisch.

    f De printer _____ bij deze computer zat, was niet zo goed. (*The printer that came with this computer wasn't very good.*)

    g Het mobieltje _____ ik heb, is echt miniscuul. (*The mobile telephone I have is really tiny.*)

    h De kat _____ steeds bij mij in huis komt, is van de buren. (*The cat that keeps coming into my house is the neighbour's*)

Exercise 7

TR 11, 06.04

Wat wil je kopen? *What do you want to buy?* **Describe the things you want to buy, following the example.**

Example: het boek kost €12,50
Answer: Het boek dat ik wil kopen, kost €12,50.

    a de CD kost €14

    b het horloge kost €125

    c het t-shirt kost €21

    d de tafel kost €249

    e de lamp kost €38,99

    f het overhemd kost €27,25

    g de fiets kost €230

    h het huis kost te veel

? Ten things to remember

1 The present tense can be used to talk about things or events which started in the past and continue in the present. You must use the present tense in combination with **al** (lit. *already*) or **pas** (lit. *only*). **Ik woon al drie jaar in Amsterdam.** *I have lived (or: been living) in Amsterdam for three years.*

2 **Al** indicates that you think a particular time span is long, and **pas** indicates that you think it isn't. **Ik woon pas twee maanden in Antwerpen.** *I have only lived in Antwerp for two months.* **Nog maar** *only*, **sinds** *since* and **nu** *now* can also be used.

3 The present perfect is used for events which started in the past and have already finished. **Ik heb twee jaar in Den Bosch gewoond.** *I lived in Den Bosch for two years.*

4 The imperfect tense can also be used to talk about the past, and consists of the stem of the verb **+ -de(n)** or **-te(n).**

5 You add **-te** or **-ten** to the stem of the verb in the imperfect when the last letter of the stem appears in "soft ketchup". Otherwise you add **-de** or **-den**. The **-n** is added in the plural, for example: Infinitive – **werken**. Imperfect – **werkte/werkten**. Infinitive – **wonen**. Imperfect – **woonde, woonden**.

6 The imperfect is used when you give extra information about events in the past, after you have introduced the topic with the present perfect.

7 The imperfect is also used to describe things or events that took place regularly in the past: **Ik speelde vroeger veel buiten.** *I used to play outside a lot.*

8 **Dit is …** *this is …* and **dat is …** *that is …* can be used to introduce people, objects or ideas. You can also use **dit/dat** to talk about plural things if you change **is** to **zijn: Dat zijn mooie foto's.** *Those are beautiful photos.*

9 Relative clauses give extra information about a thing or person: **De oefeningen die we moesten maken, waren moeilijk.** *The exercises we had to do were difficult.*

10 Relative clauses start either with the relative pronoun **die** or **dat**. If the relative clause gives information about a **de**-word, you start with **die**; if the relative clause gives information about a **het-**word, you start with **dat**. The verb(s) in a relative clause is/are moved to the final position.

11 Laten we naar Antwerpen gaan

Let's go to Antwerp

In this unit you will learn:

▸ *How to express likes and dislikes*
▸ *How to say something is or isn't a good idea*
▸ *How to make suggestions*
▸ *How to talk about food*
▸ *How to say 'no'*

Dialogue

Jonathan and Nicole are visiting Antwerp with their friend Jolanda, her two young children, and Michael. They are planning their day at the breakfast table:

 TR 12

Nicole	Ik wil graag naar het Rubenshuis. Ik ben er nog nooit geweest en ik hou erg van Rubens.
Jonathan	Daar hebben de kinderen vast geen zin in. Die zijn niet zo dol op museums.
Michael	Ik hou ook niet zo van Rubens' schilderijen.
Nicole	Hebben jullie misschien zin om naar de antiekmarkt te gaan? Dat lijkt me ook heel interessant.
Jolanda	Ja, dat lijkt me ook leuk. Maar ik denk dat de kinderen daar ook niet in geïnteresseerd zijn.
Nicole	Ik heb een idee. Laten we naar de vogeltjesmarkt gaan. Dat is ook geschikt voor kinderen. Die zullen zich daar wel vermaken.
Michael	Een goed idee. En als ik me niet vergis, kun je in de stad ook tochtjes maken in een rijtuig. Dat vinden ze ook vast leuk.
Jonathan	Dan kan de gids ons de stad laten zien. We hoeven ons dus niet te vervelen.
Later that day. In een restaurant in de oude stad:	
Jonathan	Hier is de menukaart.
Michael	Nemen jullie een voorgerecht?
Jolanda	Ik heb wel zin in een kop soep.
Nicole	Ook voor de kinderen?
Jolanda	Nee, die kunnen we maar beter geen soep geven, anders eten ze de rest van de maaltijd niet meer.

Nicole	Ik neem als hoofdgerecht de wafels denk ik, dat is echt Vlaams. Neem jij die ook, Jolanda?
Jolanda	Nee, ik hou niet van wafels. Ik vind ze te zoet maar we kunnen ze wel bestellen voor de kinderen.
Michael	Ik neem biefstuk met patat, dat is ook echt Vlaams.
Jolanda	Ja, dat neem ik ook.
Jonathan	Ik ook, maar ik vind patat eigenlijk niet zo lekker. Ik neem er gebakken aardappelen bij.
Nicole	En toe? Nemen jullie een nagerecht?
Jolanda	Ik wil ijs, denk ik. Of zal ik chocolademousse nemen? Ik vind het allebei eigenlijk even lekker. Ik weet het nog niet.
Jonathan	Chocolademousse net zo lekker als ijs? Nou, dat vind ik niet, hoor! Ik neem ijs.
Michael	Ik weet het nog niet. Ik beslis later wel.
Jolanda	Goed idee. Laten we de ober roepen, dan kunnen we bestellen.

Ik hou erg van …	*I'm very fond of …*
Die zijn niet zo dol op …	*They're not too keen on …*
het schilderij	*painting*
de antiekmarkt	*the antiques market*
dat lijkt me	*I think that would be*
leuk	*nice*
denken	*to think*
laten we	*let's*
geschikt	*suitable*
zich vermaken	*to amuse oneself*
als ik me niet verges	*if I'm not mistaken*
het tochtje	*the trip, tour*
het rijtuig	*the (horse-drawn) carriage*
de gids	*the guide*
zich vervelen	*to be bored*
de menukaart	*the menu*
het voorgerecht	*the starter*
de soep	*the soup*
het hoofdgerecht	*the main meal*
de wafel	*the waffle*
echt Vlaams	*really Flemish*
te zoet	*too sweet*
bestellen	*to order*
de biefstuk	*the steak*
de gebakken aardappelen	*roast potatoes*

er ... bij	*with it (accompanied by)*
toe	*afters*
het nagerecht	*dessert*
het ijs	*ice-cream*
even lekker	*just as nice*
net zo lekker als	*just as nice as*
nog niet	*not yet*
ik beslis	*I'll decide*
de ober	*the waiter*
reopen	*to call*

 Exercise 1

Familiarize yourself with the dialogue and the recording and then act it out, preferably with a partner.

ANTWERPEN

Antwerp offers a lot to tourists or day trippers. It is a beautiful old city with plenty of visitor attractions and museums. Of course, there are many other towns in **Vlaanderen** *Flanders* which are well worth visiting as well: Brugge, Gent, Leuven and Damme to name but a few. The atmosphere in these towns is different from most places in the Netherlands and carries the distinctive flavour of people who know how to enjoy the good things in life.

DE VOGELTJESMARKT

This is a general market. Apart from plants, food and material and clothes, live animals such as birds are sold here. The market is held only on Sunday mornings in the town centre.

HET GERECHT

This means *dish* or *meal*. The Dutch talk about **voorgerecht** (*starter*), **hoofdgerecht** (*main meal*) and **nagerecht** (*dessert*) – more colloquially called **toetje**, or simply **toe**.

● INSIGHT

The language in Flanders is Dutch (sometimes called Flemish), but it is spoken with a much softer accent. The g's for instance are not pronounced with the throat as in the Netherlands. The sounds and the rhythm of Flemish are more reminiscent of French. If you are used to the northern Dutch accent, you will be surprised initially when you hear Flemish being spoken. Do not worry though, keep listening and you will soon tune in to the soft vocal qualities of the Flemish accent.

How to …

▶ Express likes and dislikes

Ik hou van Rubens.	*I like Rubens.*
Ik hou niet van moderne kunst.	*I don't like modern art.*
Ik vind Rubens' schilderijen mooi.	*I think Rubens's paintings are beautiful.*
Ik vind de antiekmarkt interessant.	*I think the antiques market is interesting.*

▶ Express likes and dislikes in relation to food

Jolanda houdt niet van wafels.	*Jolanda doesn't like waffles.*
Nicole houdt wel van wafels.	*Nicole likes waffles.*
Ik vind patat (niet) lekker.	*I do (not) like chips.*
Jij eet graag patat.	*You like to eat chips.*
Ik heb zin in een wafel.	*I fancy a waffle.*

▶ Say you think something is a good idea

Het lijkt me leuk.	*I think that would be nice.*
Het lijkt hem een goed idee.	*He thinks that would be a good idea.*
Ik denk dat het leuk is.	*I think it is nice.*
Dat is een goed idee, denk ik.	*I think that's a good idea.*

▶ Make suggestions

Heb je zin om naar de antiekmarkt te gaan?	*Would you like to go to the antiques market?*
Zullen we naar het Rubenshuis gaan?	*Shall we go to the Rubenshuis?*
Laten we naar de vogeltjesmarkt gaan.	*Let's go to the vogeltjes markt.*

▶ State preferences

Ik ga liever naar de vogeltjesmarkt.	*I'd rather go to the vogeltjes markt.*

▶ Describe taste

Ik vind koffie met suiker te zoet.	*I find coffee with sugar too sweet.*
Deze wijn is te zuur, het lijkt wel azijn.	*This wine is too tart, it is like vinegar.*
Ik moet wat minder zout eten.	*I'll have to eat less salt.*
Grapefruits zijn een beetje bitter.	*Grapefruit is a bit tart.*

zoet	*sweet*
zout	*salt*
zuur	*sour*
bitter	*bitter*

Exercise 2

You are planning an outing with a friend and you are discussing different possibilities.

Use the symbols and drawings to make up sentences for suggestions and answers.

Use different expressions, such as: dat lijkt me leuk, ik ben daar niet in geïnteresseerd, ik hou niet van, etc.

You

?

Your friend ☹

?

You ☹

?

138

Your friend ☹

?

You ☺

 Grammar

REFLEXIVE VERBS

Some verbs need to have an object pronoun which refers back to the subject of the verb. Examples in English are *I washed **myself**, I cut **myself***. These are called reflexive verbs.

In Dutch, these reflexive constructions also exist and a couple of examples were used in the conversation. Here is an example of a reflexive verb (notice all the forms of the reflexive pronoun):

ik interesseer me	*I am interested*
jij interesseert je	*you are interested*
u interesseert zich/u	*you are interested*
hij/zij interesseert zich	*he/she is interested*
wij interesseren ons	*we are interested*
jullie interesseren je	*you are interested*
zij interesseren zich	*they are interested*
ik interesseer me eigenlijk meer voor zelfstudie.	*I'm really more interested in private study.*

There are verbs that always need to be accompanied by a reflexive pronoun. It does not always seem logical to use this type of construction, so the best thing is to learn these verbs by heart. Here is a list of the most common.

zich hasten	*to hurry*
zich vergissen	*to be mistaken*
zich amuseren	*to amuse oneself*
zich vermaken	*to amuse oneself*
zich gedragen	*to behave oneself*
zich herinneren	*to remember*
zich verbazen	*to be amazed*
zich voelen	*to feel*
zich vervelen	*to be bored*
zich schamen	*to be ashamed/embarrassed*
zich verslapen	*to oversleep*

For emphasis **zelf** can be added after the pronoun:

Ik interesseer mezelf niet voor antiek.   *I am not interested in antiques, myself.*
Hij voelt zichzelf prima.   *He is feeling fine.*

The reflexive pronoun comes:

   a in main statements – after the main verb:

     Ik verveel me.   *I am bored.*
     Zij zullen zich daar vast wel vermaken. *They will certainly enjoy themselves there.*
     Wij hebben ons goed gedragen.   *We behaved ourselves.*

   b in questions and sub-clauses (see Unit 12) – after the subject.

     Hij zegt dat hij zich vermaakt.   *He says that he enjoys himself.*

Exercise 3

Fill in the correct reflexive verb, in the correct place.

Example: Ik moet haasten, anders kom ik te laat. *I must hurry, otherwise I'll be late.*
Answer: Ik moet **me** haasten, anders kom ik te laat.

   a Hij verslaapt vaak. (*He often oversleeps*)
   b Zij heeft nog nooit verslapen. (*She has never overslept*)
   c De kinderen hebben niet goed gedragen. (*The children haven't behaved (well)*)
   d Ik verbaas over de verkiezingsuitslag. (*I'm amazed by the election results*)
   e Herinner jij onze leraar Frans nog? (*Can you remember our French teacher?*)
   f Wij hebben op het feest goed geamuseerd. (*We had a good time at the party*)
   g Verveel jij nooit tijdens de zomervakantie? (*Don't you ever get bored during the summer holidays?*)

Grammar

MAKING COMPARISONS

You learned how to compare things and say that something is bigger or better in Unit 6. You have seen there is a pattern for forming these comparisons.

If you are making equal comparisons you need to use these phrases:

Ik hou even veel van vlees als van vis.	*I like meat as much as fish.*
De groentesoep is even lekker als de tomatensoep.	*The vegetable soup is as nice as the tomato soup.*
Ik hou net zo veel van vlees als van vis.	*I like meat just as much as fish.*
Dit schilderij van Rubens is net zo mooi als dat schilderij.	*This Rubens painting is just as beautiful as that one.*

Exercise 4

Use the wijn-smaak-wijzer and look at the list that follows. Make up sentences according to the following pattern.

Jaap houdt niet van licht zoete witte wijn, maar wel van zeer zoete witte wijn.

Or Nellie vindt witte wijn even lekker als rode wijn.
Or Marion houdt meer van rode wijn dan van witte wijn.
Or Arend vindt volle en robuuste rode wijn lekkerder dan lichte rode wijn.

	Renate	**Kim**	**Remi**
Houdt van	wit 6	rood 2 en wit 2	A en wit 5, 6
Houdt niet van	rood	wit 6	wit 1

A	APERITIEVEN

WITTE WIJNEN	
6	ZEER ZOET
5	ZOET
4	LICHT ZOET
3	ZACHT DROOG
2	DROOG
1	ZEER DROOG

RODE WIJNEN	
1	AANGENAAM LICHT
2	SOEPEL EN FRUITIG
3	VOL EN ROBUUST

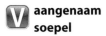

aangenaam	*pleasant*
soepel	*smooth*

Grammar

LATEN

Laten we naar de vogelmarkt gaan.	*Let's go to the bird market.*
De gids zal ons de stad laten zien.	*The guide will show us the town.*

In these two sentences the verb **laten** is not used in the same manner. In fact, in the second sentence **laten** cannot be translated separately. **Laten zien** translates as *to show*.

Laten is often used as the equivalent of *let*, as in '*Let's …*' or '*Let me …*':

Laten we naar huis gaan.	*Let's go home.*
Laat me gaan.	*Let me go.*

The word **laten** has several other meanings. Often it means *to leave something*:

Ik heb mijn tas laten liggen.	*I've left my bag.*
Laat me niet alleen.	*Don't leave me alone.*

Sometimes it means *to have something done*:

Ik moet mijn haar laten knippen.	*I should get my hair cut.*
Ik laat de auto repareren.	*I'm having the car repaired.*

HOW TO SAY 'NO'

We kunnen de kinderen maar beter geen *We had better not give the children any soup,*
  soep geven, anders eten ze de rest van   *or they won't eat the rest of the meal.*
  de maaltijd niet meer.

We have already seen that, in Dutch, two words are frequently used to deny or negate something: **geen** (*no*) and **niet** (*not*).

In Unit 2 you learned that **geen** means *no/not any*. To understand this, the first thing to remember is that you can only use **geen** when you are negating a noun (i.e. no table, no cars, no children). And **geen** is used only when you are negating a noun that is preceded by **een** or no article at all. In all other cases, you will use the word **niet**.

Wil je een appel? – Nee, ik wil   *Would you like an apple? – No, I don't want*
  geen appel.   *an apple.*
Ga je appels kopen? – Nee, ik ga   *Are you going to buy some apples? – No, I'm*
  geen appels kopen.   *not going to buy any apples.*

In these examples, when the word *apple* appeared in the question, it was preceded by **een** and then no article at all.

This means that you are talking about apples in general. If you are talking about some specific apples, you use the word **niet**:

Wil je die rode appel? – Nee, ik wil die   *Do you want that red apple? – No, I don't*
  rode appel niet.   *want that red apple.*
Ga je de appels die ik zo lekker vind,   *Are you going to buy the apples I like so much? –*
  kopen? – Nee, die ga ik niet kopen.   *No, I'm not going to buy them.*
Lees je het boek? – Nee, ik lees het   *Are you reading the book? – No, I'm not reading*
  boek niet.   *the book.*

Geen

geen always comes directly before the noun or directly before the word that gives extra information about that noun (adjective):

Ik wil geen rode appels.   *I don't want red apples.*
Ik eet geen zoete wafels.   *I don't eat sweet waffles.*

Niet

Throughout these units you have been using the word **niet**, probably without worrying too much about it. However, it is a word that merits some special attention, because of the place it occupies in the sentence.

In the main statement or question **niet** usually comes right at the end of the sentence:

Ik luister niet.	*I'm not listening.*
Ik ga volgende week niet.	*I'm not going next week.*
Ik ken haar niet.	*I don't know her.*
Ik lees die boeken niet.	*I don't read those books.*

However, **niet** is placed before:

a descriptive words (such as adjectives and adverbs):

Zijn die schoenen nieuw?	*Are those shoes new?*
Nee, die zijn niet nieuw.	*No, they are not new.*
Heeft hij het goed gedaan?	*Did he do it well?*
Nee, hij heeft het niet goed gedaan.	*No, he didn't do it well.*

b a preposition (such as **in**, **op**, **naar**, **met**):

Ben je in Amsterdam geweest?	*Have you been in Amsterdam?*
Nee, ik ben niet in Amsterdam geweest.	*No, I haven't been in Amsterdam.*

In a subordinate clause the verb comes at the end, so the verb has to come after **niet**:

Ik heb die nieuwe film nog niet gezien.	*I haven't seen that new film yet.*

Of course, the other rules still apply, i.e. **niet** precedes descriptive words and prepositions:

Ik denk dat de kinderen daar niet in geïnteresseerd zijn.	*I don't think the children are interested in that.*
David zegt dat hij niet van wafels houdt.	*David says that he doesn't like waffles.*
Ik weet dat de kinderen hem niet aardig vinden.	*I know the children don't like him.*
Maria zegt dat ze niet alleen naar huis gaat.	*Maria says that she is not going home on her own.*

The best way to get to grips with placing **niet** in the sentence is through use.

> ● **INSIGHT**
>
> The position **niet** takes in the sentence can be quite confusing, since it moves around a lot. However, the main rule is that **niet** is put at the end of the sentence, except if you are negating something specific in the sentence. In this case **niet** is placed in front of the word or phrase you are negating, such as in the sentence: **De film is niet goed.** *The film is not good.*

Exercise 5

Put the words in the right order. Start the sentence with the word that begins with a capital.

    a Ik/ niet/ dat/ tv-programma/ gekeken/ heb/ naar

    b Ik/ rode wijn/ niet/ lekker/ vind

    c boek/ Hij/ heeft/ dat/ niet/ gelezen/

    d niet/ dat ik gelezen heb/ is/ Het verhaal/ leuk

    e komt/ Mijn moeder/ morgen/ op bezoek/ niet

    f Ik/ durf/ alleen/ in het donker/ te/ niet/ naar huis/ gaan

    g Zit/ steeds/ niet/ te/ praten/ met je vriendin. (This sentence is a command. **Steeds** means *all the time*.)

 het verhaal   *the story*

 # Grammar

WEL

Zij zullen zich daar wel vermaken.	*They will amuse themselves there.*
Ik heb wel zin in een kopje soep.	*I do fancy a cup of soup.*
We kunnen de wafels wel bestellen voor de kinderen.	*We can order the waffles for the children.*

Wel is used as the opposite of **geen** and **niet**. It gives an extra positive emphasis.

Ik heb geen auto maar wel een fiets.	*I don't have a car, but I do have a bicycle.*
Hij spreekt geen Frans, maar wel Duits.	*He doesn't speak French, but he does speak German.*
Ik heb geen zin in koffie, maar wel in thee.	*I don't fancy a coffee, but I do fancy a cup of tea.*
Ik hou niet van vlees, maar wel van vis.	*I don't like meat, but I do like fish.*
Ik ga niet naar Amsterdam, maar wel naar Den Haag.	*I'm not going to Amsterdam, but I am going to The Hague.*
Dit werk heb je niet goed gedaan, maar dat wel.	*You didn't do this job well, but you did all right with that one.*

The place of **wel** in the sentence is the same as that of **niet**.

NOOIT NEVER

Ik heb nooit van wafels gehouden.	*I have never liked waffles.*

Nooit can be used for all words, including nouns:

Ik koop nooit appels.	*I never buy apples.*
Ik ga nooit naar Amsterdam.	*I never go to Amsterdam.*
Hij doet z'n werk nooit goed.	*He never does his work well.*

The place of **nooit** in the sentence is the same as that of **niet**.

Exercise 6

TR 12, 02.26

Fill the gaps with one of the following: niet, geen, wel, nooit.

    a Neem je suiker en melk in de koffie?

       _____ suiker, _____ melk graag.

    b Zullen we naar Brugge gaan?

       Ja leuk, daar ben ik nog _____ geweest.

    c Hou je van honden?

       Nee, ik hou _____ van honden.

    d Heb je een hond?

       Nee, ik heb _____ hond, maar _____ een kat.

    e Is er nog brood?

       Nee, er is _____ brood meer.

    f Vind je advocaat lekker?

       Ik weet het niet. Ik heb het nog _____ gehad.

de hond	_the dog_
advocaat	_advocaat (alcoholic drink like egg-nog)_
de kat	_the cat_

Grammar

MAKING IT SMALLER (DIMINUTIVES)

The Dutch often add **-je** to a noun which changes the meaning to something smaller. All diminutive nouns are **het** words:

het huis – het huisje	_the little house, the cottage_
het boek – het boekje	_the little book_

Sometimes it shows affection:

de poes – het poesje	_the little pussycat_
het kind – het kindje	_the little child_

Sometimes it expresses something positive:

de muziek – het muziekje	_the nice music, the nice tune_
de zon – het zonnetje	_lovely sunshine_

Sometimes it conveys a negative feeling:

Wat een raar mannetje.	_What a strange, odd little man._
Huisje, boompje, beestje.	(an expression referring to a boring/suburban existence lit. _little house, little tree, little animal_)

The problem is that **–je** behind a noun can be hard to pronounce for the Dutch. That is why different endings have developed:

tje	etje	pje	kje
tafeltje	mannetje	boompje	puddinkje
stoeltje	ringetje	museumpje	woninkje
retourtje	kammetje	geheimpje	
enkeltje	bruggetje		
eitje	kippetje		

Look at the poem written by Toon Hermans and identify the diminutives. Why did he use so many of them? What effect does it create?

Strooiehoed
Mijn vader had 'n strooien hoed
veel vaders hadden dat
en hing het hoedje in de gang
dan had dat hoedje wat

en als het hoedje er niet hing
had hij het op z'n kop
hing het er wel, dan fleurde het
de sombere gang wat op

zo stralen alle spulletjes
stroohoedjes, vestjes, dasjes,
hun eigen atmosfeertje uit
de tafeltjes, de kastjes

zo zingen alle prulletjes
hun eigenste gezang
de twijfelaar of 't hemelbed
en het hoedje in de gang.
t.

de strooien hoed	*the straw hat*
de gang	*the corridor*
de kop	*the head*
opfleuren	*to brighten up*
de spullen	*things*
uitstralen	*to radiate*
de kast	*the cupboard*
de prullen	*the trash*
het eigenste gezang	*own song*
de twijfelaar	*very small double bed*
het hemelbed	*the four-poster bed*

Exercise 7

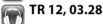

TR 12, 03.28

Choose the correct word from the box to complete the answers.

dol	vind	allebei	lijkt	zich	anders

a Zullen we naar Amsterdam gaan?

Ja, dat _____ me een goed idee.

b Hou je van pannenkoeken?

Nee, ik _____ pannenkoeken niet zo lekker.

c Heb je zin om naar de antiekmarkt te gaan?

Eigenlijk niet. Ik ben niet zo _____ op antiek.

d Denk je dat de kinderen de dierentuin leuk zullen vinden?

Vast wel. Ze zullen _____ daar wel vermaken.

e Wil je tomatensoep of heb je liever groentesoep?

Ik vind ze _____ even lekker.

f Mogen de kinderen nu een ijsje?

Nee, _____ eten ze straks hun eten niet op.

 de pannenkoek   *the pancake*

Exercise 8

Read the statements about these people and choose a suitable dish and/or drink from het pannenkoekenhuismenu.

Marius vindt eieren met spek erg lekker. Hij drinkt geen alcohol, maar hij houdt veel van vers sinaasappelsap.

Jobje is 4 jaar. Hij weet nog niet wat hij wil, maar hij moet van zijn moeder iets gezonds drinken. Verder mag hij een speciaal kindergerecht.

Herman houdt niet van pannenkoeken. Hij wil graag iets met een slaatje erbij. Hij hoeft geen toetje, maar hij wil wel wat drinken. Hij houdt erg veel van bier, maar hij durft geen alcohol te nemen omdat hij nog met de auto naar huis moet.

Saskia is dol op Frankrijk. Ze heeft niet zo veel honger, dus ze neemt alleen soep en een speciale koffie toe. Ze drinkt een alcoholische drank.

PANNENKOEKENHUIS

'DE WITTE SWAEN'

——	1. KINDERPANNENKOEK SUIKER/STROOP	€6,95
——	2. PANNENKOEK NATUREL	€7,95

OMELETTEN:

——	OMELET MET SPEK OF HAM OF KAAS	€9,50
——	BOERENOMELET MET SALADE	€14,95
	ALLE OMELETTEN MET STOKBROOD/ KRUIDENBOTER	
——	DIVERSE EXTRA'S	€2,00

SOEPEN:

——	TOMATENCRÈME SOEP	€5,00
——	FRANSE UIEN	€5,00

KOUDE DRANKEN:

——	MELK	€2,00
——	COCA COLA/SEVEN UP/TONIC/GINGER ALE	€2,50
——	APPELSAP/DRUIVENSAP	€2,75
——	VERS GEPERSTE JUS D'ORANGE	€3,50

WIJN/BIER:

——	BIER	€2,75
——	ALCOHOLVRIJ BIER	€3,00
——	FRANSE CIDER	€3,00
	(hele fles €15,00)	

SPECIAAL AANBEVOLEN:

——	THEE MET RUM	€4,25
——	IRISH COFFEE	€7,95
——	FRANSE KOFFIE D.O.M.	€7,95

pannenkoekenhuis	*pancake restaurant*
het spek	*bacon*
gezond	*healthy*
het kindergerecht	*the children's meal*
het slaatje	*salad*
omdat	*because*
ze heeft (geen) honger	*she is (not) hungry*

Exercise 9

For this exercise you need to refer to the statements given in Exercise 8 and to its menu. Complete the dialogue between Herman and Saskia and use the words given in parentheses. Think about the answers first before you use the recording.

 TR 12, 04.38

Saskia	Neem jij een pannenkoek, Herman?
Herman	_____ (hou niet van/liever/met een slaatje) Neem jij wel een pannenkoek?
Saskia	_____ (geen zin)
Herman	Ze hebben Franse uiensoep. Vind je dat lekker?
Saskia	_____ (lijkt/lekker) Zullen we een biertje erbij nemen?
Herman	_____ (wel zin/durf/geen alcohol) Wat wil jij drinken?
Saskia	_____ (vind/Franse cider lekker)
Herman	_____? (bestellen)

● INSIGHT

There are restaurants in the Netherlands that specialize in pancakes or **pannenkoeken**. They are often on boats traditionally used for inland shipping which have been turned into a **pannenkoekenschip** or pancake ship.

? Ten things to remember

1 You can express likes and dislikes with **houden van** *to love/like* or **vinden** *to find*: **Ik hou van Rubens.** *I like Rubens.* **Ik vind moderne kunst lelijk.** *I think modern art is ugly.*

2 When making equal comparisons, you use **even … als …** or **net zo … als …** : **Ik hou even veel van vlees als van vis.** *I like meat as much as fish.*

3 **Laten** is often used as the equivalent of *let* as in *let's …* or *let me ….* **Laten we naar huis gaan.** *Let's go home.* **Laten** can also mean *to leave something.* **Laat me niet alleen.** *Don't leave me alone.* It can also mean *to have something done*: **Ik laat de auto repareren.** *I'm having the car repaired.*

4 **Geen** can only be used to negate a noun preceded by **een** or no article at all: **Wil je een appel? Nee, ik wil geen appel.** *Do you want an apple? No, I don't want an apple.* In all other cases, you need to use **niet**: **Wil je de rode appel? Nee, ik wil de rode appel niet.** *Do you want the red apple? No, I don't want the red apple.*

5 **Geen** always directly precedes the noun or the adjective in front of that noun: **Ik wil geen rode appels.** *I don't want red apples.*

6 **Niet** usually comes at the end of the sentence. However, **niet** is placed before descriptive words (adjectives and adverbs) and prepositions: **Ik ben niet in Gent geweest.** *I haven't been to Ghent.*

7 If verbs appear at the end of a sentence or clause, **niet** doesn't take the very last position in a sentence, but precedes these verbs.

8 **Wel** is used as the opposite of **niet** and **geen**. It gives an extra positive emphasis: **Ik heb geen auto maar wel een fiets.** *I don't have a car, but I do have a bicycle.*

9 **Nooit** (*never*) can be used for all words, including nouns, and takes the same position in the sentence as **niet**: **Ik koop nooit appels.** *I never buy apples.*

10 The Dutch often add **-je** to a noun, which changes it to a diminutive. All diminutive nouns are **het**-words: **het huis** *the house*, **het huisje** *the little house*, **de hond** *the dog*, **het hondje** *the little dog*. Diminutives don't always indicate something small. They can also indicate a positive or a negative quality.

12 Ik stuur je wel een sms-je
I'll send you a text message

In this unit you will learn:
- ▶ *How to talk to people on the phone*
- ▶ *Different uses of the verb **zouden***
- ▶ *About using prepositions*

Dialogue

Douwe has a business conversation on the phone with one of his colleagues:

 TR 13

Secretaresse	Met de secretaresse van meneer Verhoeven.
Douwe	Met Douwe Davids. Zou ik Micha even kunnen spreken?
Secretaresse	Een ogenblikje meneer Davids. Ik verbind u door.
Secretaresse	Het toestel is in gesprek. Wilt u wachten of belt u terug?
Douwe	Ik wacht wel even.
Micha	Hallo Douwe. Hoe gaat het ermee?
Douwe	Prima Micha. Zeg, ik bel over die zaak waar we gisteren mee bezig waren. Jij zou nog bellen met die man met wie we dit contract zouden tekenen.
Micha	O, dat heb ik nog niet gedaan.
Douwe	O, waarom niet?
Micha	Sorry hoor, ik ben er nog niet aan toegekomen. Maar het contract is toch bijna afgerond. Het enige wat ik nog niet heb gedaan is de laatste gegevens invullen. Daarvoor heb ik informatie van Brinkman nodig.
Douwe	Ok. Ik heb het verslag nog eens goed doorgelezen. 't Ziet er prima uit zo. Er moeten nog wat tabelletjes bij. Wat zullen we daarmee doen?
Micha	Ik zal die in elkaar zetten, want ik heb toch al de gegevens hier op mijn computer.
Douwe	Hoe lang heb je daarvoor nodig, denk je?
Micha	Niet zo lang. Ongeveer een uur of twee. Ik zal het je mailen als ik het af heb. Maak je geen zorgen. Het komt echt op tijd klaar.
Douwe	Ok, als jij het zegt … Overigens, we moeten binnenkort ook aan het rapport voor Janssen beginnen.

Micha	Wanneer moet dat af zijn?
Douwe	Ik weet de exacte datum niet uit mijn hoofd, maar het is zo rond het eind van de maand.

V **met ...** — *... speaking*

Zou ik Micha even kunnen spreken? — *Could I speak to Micha please?*

een ogenblikje — *one moment please*

Ik verbind u door. — *I'll put you through.*

Het toestel is in gesprek. — *The extension is engaged.*

terugbellen — *to ring back*

de zaak waar we gisteren mee bezig waren. — *The business we were dealing with yesterday.*

Je zou nog bellen. — *You were going to phone.*

met wie — *with whom*

tekenen — *to sign*

Ik ben er nog niet aan toegekomen. — *I haven't got round to it yet.*

is bijna afgerond — *is nearly finished*

het enige wat — *the only (thing) that*

wat gegevens — *some details*

invullen — *to fill in/add*

het verslag — *the report*

't ziet er prima uit zo — *it looks good*

waaraan — *on which*

doorlezen — *to read through*

de table — *the table, chart*

ik zal die in elkaar zetten. — *I'll put those together.*

de computer — *the computer*

hoe lang — *how long*

een uur of twee — *about two hours*

echt — *really*

mailen — *to send an email*

als ik het af heb — *when I have finished it*

maak je geen zorgen — *don't worry*

het komt op tijd klaar — *it will be finished on time*

als jij het zegt ... — *if you say so ...*

overigens — *besides*

binnenkort — *soon*

niet uit mijn hoofd weten — *don't know off the top of my head*

zo rond — *about/around*

Exercise 1

Study the dialogue to make sure you understand the various phrases, then act it out, preferably with a partner.

 How to …

▸ Ask for someone on the phone

Zou ik meneer Verhoeven kunnen spreken? (polite)	*Could I speak to Mr Verhoeven, please?*
Kan ik even met meneer Verhoeven spreken? (formal and informal)	*Could I speak to Mr Verhoeven?*
Is Micha er? (informal)	*Is Micha around?*
Kunt u me doorverbinden met meneer Verhoeven?	*Could you put me through to Mr Verhoeven?*
Kunt u me doorverbinden met toestel 289?	*Could you give me extension 289?*
Mag ik toestel 289?	

Here are some possible answers you could expect in these situations:

Ogenblikje, alstublieft.	*Just a moment, please.*
Momentje, ik zal even kijken.	*Just a moment, I'll have a look.*
Ik zal u doorverbinden.	
Ik verbind u door.	*I'll put you through.*
Het toestel is in gesprek.	*The extension is engaged.*
Wilt u even wachten of belt u terug?	*Will you hold on or ringback later?*

▸ Ask for a friend on the phone

Is Hans er?	*Is Hans around?*
Is Remi thuis?	*Is Remi at home?*
Mag ik hem even?	*Can I speak to him?*
Kan ik Remi even spreken?	*Could I speak to Remi?*
Ja, ik zal hem even voor je roepen.	*Yes, I'll give him a shout for you.*

▶ Express notions of time

Hoe lang duurt het?	*How long will it take/be?*
Het duurt (niet zo) lang.	*It will (not) be (that) long.*
We hebben het op tijd afgekregen.	*We finished it in time.*
Komt de bus op tijd?	*Is the bus on time?*

Exercise 2

TR 13, 01.49

Complete the following telephone conversations.

a Theo Bakker phones a business contact. The secretary answers the phone and Theo asks to speak to meneer Winkelman.
Met de secretaresse van meneer Winkelman.
Met _____

b Desiree van Manen phones **het gemeentehuis** and asks for extension 153.
Met het gemeentehuis van Alkmaar.

_____

c You phone **Uitzendbureau Randstad** and ask to speak to meneer Smit. The receptionist replies that the extension is engaged.
Met Uitzendbureau Randstad.
Met _____

_____

d Marja Kruishout phones her friend Bernadette van Randen. Bernadette's husband answers the phone and Marja asks if Bernadette is around. Her husband replies with: *'just a moment'.*
Met Harry van Randen.
Met _____

_____

e Özlem phones her friend, Ingrid Berghuis. Ingrid's dad answers the phone with his last name. Özlem says who she is and asks whether Ingrid is around. Ingrid's dad says he'll give her a shout.

_____   _____

_____

f Yannick phones his sister Myrthe. Myrthe's partner, Elsa Hofman, answers the phone. Yannick says who he is and asks if Myrthe is at home. Elsa answers that she is and Yannick asks if he may speak to her.

_____   _____

_____   _____

Grammar

ZOU

Zou ik meneer De Ligt even kunnen spreken?	*May I speak to Mr De Ligt?*
Je zou nog bellen met die man.	*You were going to phone that man.*
Dat zou ik niet doen.	*I wouldn't do that.*
Als ik een robot zou hebben, zou ik nooit meer hoeven op te ruimen.	*Were I to own a robot, I'd never have to tidy up again.*

In terms of grammatical form, **zou** is the past tense of the verb **zullen**.

As with all verbs in the simple past there are two forms, the singular (**zou**) and the plural (**zouden**).

In terms of meaning, the opening example sentences show four different uses of the word **zou**.

As you saw in the 'How to …' section, you can use **zou/zouden** to ask for something politely or nicely. This phrase is especially used when asking for a favour. Because the use of the verb **zou/zouden** is polite in itself, you need not use **alstublieft** in the same sentence:

Zou je dit voor me kunnen doen?	*Could you do this for me, please?*

Note that **zou** has to be combined with **kunnen** or **willen**:

Zou je dit voor me willen faxen?	*Would you mind faxing this for me, please?*
Zou je dit voor me kunnen faxen?	*Could you fax this for me please?*
Zou ik je pen kunnen lenen?	*Could I borrow your pen, please?*

The second meaning of **zou/zouden** is to state or remind someone of what the plan was:

Je zou nog bellen.	*You were going to phone.*
We zouden het verslag nog afmaken.	*We were going to finish the report.*
We zouden geen ruzie meer maken, weet je nog?	*We weren't going to argue any more, remember?*

In the third example, **zou/zouden** has the meaning of giving advice:

Je zou wat vroeger naar bed moeten gaan.	*You should go to bed earlier.*
Je zou je geld moeten investeren.	*You should invest your money.*

The fourth function of **zou/zouden** is to show that you, or someone else, would like to do something, if only the conditions were right. The grammatical term for this is the *conditional*:

Als ik de loterij zou winnen, zou ik stoppen met werken.	*Were I to win the lottery, I would give up work.*
Als Marcel de loterij zou winnen, zou hij gewoon door blijven werken, maar hij zou misschien een peperdure computer kopen.	*If Marcel were to win the lottery he would just keep working, but he would perhaps buy a very expensive computer.*

Exercise 3

TR 13, 04.03

You are asking for some favours. Form the questions in a polite manner. Note whether to address people formally or informally.

Example: Je vraagt je secretaresse of zij meneer Jansen voor je wil opbellen. (informal)
Answer: Zou je meneer Jansen voor me willen opbellen?

a Je collega staat op om koffie te halen. Je hebt ook zin in koffie en vraagt of de collega ook een koffie voor jou wil meenemen. (informal)
b Je bent druk bezig. De telefoon gaat. Je vraagt aan je huisgenoot of hij de telefoon wil opnemen. (informal)
c Je betaalt met je creditcard in een restaurant, maar je bent je pen vergeten. Je vraagt aan de ober of je zijn pen kan lenen. (formal)
d Jij hebt het eten klaargemaakt dus je vraagt je partner of hij/zij de afwas wil doen.
e Jij hebt de keuken schoongemaakt, dus je vraagt je partner of hij/zij de wc wil schoonmaken.
f Jij hebt de auto gewassen, dus je vraagt je partner of hij/zij het gras wil maaien.
g Je bent gewoon moe, dus je vraagt je partner of hij/zij je een glaasje wijn wil inschenken?
h Je gaat vandaag eerder naar huis, dus je vraagt je collega of hij jouw telefoon wil aannemen. (informal)
i Jij hebt het hotel geboekt, dus je vraagt je vriend of hij de vlucht wil boeken.

NB In answering **a** and **g** note that **je** will change into the object pronoun **me**.

druk bezig zijn	*to be busy*
de huisgenoot	*the partner*
lenen	*to borrow/lend*
het eten klaarmaken	*to prepare the meal*
de afwas doen	*to wash the dishes*
de keuken schoonmaken	*to clean the kitchen*
het gras maaien	*to mow the lawn*
moe	*tired*
inschenken	*to pour*
eerder	*earlier*
naar huis gaan	*to go home*
de telefoon aannemen	*to answer the telephone*
de vlucht	*flight*

Exercise 4

TR 13, 06.27

The following people haven't done things as planned. At least that's what you think. Check with them whether your idea was correct. Use informal address, except where indicated.

Example: Carel maakt het huis schoon.
Answer: Ik dacht dat jij het huis zou schoonmaken? *I thought you were going to clean the house?*

a Je collega zoekt de gegevens op.
Ik dacht dat jij _____?
b Jan en Hester gaan naar Griekenland.
Ik dacht dat jullie _____?
c Je vriendin gaat naar de bioscoop.
Ik dacht dat je _____?
d Arlette heeft een afspraakje met haar nieuwe vriendje.
e Gemma stuurt een email naar Nienke.
f De secretaresse verbindt me door met de manager. (formal)

Exercise 5

TR 13, 07.54

You have built up a reputation of being good to talk to and to ask for advice. Now your friends and colleagues are coming to you with all their problems. Use the suggestions in parentheses to advise them.

Example: Ik kom altijd te laat op mijn werk. (je moet eerder uit je bed komen)
Answer: Je zou eerder uit je bed moeten komen.

a Ik ben bang dat ik niet voor mijn examen zal slagen. (je moet harder werken)
b Ik kan geen auto rijden. (je moet je rijbewijs halen)
c Mijn moeder zegt dat ze zo eenzaam is. (je moet haar wat vaker bellen)
d Mijn partner en ik zien elkaar bijna nooit. (jullie moeten afspraakjes met elkaar maken)
e Mijn kinderen worden te dik. (ze moeten wat minder snoepen)
f Sjoerd begint al kaal te worden. (hij moet een pruik kopen)
g Ik ben buiten adem als ik de trap oploop. (je moet naar de gym gaan)
h De studenten zijn soms zo gestresst. (ze moeten yoga gaan doen)

bang zijn	*to be afraid*
voor mijn examen slagen	*to pass my exam*
het rijbewijs	*driving licence*
eenzaam	*lonely*

We zien elkaar bijna nooit.	*We hardly see one another.*
een afspraakje maken	*to make a date*
snoepen	*to eat sweets*
begint kaal te worden	*is beginning to go bald*
de pruik	*wig*
buiten adem zijn	*to be out of breath*
de trap oplopen	*climb the stairs*
zijn gestresst	*are stressed*

 Exercise 6

If you have a partner or fellow student with whom you can practise your Dutch, create an 'agony aunt' role play. One of you has a problem, the other gives advice. If you are studying on your own, you can create agony aunt dialogues yourself and write these out. Use examples from the previous exercise or make up your own problems and answers.

 Exercise 7

 TR 13, 09.34

What would you do if …? Answer these questions using the information given.

Example: Wat zou je doen als je Minister President was? (het onderwijs verbeteren)
Answer: Als ik Minister President was, zou ik het onderwijs verbeteren. Als ik Minister President zou zijn, zou ik …

Wat zou je doen als …

a … je de loterij won? (een jaar lang op vakantie gaan)
b … je een nieuwe studie kon volgen? (Swahili gaan studeren)
c … terug in de tijd kon? (Rembrandt vragen een portret van me te schilderen)
d … je nu op een andere plaats kon zijn? (op een terrasje op een Grieks eiland willen zitten)
e … een eigen huis kon laten bouwen? (een beroemde architect opdracht geven een huis op Texel te bouwen)
f … een afspraakje met een beroemde ster kon hebben (uit willen gaan met David Beckham)

g ... je een dief je auto zag stelen? (de politie bellen)

h ... je de koningin mocht ontmoeten? (haar gewoon een hand geven)

i ... iemand je vroeg om mee te doen aan een tv-show? (een gat in de lucht springen)

onderwijs verbeteren	*to improve education*
de loterij winnen	*to win the lottery*
een studie volgen	*to take a study programme*
schilderen	*to paint*
het portret	*portrait*
het terrasje	*outdoor café*
het eiland	*island*
eigen	*own*
bouwen	*to build*
beroemd	*famous*
de ster	*star*
uitgaan met	*to go out (for an evening) with*
de dief	*thief*
stelen	*to steal*
de koningin	*queen*
mocht (mogen)	*to be allowed*
haar gewoon een hand geven	*just to shake her hand*
vroeg (vragen)	*to ask*
meedoen aan	*to participate in*
een gat in de lucht springen	*to jump for joy* (informal)

Exercise 8

Now respond to the questions in Exercise 7 from your own perspective.

Dialogue 2

Arlette phones Gemma to find out how her date went the previous night:

TR 13, 12.27

Arlette	Hallo.
Gemma	Hai, met mij.
Arlette	Hoi.
Gemma	Vertel eens. Hoe was het gisteren?
Arlette	Fantastisch.
Gemma	Wat hebben jullie allemaal gedaan?
Arlette	Gewoon naar de kroeg.
Gemma	Veel gelachen?
Arlette	Nou en of!
Gemma	Waar heb je het over gehad?

Arlette	Van alles en nog wat.
Gemma	En … ben je verliefd?
Arlette	Volkomen … Ik kreeg vanochtend al een telefoontje van hem en twee sms-jes.
Gemma	Nou dat gaat de goeie kant op.
Arlette	Zeg, ik moet weg, ik heb een afspraakje met hem.
Gemma	Ahh … dit lijkt serieus.
Arlette	Nou ja … we zien wel. Zeg, bedankt voor het belletje, hè.
Gemma	Ok. Ik bel je nog wel.
Arlette	Ok, tot horens dan.
Gemma	Ja, doei.
Arlette	Doei.

vertel eens	*tell!*
gewoon naar de kroeg	*just to the pub, café*
Veel gelachen?	*Did you laugh a lot?*
Nou en of.	*Absolutely, you bet.*
het hebben over	*talking about*
van alles en nog wat	*everything and nothing*
verliefd zijn	*to be in love*
volkomen	*completely*
een telefoontje krijgen	*to get a phone call*
sms-je	*text message*
Dat gaat de goeie kant op.	*You are making progress.*
Ik moet weg.	*I need to go.*
Dit lijkt serieus.	*This seems serious.*
We zien wel.	*We'll see how it goes.*
het belletje	*phone call*
Ik bel je nog wel.	*I'll phone you.*
tot horens	*speak to you later* (lit. *hear from you later*)

There is little difference between phoning and phone conversations in the Netherlands and other Western countries. One thing perhaps, is that it is generally considered rude to answer a phone simply with **Hallo?** Generally, the convention is to state your name, often preceded by the preposition **met** as you saw earlier on in this unit.

However, trends in behaviour are continually changing and owing to global influences (not in the least because of the number of British, American and Australian soaps on Dutch television), people are adopting more Anglo-Saxon phrases in their language use, especially those related to greetings and other communicative instances.

As a result, you may hear people answer the phone with **Hallo?** In addition, the new phone technologies change the way people communicate in ways similar to other Western European countries. The use of mobile phones is commonplace and every self-respecting teenager seems to have one. These are referred to as **mobiel, mobieltje, telefoontje, gsm, gsm-etje,** or **nul-zes-nummer.** The last term arises because, in the Netherlands, mobile numbers start with 06. You might hear people say:

Bel me op mijn nul-zes-nummer.   *Phone me on my mobile.*

Text messages are called more formally **tekstbericht**, but most people refer to these as an **sms'je** (pronounced as **es-em-esje**), having 'Dutchified' the original acronym for *short message service*. This has also given rise to the verb **sms'en** *to send a text message*.

Exercise 9

TR 13, 13.25

Your sister is phoning you to ask how things went the other week when you went to see an old school friend. Play your role in this conversation, using the earlier dialogue as a guide:

Your sister	Hoe was het vorige week met Nienke?
You	*[Say it was great.]*
Your sister	Waar hebben jullie over gepraat?
You	*[Say you talked about all sorts of different things.]*
Your sister	Was ze veel veranderd?
You	*[Say no, she was still exactly the same.]*
Your sister	Ah, dus jullie hebben veel gelachen?
You	*[You bet.]*
Your sister	Zien jullie elkaar binnenkort weer?
You	*[Say you got a phone call from her yesterday. Maybe she'll visit you next month.]*
Your sister	Leuk dat het meteen weer klikte.
You	*[Say yes, it was really nice. Say that you have to go now, but that you will phone some time.]*
Your sister	Ja ok. O trouwens, ik heb een nieuw nul-zes-nummer, maar ik heb het zo gauw niet bij de hand. Ik stuur je wel een sms-je.
You	*[Say yes, ok. Thanks for the phone call. Say speak to you later.]*
Your sister	Ja, tot horens. Doei.

vorige week	*last week*
veranderd	*changed*
het klikte	*it clicked, we hit it off*
meteen	*immediately*
trouwens	*besides*
zo gauw niet bij de hand hebben	*not having to hand immediately*
het belletje	*phone call* (informal)

NB Words you will need for this exercise:

nog precies het zelfde	*still exactly the same*
volgende maand	*next month*
echt leuk	*really nice*

Act out the dialogue when you have finished this exercise and have checked your answers in the key.

Grammar

PREPOSITIONS

Prepositions in Dutch are words such as **op**, **om**, **in**, **door**, **bij**, etc. They often refer to place or location.

There are many verbs and expressions which have a fixed preposition. You will have to learn these as you go along. Some examples are:

afhangen van	*depending on*
een afspraakje maken met	*to make a date with*
iets niet bij de hand hebben	*to have something not to hand*
verliefd zijn op	*to be in love with*
het eens zijn met	*to agree with*
een hekel hebben aan	*to dislike*
bezig zijn met	*to be busy with, to work on*

Exercise 10

Read the newspaper article and fill in the gaps with one of the prepositions. Note that some are used more than once.

in	om	van	naar	op	met	bij	uit	over	na

Ik ga bij Japie wonen

… half twee 's nachts trof de politie … Almere een tienjarige jongen aan in een bushokje. Hij zat stil … een hoekje … een deken … zich heen, en had een tas … een knuffelbeest, een pyama en z'n spaarpot … zich.

De jongen wilde niets zeggen, en werd meegenomen en … het politiebureau … bed gestopt. Men kon bij politiekorpsen … de omgeving geen inlichtingen … een vermist jongetje krijgen. … enige tijd bleek hij toch te willen praten: hij kwam … Alkmaar, had ruzie met z'n ouders gekregen en de trein … Amsterdam genomen. Daar was hij overgestapt … de bus … Almere.

De ruzie was gelukkig niet zo erg en de ouders waren bereid om midden … de nacht … Alkmaar … Almere te rijden … de jongen weer op te halen.

(adapted from: Man laat zich oor aanlijmen

by Erik van Muiswinkel and Thecla Bakker)

aantreffen	*to come across*
het bushokje	*the bus shelter*
stil	*quiet*
de deken	*the blanket*
heen	*around*
het knuffelbeest	*the cuddly toy*
de spaarpot	*the piggy bank*
de jongen	*the boy*
meenemen	*to take with*
het politiekorps	*the police force*
inlichtingen	*information*
blijken	*to appear*
vermist	*missing*
de ruzie	*the argument*
midden	*middle*
ophalen	*to come and get*

Prepositions are important words in a sentence because they generally show the relationship between things. They frequently refer to location, direction and means. Look at the following sentences and the scene in front of the Central Station in Amsterdam which illustrate some prepositions in Dutch:

De tram stopt voor het Centraal Station in Amsterdam.	*The tram stops before Central Station in Amsterdam.*
Er staat een rij mensen achter elkaar bij de tramhalte te wachten.	*People are queuing up behind one another at the tram stop.*
Iemand loopt met een fiets langs het wachtende groepje mensen.	*Someone is walking with a bike past the people who are waiting.*
Een oude dame stapt uit de tram.	*An old lady steps out of the tram.*
Een man kijkt naar het nummer van de tram: ja, het is lijn negen.	*A man looks at the number of the tram: yes, it is line nine.*
De klok op het stationsgebouw wijst de tijd aan.	*The clock at the station building shows the time.*

● INSIGHT

Prepositions are notoriously difficult to learn in foreign languages. One of the reasons is that in other languages you rarely use the literal translation of the preposition which you use in your mother tongue. Often it seems that there is no logic in choosing the correct preposition. However, if you persist and learn which preposition is to be used in a particular context, you will soon find it starts to pay off, and the learning process will become easier and easier.

Add the correct prepositions to the sentences below.

a Eén stoel staat _____ het raam.

b Diezelfde stoel staat _____ het bed en de tafel.

c Een andere stoel staat _____ de deur.

d Het bed staat _____ de muur.

e _____ de muur hangen een aantal schilderijen.

f _____ de hoek hangt een spiegel _____ de muur.

g _____ de spiegel staat een tafel.

h _____ de tafel staan flesjes en een waskom en nog wat meer dingen.

i De waterkan staat _____ de waskom.

j Er is een kapstok _____ de muur waar een paar kleren _____ hangen.

k Die kleren hangen _____ elkaar.

het raam	*window*
onder	*beneath*
de stoel	*chair*
tussen	*in between*

de deur	door
de muur	wall
de tafel	table
de hoek	corner
de spiegel	mirror
de waterkan	water jug
de waskom	washing bowl
de kapstok	coat hook

The use of prepositions can be slightly more complex than just using the correct ones. It can have various grammatical consequences when you are referring to things.

 Grammar

PREPOSITIONS IN RELATIVE CLAUSES

In Unit 10 you learned how to add extra information about people or things in mini-sentences called relative clauses starting with **die** or **dat**:

De bank die ik zo graag wilde hebben, is nu uitverkocht.	*The sofa I really wanted is now sold out.*
Het meisje dat daar loopt is de dochter van onze buren.	*The girl walking there is our neighbours' daughter.*

But when you use a preposition in the relative clause, you cannot use either **die** or **dat**. The word you use instead depends on whether you are talking about a person or a thing.

Referring to people

If you refer to people in a relative clause and use a preposition, you refer to the person you are talking about as **wie**:

de man met wie ik samenwerk	*the man with whom I work*
de mensen met wie ik praat	*the people to whom I talk*

Note that the preposition comes before **wie**.

Referring to things

If you refer to a thing or idea in a relative clause and use a preposition, you refer to the thing you are talking about as **waar**:

de zaak waarover we hebben gepraat	*that matter we talked about*
het project waaraan we hebben gewerkt	*the project on which we worked*

Note that when you refer to things (in contrast to referring to people) the preposition comes after **waar**.

To be perfectly correct grammatically, you need to join up **waar** and the preposition, particularly in writing. However, most people, especially in spoken language, split the two. The preposition then goes to the end of the clause, just before the verb(s):

de zaak waar we aan hebben gewerkt	*the project on which we worked*
dat boek waar we gisteren zo lang over hebben gepraat	*that book we talked about for such a long time yesterday*

Exercise 12

Complete the sentences with one of the two options given in parentheses.

  a De computer (waarmee/met wie) ik werk is vrij oud.

  b Dit is het computerprogramma (waarmee/met wie) ik altijd werk.

  c De vergadering (waar/wie) ik naartoe ben geweest duurde lang.

  d Mijn collega (met wie/waarmee) je hebt gesproken gaat morgen op vakantie.

  e De zaak (waarover/over wie) ik heb verteld is bijna afgerond.

  f Het jaarverslag (waaraan/aan wie) we bezig zijn, wordt het eind van deze maand gepubliceerd.

  g De zakenrelatie (met wie/waarmee) ik uit eten ben geweest, heeft het contract getekend.

  h Het verslag (waarvoor/voor wie) we gegevens verzamelen, moet volgende week klaar zijn.

de vergadering	*meeting*
duurde lang	*lasted a long time*
het jaarverslag	*the annual report*
verzamelen	*to collect*
gepubliceerd	*published*

Grammar

ER + PREPOSITIONS

You have come across the word **er** before in sentences like:

| **Er is post voor je.** | *There is post for you.* |
| **Ik ben er gisteren geweest.** | *I went there yesterday.* |

This word often crops up in sentences and it is used in various situations and has various functions. The particular function we will be discussing here is as a referring word. Normally, when you refer to things (in ordinary sentences, we are not talking about relative clauses here) you use an object pronoun (**hem**, **het**, **ze**):

Heb je dat boek gelezen? Ja, ik heb het gelezen.

But you cannot use an object pronoun in combination with a preposition when you refer to a thing. In that case you need to use **er**:

Heb je van het feest gehoord?	*Did you hear about the party?*
Ja, ik heb ervan gehoord.	*Yes I have (heard about it).*
Heb je van dit sausje geproefd?	*Have you tasted this dip?*
Ja, ik heb ervan geproefd.	*Yes I have (tasted it).*
Werk je aan het verslag?	*Are you working on the report?*
Ja, ik werk eraan.	*Yes I am (working on it).*
Heb je naar de cijfers verwezen?	*Did you refer to the statistics?*
Ja, ik heb ernaar verwezen.	*Yes I did (refer to them).*
Heb je over het bedrijf gepraat?	*Did you talk about the company?*
Ja, ik heb erover gepraat.	*Yes I did (talk about it).*

NB You use **er** only when you refer to a thing or idea. When you refer to a person you use the normal object pronouns.

Just an extra complication to remember: the preposition **met** changes to **mee** in combination with **er**:

Heb je met de computer gewerkt? Ja, ik heb ermee gewerkt.	*Have you worked with the computer? Yes I have (worked with it).*
Ga je akkoord met die beslissing? Ja, ik ga ermee akkoord.	*Do you agree with that decision? Yes I do (agree with it).*

Don't worry if this seems rather complicated. As many prepositions are part of fixed expressions, you will learn the correct prepositions as you go along. For instance, when asked whether you agree, you are likely to say: **Ja, ik ben het ermee eens.** *Yes, I agree* or **Ik ben het eens met Rieke** *I agree with Rieke* because you might have learned, or at least come across, the expression in those forms.

Sometimes the word **er** is separated from the preposition in the sentence. The two parts are normally separated by an adverb (a word that gives more information about a verb), the word **niet** and words like **gisteren**, **morgen**, **vandaag**:

● INSIGHT

Ik heb **er** veel **over** gehoord.	*I heard a lot about it.*
Ik werk **er** hard **aan**.	*I'm working hard on it.*
Ik ben **er** druk **mee** bezig.	*I'm working hard on it.* (lit. *I'm busy with it*)
Ik ben **er** tevreden **mee**.	*I'm satisfied with it.*
Ik ben **er** niet **aan** toegekomen.	*I didn't get round to it.*

 Exercise 13

Answer the questions with yes and use er in combination with a preposition.

Decide whether er should be separated from the preposition.

Examples: Ga je met de computer werken?
Ja, ik ga ermee werken.
Ga je morgen met de computer werken?
Ja, ik ga er morgen mee werken.

a Luister je naar de radio?
b Ben je aan dit werk toegekomen?
c Rijd je vaak met die grote auto?
d Heb je onder de auto gekeken?
e Kun je bij de bovenste plank? (*Can you reach the top shelf?*)
f Heb je met die pen geschreven?
g Heb je goed naar deze cijfers gekeken?

Exercise 14

Answer all the questions in Exercise 13 with nee.

Example: Ga je met de computer werken?
Nee, ik ga er niet mee werken.

 Exercise 15

Answer the following questions however you like, as long as you use er.

Example: Geloof je in spoken? Ja, ik geloof er in.
Nee, ik geloof er niet in.

a Heb je een hekel aan koken?
b Hou je van lezen?
c Hou je van lekker eten?
d Vertrouw je op je intuïtie?

e Besteed je veel tijd aan je uiterlijk?
f Besteed je veel geld aan kleren?
g Leer je veel uit dit boekje?
h Werk je graag met technische apparaten?

geloven in	*to believe in*
spoken	*ghosts*
een hekel hebben aan	*to dislike*
lekker eten	*nice food*
vertrouwen op	*to trust in*
de intuïtie	*intuition*
besteden aan	*to spend on*
het uiterlijk	*appearance*
leren uit	*to learn from*
technische apparaten	*technical apparatus*

NB In all the answers in Exercise 15 you could also have replaced **er** with **daar**. The meaning stays the same (it refers to something) except that **daar** gives a greater emphasis. You can also start the sentence with **daar**, which, at least in this context, you can't do with **er**.

Exercise 16

Now answer the questions from Exercise 15 again and use daar instead of er. Use both possibilities, e.g. daar at the start of the sentence and its normal place.

Example: Geloof je in spoken?
Ja, daar geloof ik in. Ja, ik geloof daar in.

Reading

TR 13, 15.20

Read the text that follows which is part of an essay written by a 15-year-old for a website:

> Tegenwoordig heeft echt iedereen wel een gsm, of je hem nou gewoon hebt voor de zekerheid of voor de lol of voor je werk, er zijn maar weinig mensen meer zonder! En wat doe je er eigenlijk mee? Ja, bellen, maar dat is volgens mij niet eens de reden waarom je een gsm zou kopen, of althans niet de enige reden. Ik heb er dus ook een. Om eerlijk te zeggen, heb ik hem, omdat iedereen er een heeft. Maar ik heb echt niet de allerkleinste en allerduurste die er is. Als je dan eenmaal een gsm hebt, dan wen je er gauw aan. Je kan dan eigenlijk niet meer zonder. En geld dat die dingen kosten! Bellen doe ik eigenlijk niet zo vaak. Ik besteed zo'n €40 in de maand aan mijn telefoontje. Dat is nog niet eens veel vergeleken met mijn leeftijdgenoten (ik ben 15 jaar). Het geld is zo op, vooral aan sms-jes. Als je eenmaal met iemand aan het sms-en bent dan blijf je aan de gang. Vaak zijn het dan van die kleine berichtjes zoals: ok … zie je dan.

[text adapted from http://www.uwkrant.nl © RTL/de Holland Media Groep S.A. and Neofiet B.V.]

tegenwoordig	*these days*
voor de zekerheid	*just in case*
voor de lol	*just for fun*
zonder	*without*
bellen	*to phone*
althans	*at least*
om eerlijk te zeggen	*to be honest*
allerkleinste	*the very smallest*
als je dan eenmaal een … hebt	*once you've got a …*
wennen aan	*to get used to*
gauw	*quickly*
kan niet meer zonder	*can't go without*

vaak	*often*
besteden aan	*spend on*
vergeleken met	*compared to/with*
leeftijdgenoten	*peers*
Het geld is zo op.	*The money goes in no time.*
vooral	*especially*
je blijft aan de gang	*you just keep going, there is no end to it*

 Exercise 17

Answer the following questions in Dutch, making as much use of the language in the text as you can.

    a What reasons does the writer quote for having a mobile?

    b Why does the writer have a mobile herself?

    c What kind of mobile does the writer have?

    d What happens once you have a mobile?

    e What does the writer mainly spend her €40 on?

    f How come?

? Ten things to remember

1 You can use **zou/zouden** to ask for something politely or nicely. Because the use of the verb **zou/zouden** is polite in itself, you need not use **alstublieft** in the same sentence: **Zou je dit voor me kunnen doen?** *Could you do this for me, please?*

2 The second meaning of **zou/zouden** is to state or remind someone of what the plan was: **Je zou nog bellen.** *You were going to phone.*

3 Thirdly, **zou/zouden** has the meaning of giving advice: **Je zou wat vroeger naar bed moeten gaan.** *You should go to bed earlier.*

4 The fourth function of **zou/zouden** is to show that you, or someone else, would like to do something, if only the conditions were right. The grammatical term for this is the conditional: **Als ik de loterij zou winnen, zou ik stoppen met werken.** *Were I to win the lottery, I would give up work.*

5 When answering the phone in Dutch, you don't simply say **Hallo**, but you say your name, often preceded by **met** (*with*): **Met Isa Strik.** *Isa Strik speaking.*

6 Prepositions are important because they show the relationship between things. They often refer to location, direction and means. Examples are **voor** *in front of*, **in** *inside*, **bij** *at*, **met** *with*, **uit** *out of*, **op** *on*, etc.

7 When using a preposition in a relative clause, you cannot use the relative pronouns **die** or **dat**. The word you use instead depends on whether you are talking about a person or a thing.

8 If you refer to a person in a relative clause and you use a preposition, you refer to the person as **wie**: **De man met wie ik werk.** *The man with whom I work.*

9 If you refer to a thing or idea in a relative clause and you use a preposition, you refer to the thing as **waar**: **Het project waaraan we hebben gewerkt.** *The project on which we worked.* **Waar +** preposition is written as one word.

10 You cannot use an object pronoun in combination with a preposition when you refer to a thing, in which case you need to use **er**: **Heb je van het feest gehoord? Ja, ik heb ervan gehoord.** *Did you hear about the party? Yes, I have heard about it.*

13 Ik weet echt niet wat ik wil
I really don't know what I want

In this unit you will learn:
▶ *About career advice and training*
▶ *About skills*
▶ *How to use sub-clauses*
▶ *How to use interjections*

 Reading

 TR 14

Read this fragment of a website from a career advice agency aimed at encouraging employers to send their staff to training and support sessions:

Personeelsadvies

Ieder mens is uniek qua talent, persoonlijkheid en capaciteiten. Dat betekent dat ook ieder mens anders op veranderingen reageert. De één vindt een nieuwe situatie een uitdaging, terwijl de ander het een bedreiging vindt. Bij 'Personeelsadvies op maat' kijken we daarom eerst naar de wensen, talenten en motivatie van uw medewerkers. Zo krijgt ieder medewerker precies het advies en de training die hij of zij nodig heeft. Onze trainers zijn zeer ervaren professionals die snel tot de essentie doordringen.

---

ieder	*every*
mens	*human being*
qua	*as far as … goes, in terms of*
de persoonlijkheid	*personality*
betekenen	*to mean*
anders	*different*
reageren op	*to react to*
de verandering	*change*
de uitdaging	*challenge*
de één … de ander	*one person … another …*
de bedreiging	*threat*
personeelsadvies	*career advice*
op maat	*made to measure*
daarom	*because of that*
de wens	*wish*
de motivatie	*motivation*
de medewerker	*employee, member of staff*
krijgen	*to get*
nodig hebben	*need*
zeer ervaren	*very experienced*
tot de essentie doordringen	*to get to the heart of something*

Exercise 1

Answer the following questions in Dutch. The aim of this exercise is for you to use the Dutch language, so you can use the text as much as possible to phrase your answers.

a In what ways is every human being unique?
b What are the consequences of that in terms of how people deal with change?
c What are the differences between people in responding to new situations?
d How does the career advice agency carry out an initial assessment of its clients?
e And why do they do this?

> ● **INSIGHT**
> Many companies in the Netherlands, in line with global culture, offer services in training and career development to their staff. Even in public services you will find that employers are very willing to send their staff on courses or even offer one-to-one career development advice on occasion.

Exercise 2

In the website text underline all the main verbs and the subject these belong to. In some sentences there are two subjects and two main verbs. Note also that the main verb is not always where you expect it to be, i.e. in the second place in the sentence.

 Grammar

In doing this last exercise you would have found that in several sentences in the text, one of the main verbs is at the end of the sentence. The main verbs are underlined here:

Dat <u>betekent</u> dat ook ieder mens anders   *That means that every person also responds*
    op veranderingen <u>reageert</u>.   *differently to changes.*
De één <u>vindt</u> een nieuwe situatie een   *One person might find a new situation a*
    uitdaging, terwijl de ander het een   *challenge, while another finds it a threat.*
    bedreiging <u>vindt</u>.

If we analyse the two sentences we can see that they consist of two separate sentence clauses:

Dat betekent	**dat ook ieder mens anders op veranderingen reageert**
De één vindt een nieuwe situatie een uitdaging	**terwijl de ander het een bedreiging vindt**

In these examples the first column contains what is called the *main clause*, the second column contains what is called the *sub-clause*. Main clauses can normally exist as a sentence on their own, whereas sub-clauses normally need a main clause to make up a full sentence. So far in this course most of the sentence patterns you have come across have been main clauses.

Sub-clauses have two specific grammatical features you need to remember:

▶ the main verb moves to the end of the sub-clause: **reageert** and **vindt** in our examples.
▶ the sub-clause always starts with a linking word called a conjunction: **dat** and **terwijl** in our examples.

You should already be familiar with the notion of the verb moving to the end, because this also happens in a relative clause (see Unit 10). Relative clauses are a kind of sub-clause.

 Exercise 3

The text Personeelsadvies contains two relative clauses. Can you identify them?

Exercise 4

 TR 14, 01.03

The following text comes from an interview with the head of a bilingual secondary school in Amsterdam which has recently started teaching some subjects in English. Identify the main and the sub-clauses in this text:

> Wij hebben op onze school al wel veel ervaring hiermee, omdat we al 25 jaar lesgeven in alle vakken aan kinderen voor wie het Nederlands geen moedertaal is.
>
> We hebben hier kinderen die uit Turkije, Suriname, Indonesië en andere landen komen. Kinderen en ouders kiezen deze school omdat het praktisch nut heeft. Het is handig om Nederlands en Engels te spreken. Voordat we de kinderen op deze school toelaten, vragen we altijd naar hun motivatie. Ze moeten niet alleen naar deze school komen, omdat hun ouders dat graag willen. Veel kinderen komen hier omdat ze later een internationaal beroep willen hebben. Ze willen acteur of computerprogrammeur worden. Het is dan een voordeel als je goed Engels spreekt.

NB The first sentence is tricky because there is a sub-clause within a sub-clause. Don't worry if you can't identify this. Some sentences consist of only one main clause.

de ervaring	*experience*
het lesgeven	*teaching*
het vak	*subject, discipline*
de moedertaal	*mother tongue*
uit andere landen	*from other countries*
kiezen	*to choose*
praktisch nut	*practical benefit*
het is handig	*it is useful (handy)*
voordat	*before*
toelaten	*to admit*
altijd	*always*
de motivatie	*motivation*
de ouders	*parents*
het beroep	*profession*
de acteur	*actor*
het voordeel	*advantage*
als	*if*

Exercise 5

Answer the following questions in Dutch, using the text as much as possible. Note when you need to change the subject.

a   Why does the school feel it has the right experience to provide bilingual education?
b   Why do children and parents choose this school?
c   Why does the school ask the children about their motivation?
d   What is the advantage of going to this school when you want to become a computer programmer or take up any other international profession?

Grammar

CONJUNCTIONS

The words which link a sub-clause to a main clause are called *subordinating conjunctions*, as opposed to 'ordinary' conjunctions (**en**, **of**, **maar,** etc.), which link two main clauses. Subordinating conjunctions link the main and sub-clauses by indicating the relationship between the two. This could be a relationship of:

▶ time

voordat	*before that*
nadat	*after that*
terwijl	*while*
sinds	*since*
zodra	*as soon as*
als	*when (at that time)*
toen	*when (in the past)*

▶ contrast

hoewel	*although*
ondanks	*despite*
terwijl	*while, even though*

▶ cause and reason

omdat	*because*
doordat	*because*
zodat	*so that*

▶ condition

als	*if (in case of)*
tenzij	*unless*

▶ comparison

alsof	*(as) … if*
zoals	*such as*
net zo … als	*just as*

Exercise 6

Where does the verb go? Put the verb in brackets at the correct place in the sentence.

   a Het was alsof ik hem eerder gezien. (had)
   b Ik heb die parasol niet gekocht omdat ik hem te duur. (vond)
   c Ik vind het zo leuk als ik iemand op straat Nederlands praten. (hoor *hear*)
   d Ik moet mijn moeder bellen omdat het niet goed met haar. (gaat)
   e Mijn vader ging altijd met me voetballen als hij maar even tijd. (had)

 Exercise 7

Fill in the correct subordinating conjunction from the box.

omdat	als	voordat	terwijl	hoewel	toen

   a Harry ging met zijn zoon op vakantie, … Meta thuisbleef met hun dochter.
   b Kim gaat alleen met zijn vrienden op vakantie, … hij pas 15 is.
   c Adrie maakt zich geen zorgen over haar tieners, … sommige van hun vrienden drugs gebruiken.
   d Voor mijn achttiende verjaardag krijg ik een auto van mijn ouders, … ik dan nog steeds niet rook.
   e Ik ontmoette mijn grote liefde, … ik 21 was.
   f Wij hebben een hele goede relatie, … we elkaar respecteren.
   g Ik wil eerst een carrière hebben, … ik zwanger raak.

thuisblijven	*to stay at home*
zich zorgen maken over	*to worry about*
drugs gebruiken	*to take drugs*
de verjaardag	*birthday*
de ouders	*parents*
nog steeds niet roken	*still haven't taken up smoking*
zwanger raken	*to get pregnant*

 Grammar

A sub-clause does not have to be the second part of a sentence; it can also be the first part:

Omdat ik eerst een carrière wil hebben, wacht ik nog even met kinderen krijgen.

Because I first want a career, I'll wait a while before having children.

If the sub-clause comes first in the sentence, the main clause following it will start with the main verb. The whole sub-clause functions as the first item in the sentence, so there is inversion in the main clause.

Exercise 8

 TR 14, 02.10

Use the sentences in Exercise 7 to practise this inversion. Start the sentence with the sub-clause.

Example: Terwijl Meta thuisbleef met hun dochter, ging Harry met zijn zoon op vakantie.

> ● **INSIGHT**
>
> The most important thing to learn about sub-clauses is that the verbs are moved into final position. The most frequently used subordinating conjunctions, such as **dat** *that*, **omdat** *because*, **als** *if*, **hoewel** *although* should also be learned.
>
> Beware that, although the verbs in a sub-clause move into final position, they don't necessarily move to the end of the whole sentence. Often the sub-clause is only part of a longer sentence. When a sentence starts with a sub-clause, the verbs at the end of the sub-clause actually end up in the middle of the sentence as a whole. In this example the verbs of the sub-clause are underlined: **Omdat Gerda haar werk gisteren niet <u>had</u> <u>afgemaakt</u>, moest ze vandaag vroeg beginnen.** *Because Gerda hadn't finished her work yesterday, she had to start early today.*

Dialogue 1

Karina heeft een intake-gesprek met een loopbaanbegeleider:

 TR 14, 03.05

Begeleider	We kijken eerst naar wat je tot nu toe hebt bereikt en wat je capaciteiten zijn. Dan kijken we naar waar je de komende paar jaar naartoe wilt.
Karina	Dat is nu juist zo moeilijk want ik weet echt niet wat ik wil of waar ik goed in ben.
Begeleider	Goed, we beginnen gewoon met een lijstje invullen. Je moet aangeven wat je sterkste kanten zijn en welke vaardigheden je hebt.

 de loopbaan   *career*
de begeleider   *counsellor, adviser*
tot nu toe   *up until now*
hebt bereikt   *have achieved*
de komende paar jaar *the coming few years*
naartoe willen   *the direction (you) want to take*

moeilijk	difficult
ik weet echt niet	*I really don't know*
gewoon	*usually*
een lijstje invullen	*to fill in a list*
aangeven	*to indicate*
je sterkste kanten	*your strengths*
de vaardigheden	*skills* (singular: **de vaardigheid**)

Karina heeft het volgende lijstje ingevuld:

Geef een cijfer van 1 tot 5.	
1 = ik kan dat helemaal niet/ik ben daar helemaal niet goed in	
2 = ik kan dat een beetje	
3 = ik kan dat redelijk goed/ik ben daar redelijk goed in	
4 = ik kan dat goed/ik ben daar goed in	
5 = ik kan dat heel erg goed/ik ben daar erg goed in	
vaardigheden	**1 2 3 4 5**
effectief kunnen communiceren *being able to communicate effectively*	5
in het openbaar kunnen spreken *being able to speak in public*	2
andere meningen kunnen respecteren *being able to respect others' opinions*	4
goed naar anderen kunnen luisteren *being able to listen well to others*	3
op een vriendelijke manier nee kunnen zeggen *to be able to say no in a friendly manner*	1
je makkelijk aan nieuwe situaties kunnen aanpassen *to be able to adapt easily to new situations*	3
effectief kunnen onderhandelen *to be able to negotiate effectively*	2
effectief en overtuigend kunnen argumenteren *to be able to argue effectively and convincingly*	3
problemen kunnen analyseren *to be able to analyse a problem*	4
anderen kunnen inspireren *to be able to inspire others*	5

Exercise 9

 TR 14, 03.42

Read through the list of skills Karina completed. Then use the list to act out a role play (or write out a dialogue) between the career guidance counsellor and Karina in which the counsellor asks her about her skills level and Karina answers using the list she filled in.

Example: Kun je effectief communiceren?
Ik kan dat heel erg goed.
Ik ben daar erg goed in.

 Exercise 10

Now write out a list of your assessment of your own skills.

Use the phrases: Ik ben (redelijk) goed in/helemaal niet goed in … or Ik kan (redelijk) goed/helemaal niet goed …

Example: Ik ben redelijk goed in effectief communiceren.
Ik kan redelijk effectief communiceren.
Ik kan helemaal niet goed in op een vriendelijke manier nee zeggen.

Note that with the verb **zich aanpassen** the pronoun **je** changes into **me**.

Grammar

INDIRECT QUESTION/INDIRECT STATEMENT

Not all sub-clauses start with a subordinating conjunction which indicates a relationship of time, contrast or anything else. Some sub-clauses are indirect statements or reported speech, whereas others indicate an indirect question:

Indirect question/statement	Direct question/statement
We kijken eerst naar wat je hebt bereikt.	Wat heb je bereikt?
Ik weet echt niet waar ik goed in ben.	Waar ben je goed in?
Ik weet dat ik goed ben in problemen analyseren.	Ik ben goed in problemen analyseren.
Ik weet dat ik goed in het openbaar spreken kan.	Ik kan goed in het openbaar spreken.

Indirect questions start with a question word: **waar**, **wanneer**, **welke**, **hoe**, **wat**, **waarom**. Indirect statements start with **dat**.

NB There is another form of an indirect question, although paradoxically it is more explicit about being a question:

Ik weet niet of ik goed kan communiceren.
Ik vraag me af of ik naar die cursus zal gaan.
Weet jij of hij effectief kan communiceren?

of in this context means *if* or *whether*:

Ik vraag me af of … *I wonder whether/I wonder if …*

Exercise 11

Look at the assessment you wrote about your own skills. Rewrite this now in a more cautious fashion, using indirect statements and questions.

Example: Ik weet niet of ik op een vriendelijke manier nee kan zeggen.
Ik denk dat ik goed in het openbaar spreken kan.
Ik hoop dat ik effectief kan communiceren.
Ik vraag me af of …

Dialogue 2

Gesprek tussen twee vriendinnen:

 TR 14, 05.41

Annemie	Ik doe een personal management training.
Kitty	Goh, wat is dat precies?
Annemie	Nou, je kijkt naar je eigen capaciteiten en problemen. Je leert hoe je je tijd beter kan indelen, hoe je je eigen doelen kan kiezen, hoe je een probleem kan analyseren en aanpakken en hoe je assertief kunt zijn.
Kitty	Waarom doe je dat?
Annemie	Nou eigenlijk omdat mijn baas het wil en betaalt. Maar ook omdat ik vind dat het mijzelf helpt. Je leert jezelf wel kennen in zo'n cursus.
Kitty	Maar is het nadeel niet dat je alleen maar met jezelf bezig bent en niet met je werk?
Annemie	Nee hoor, het is juist goed om over jezelf na te denken. En dat helpt je juist in je werk.

eigen — *own*
leren — *to learn*
je tijd beter indelen — *to manage your time better*
kiezen — *to choose*
aanpakken — *to tackle*
eigenlijk — *actually*
de baas — *boss*
Je leert jezelf wel kennen. — *You do get to know yourself.*
de cursus — *course, training*
het nadeel — *disadvantage*
alleen maar met jezelf — *thinking about/working on*
bezig zijn — *yourself (all the time)*

 Exercise 12

Read and act out the dialogue a few times.

 Exercise 13

Answer the following questions in Dutch. Note that you need to change the pronoun mijzelf to haar in b.

    a What do you learn at the personal management course?
    b Why is Annemie doing this course?
    c What could a possible disadvantage of this course be (at least according to Kitty)?
    d What does Annemie think about that?

 Exercise 14

 TR 14, 06.35

Write an 'objective' assessment of the course Annemie is doing by stating what the advantages and possible disadvantages are. Use the information in the dialogue. If you feel creative and adventurous, you can extend this by thinking of other advantages or disadvantages. You can start your sentences with: Het is een voordeel/nadeel dat ...

# Reading

TR 14, 07.23

Read the letter Mariëlle sent to a career counsellor for a website on career advice and the answer he gave her.

Beste Yvo

Ik ben nu al 13 jaar docente op dezelfde basisschool, eerst voltijds, maar na de geboorte van mijn oudste zoon ben ik in deeltijd gaan werken. Ik heb het goed naar mijn zin op deze school, ik vind lesgeven erg leuk en dat gaat me na zoveel jaar ook makkelijk af. Ik kan goed met mijn collega's overweg, ik heb genoeg tijd voor mezelf en m'n kinderen en ik word gerespecteerd en gewaardeerd. Nu stapt het hoofd van de school op en het lijkt een logische stap dat ik op zijn baan solliciteer. Mijn collega's verwachten dat ook van me. Maar mijn deeltijdpartner wil niet samen met mij op die baan solliciteren. En eigenlijk ben ik er nog niet aan toe om weer voltijds te gaan werken.

Mariëlle

Beste Mariëlle

Je staat voor een aantal moeilijke beslissingen. Je moet een keus maken tussen voltijds en in deeltijd werken, en je moet beslissen of je de 'logische' stap naar een managementspositie wilt zetten, met alle bijbehorende voor- en nadelen vandien.

Eerst moet je jezelf een aantal vragen stellen: Wat voor kwaliteiten heb je voor deze functie nodig en heb je die kwaliteiten ook in huis? Wat ambieer je voor jezelf? Wil je eigenlijk wel een baan op managementsniveau? Je schrijft niet of de baan je in principe wel aantrekt.

Je kunt in je sollicitatie aangeven dat je de baan in deeltijd wil doen of je kunt een andere deeltijdspartner zoeken met wie je op deze baan solliciteert. Het gebeurt nog niet zoveel dat banen op managementsniveau gedeeld worden, maar het is beslist niet onmogelijk. Wel is de kans groot dat je uiteindelijk een driekwart baan doet en maar voor een halve baan betaald krijgt.

En bedenk wel: je hoeft niet NU te solliciteren. Het lijkt aantrekkelijk omdat je misschien een goede kans maakt, maar als je het solliciteren op een baan als hoofd nog even uitstelt, dan zijn je kinderen weer iets ouder. Misschien kun je nu extra taken aannemen die je alvast voorbereiden op zo'n functie. Je kunt dan tevens zien of zo'n managementbaan je aantrekt.

Verder zul je voor jezelf moeten bepalen of een baan als hoofd wel datgene is wat je wilt. Veel dingen die je nu leuk vindt in je werk zul je dan moeten inleveren: het vlotte contact met je collega's, het directe contact met de kinderen en vooral het feit dat je het nu naar je zin hebt en tijd voor jezelf over hebt. Je zult moeten bepalen of de voldoening of de financiële beloning van een hogere positie opweegt tegen de nadelen en de stress die deze baan met zich meebrengt.

Wat je ook besluit: luister vooral naar jezelf. Laat je niet door anderen gek maken. Jij moet uiteindelijk die baan doen. Succes!

Yvo

V	**de docent(e)**	*teacher*
	de basisschool	*primary school*
	voltijds	*full time*
	de geboorte	*birth*
	oudste zoon	*eldest son*
	in deeltijd gaan werken	*work part-time/do a jobshare*
	ik heb het naar mijn zin	*I enjoy it*
	lesgeven	*to teach*
	het gaat me makkelijk af	*it's easy for me*
	goed overweg kunnen met	*to have a good contact with*
	genoeg tijd hebben	*to have enough time*
	gewaardeerd worden	*to be appreciated*
	het hoofd	*head(teacher)*
	opstappen	*to leave (a job)*
	het lijkt	*it seems*
	een logische stap	*an obvious step/move*
	solliciteren op	*to apply for*
	de baan	*job*
	er (nog niet) aan toe zijn om	*(not yet) being ready for/to*
	Je staat voor een aantal moeilijke beslissingen.	*You're facing a few difficult decisions.*
	een keus maken tussen	*to make a choice between*
	een stap zetten	*to make a step/move*
	bijbehorende voor- en nadelen vandien	*all the advantages and disadvantages (that go with that)*
	een vraag stellen	*to ask a question*
	de functie	*job, position*
	kwaliteiten in huis hebben	*qualities you possess*
	ambiëren	*to aspire to*
	het niveau	*level*
	je aantrekken	*to appeal to you*
	de sollicitatie	*job application*
	aangeven	*to indicate*
	gebeuren	*to happen*
	nog niet zoveel	*not that often yet*
	beslist niet	*certainly not*
	onmogelijk	*impossible*
	de kans is groot	*there is a good chance* (here: *there is a risk*)
	uiteindelijk	*in the end*
	maar	*only*
	betaald krijgen	*to be paid*
	bedenk wel	*you must realize*
	aantrekkelijk	*appealing*
	omdat	*because*
	uitstellen	*to delay*

extra taken aannemen	*to take on extra tasks*
alvast	*already*
je voorbereiden op	*to prepare you for*
tevens	*at the same time*
verder	*in addition*
bepalen	*to determine*
datgene is wat je wilt	*that is what you want*
inleveren	*to give up on*
vlot(te)	*easy*
vooral het feit	*especially the fact*
de voldoening	*satisfaction*
de financiële beloning	*financial reward*
opwegen tegen	*to offset*
besluiten	*to decide*
laat je niet door anderen gek maken	*make up your own mind* (lit. *don't let others confuse you*)

Exercise 15

Read the text several times until you feel you have come to grips with the content. There is a lot of new vocabulary here, so you will need to persevere until you feel comfortable with the text. If you find it very hard, you might want to study it in chunks at a time. If you find it easy to get the gist of the text, you might actually want to extend this task by studying it in greater detail. Consider, for instance, why verbs are where they are, why certain forms of verbs or pronouns are used, why certain words or expressions are used. You might also want to read the text out loud to yourself.

Exercise 16

Answer the following questions in Dutch, making as much use of the text as possible. Make sure you change pronouns and forms of verbs as needed.

  a How did Mariëlle change her work arrangements after her first child was born?
  b What does Mariëlle enjoy about her job?
  c Why is she considering applying for the job as headteacher?
  d And what is the reason she isn't sure whether to apply for the job?
  e What are the issues Mariëlle is facing at the moment?
  f What are the three options the career counsellor presents to Mariëlle?
  g What is his main piece of advice?

Exercise 17

The career counsellor provided Mariëlle with three alternative solutions to her dilemma.

Write a slightly more formal and explicit piece of advice to her. For each of the suggestions list what the advantages and disadvantages are and give a final piece of advice.

U heeft drie mogelijkheden:

1 _____

    Het voordeel hiervan is dat _____

    (de voordelen hiervan zijn _____).

    Het nadeel hiervan is dat _____

    (de nadelen hiervan zijn _____).

2 _____

   _____

   _____.

3 _____

   _____

   _____.

Ik raad u aan om _____

 de mogelijkheid   *possibility*
aanraden   *to give advice*

NB You can also add your own assessment of the advantages or disadvantages of the suggestions made. You can phrase the letter in various ways. The key only gives an example.

Exercise 18

TR 14, 10.51

If you have a study partner act out a counselling session between Mariëlle and her career adviser. If you are working on your own write out a dialogue between them.

Exercise 19

What advice would you give Mariëlle? Write her a letter in which you give her your advice. Choose whether you want the letter to be formal or informal.

Exercise 20

If you have a study partner act out a counselling session between an adviser and a client. Choose a fictional career dilemma. If you are studying on your own, you can either write out a dialogue about a career problem or you can write an evaluation about your own career aspirations.

INTERJECTIONS

You may have noticed the frequent use of little words in many of the conversations and texts in this book. These can be difficult to explain or translate. These words are called *interjections*. They tend to be informal and not used in writing, unless the writing is intended to copy speech. Some you have already come across include **hoor** and **toch**. The correct use of these words makes you sound more natural and authentic. These words do not always have just one clear meaning; often they can mean something quite different depending on the context. In general, they do add an extra meaning to the statement, question or sentence and they can have various functions, whether that is to indicate a link with what was previously said (e.g. a contrast) or to soften an order, to emphasize something or to draw someone's attention to what you are going to say.

● INSIGHT

It is difficult to learn the use of interjections by studying them as a grammatical topic only. It is better to be aware of them and the different contexts in which they are used in real-life communications. Here are a few interjections by way of example:

▶ **gewoon**

We gaan gewoon naar de kroeg.

Gewoon indicates that the speaker thinks this is a very ordinary event; nothing special about it.

▶ **(alleen) maar**

Je bent alleen maar met jezelf bezig.

Maar indicates a contrast or an antagonism towards the topic (thinking about yourself). In combination with **alleen**, it emphasizes the speaker thinks the topic is rather limiting and blinkered. It doesn't necessarily have to assume the *speaker* feels antagonistic, it could also be the person who is addressed:

Ik wilde het alleen maar makkelijker voor je maken.

I only wanted to make it easier for you.

▶ **juist**

Dat helpt je juist in je werk.

Juist emphasizes the contrast with a previously mentioned idea. It is stronger than using **wel** in the same context, although the two can be combined for an ultra convincing message:

Ja, dat helpt je juist wel.

▶ **goh**

Goh, wat is dat precies?

An expression of surprise, often at the start of a sentence.

▶ **nou**

Nou, je kijkt naar je eigen problemen.

Nou is used here to indicate that the speaker is going to explain something. It also gives the speaker time to formulate his/her thoughts. It is used in a similar way to the English *well*.

▶ **even**

Ik zal even voor u kijken.

Even indicates here that it is no problem at all, it will only take a short time.

NB In the following units you will come across more interjections and different uses of these.

 Exercise 21

 TR 14, 13.15

Fill in the correct interjection.

    a _____ sinds wanneer heb jij je haar geverfd?

    b – Heeft u administratieve vaardigheden?

        – _____ ik kan redelijk goed met de computer overweg en ik ben goed in bestanden organiseren.

    c Geen probleem. Ik zal dat vanmiddag _____ doen.

    d Ik heb het _____ op de markt gekocht.

    e Maar begrijp je dan niet, dat het voor mij _____ een probleem is?

    f Jij creëert altijd _____ conflicten.

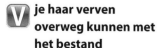 **je haar verven**   *to dye your hair*
overweg kunnen met   *to be able to deal with*
het bestand   *file, dossier*

Ten things to remember

1 Main clauses can normally exist as a sentence on their own, whereas sub-clauses normally need a main clause to make up a full sentence.

2 In sub-clauses the main verb moves to the end of the clause, and sub-clauses always start with a subordinating conjunction.

3 Subordinating conjunctions link main and sub-clauses. Examples are: **als** *when* (at that time), **toen** *when* (in the past), **hoewel** *although*, **omdat** *because*, **als** *if* (in case of).

4 A sub-clause can form the first part of a sentence (i.e. can precede a main clause). In this case the main clause must start with the main verb (the sub-clause takes up the first position, so the verb must be second): **Omdat ik eerst een carrière wil, wacht ik nog even met kinderen krijgen.** *Because I want a career first, I am waiting before I have children.*

5 Sub-clauses can also be indirect statements or reported speech, or they can indicate an indirect question: **Ik weet niet <u>waar ik goed in ben</u>.** *I don't know what I'm good at.*

6 Clauses starting with **of** (*if/whether*) also function as sub-clauses: **Weet jij of hij goed kan communiceren?** *Do you know if he can communicate well?*

7 The interjection **gewoon** indicates that the speaker thinks something is a very ordinary event and nothing special: **We gaan gewoon naar de kroeg.** *We're just going to the pub.*

8 **Maar** modifies the speaker's opinion of something and usually shows a degree of criticism, especially in combination with **alleen (only)**: **Ik wilde het alleen maar makkelijker voor je maken.** *I only wanted to make it easier for you.*

9 **Nou** can indicate that the speaker is going to explain something, and also gives the speaker time to formulate his/her thoughts: **Nou, ik zie dat anders.** *Well, I see it differently.*

10 **Even** can indicate that there is no problem, and that something will only take a short time: **Ik zal even voor u kijken.** *I will have a (quick) look for you.*

14 Ik begrijp precies hoe je je voelt
I know exactly how you feel

In this unit you will learn:

▶ *How to talk about physical and emotional well-being*

Dialogue

Sjoerd takes his two children to the GP.

In de spreekkamer bij de huisarts:

 TR 15

Sjoerd	Dag, dokter.
De huisarts	Dag. Wat kan ik voor u doen?
Sjoerd	Nou het gaat eigenlijk om de kinderen.
De huisarts	Wat is er met ze aan de hand?
Sjoerd	Sieme is gisteren van zijn fiets gevallen. Ik dacht eerst dat het niet zoveel voorstelde. Maar vanochtend had hij hoofdpijn en ik begon me zorgen te maken.
De huisarts	Hoe heb je dat voor elkaar gekregen, jongeman?
Sieme	Ik was aan het fietsen en ik keek niet uit en toen viel ik op de grond.
De huisarts	Had je geen helm op?
Sieme	Neeee.
Sjoerd	Dat wil hij niet. 't Is niet stoer hè?
De huisarts	Mmmmm, dat was niet zo slim van je, hè? Maar laat me eens kijken. Doet dit zeer?
Sieme	Au, ja dat doet pijn.
De huisarts	Heb je last van duizeligheid?
Sieme	Nee.
De huisarts	Ik denk dat het wel meevalt. U moet het wel in de gaten houden. Als hij last krijgt van duizeligheid of als de hoofdpijn erger wordt, dan moet u terugkomen met hem. Dan kunnen we een röntgenfoto laten maken.
Sjoerd	Goed. Zou u ook nog even naar Ines kunnen kijken?
De huisarts	Ja natuurlijk. Wat is het probleem?
Sjoerd	Ze heeft zo'n rare uitslag.
De huisarts	Heeft ze koorts?
Sjoerd	Nee, alleen een beetje verhoging. Maar ze voelt zich niet zo lekker.

De huisarts	Jeukt het?	
Ines	Een beetje.	
De huisarts	Zo te zien heb je waterpokken.	
	Dat is erg besmettelijk, dus deze week kan je niet naar school.	
Sjoerd	Kunt u iets aan de jeuk doen?	
De huisarts	Ik zal u een receptje voor een zalfje geven.	

de spreekkamer	*surgery/consulting room*
de huisarts	*the general practitioner*
het gaat om …	*it is about …*
wat is er (met ze) aan de hand?	*what's wrong (with them)?*
het stelt niet zoveel voor	*it doesn't seem very serious/important*
de hoofdpijn	*the headache*
zich zorgen maken	*to be worried*
Hoe heb je dat voor elkaar gekregen, jongeman?	*How did you manage that, young man?*
Ik was aan het fietsen.	*I was cycling.*
ik keek niet uit	*I didn't look where I was going*
(infinitive**: uitkijken**)	
de helm	*helmet*
Dat is niet zo slim.	*That's not very clever.*
stoer	*cool*
doet dit zeer/pijn?	*does this hurt?* (**het zeer** = *sore, ache*)
Heb je last van duizeligheid?	*Do you get dizzy spells?* (lit. *Are you troubled by …*)
het valt (wel) mee	*it's not that bad*
in de gaten houden	*to keep an eye on*
erger worden	*to become worse*
de röntgenfoto	*X-ray*
de rare uitslag	*odd/funny rash*
de koorts	*fever*
de verhoging	*slight temperature*
zich niet lekker voelen	*to feel unwell*
jeuken	*to itch*
de waterpokken	*chicken pox*
besmettelijk	*infectious*
de jeuk	*itch(ing)*
het recept	*prescription*
het zalfje	*cream*

This dialogue contains a lot of phrases and idiomatic expressions, which are useful to know and can be used in all sorts of different contexts, such as **Wat is er aan de hand?**, **Het gaat om …**, **Het valt wel mee**, etc.

It may be a good idea to learn these phrases.

You probably noticed that this dialogue contained the reflexive verbs **zich voelen** and **zich zorgen maken**. If you have forgotten which pronouns to use with these verbs then check the section on reflexive verbs again in Unit 11.

 Exercise 1

Read the dialogue until you are familiar with the new words and expressions and then act it out.

 Grammar

There are several ways to talk about aches, pains and problems. Look at the illustration to identify the different parts of the body.

For most parts of the body you can use these following two patterns:

Ik heb pijn in mijn …	(lit. *I have pain in my …*)
Ik heb pijn in mijn buik/maag.	*I've got a pain in my stomach.*
Ik heb pijn in mijn keel.	*I've got a sore throat.*
Ik heb pijn in mijn oor/	*I've got earache/backache/*
rug/hoofd.	*headache.*

Mijn … doet pijn/zeer.	(lit. *My … pains/aches.*)
Mijn rug/buik doet pijn/zeer.	*I've got backache/stomach ache.*
Mijn voet/arm doet pijn/zeer.	*I've got a pain in my foot/arm.*
Mijn hoofd doet pijn/zeer.	*I've got a headache.*

In the plural it would be:

Mijn ogen doen pijn/zeer.	*My eyes ache/are sore.*
Mijn oren/benen doen pijn/zeer.	*My ears/legs ache.*

In this pattern you can use either **pijn** or **zeer**. There is no difference between them. But in the first pattern described you can use only the word **pijn**.

And two further ways of describing pain:

Ik heb … pijn. (lit. *I have … pain.*)

Ik heb hoofdpijn.	*I have a headache.*
Ik heb buikpijn.	*I have stomach ache.*
Ik heb oorpijn.	*I have earache.*
Ik heb keelpijn.	*I have a sore throat.*
Ik heb kiespijn.	*I have toothache.*
Ik heb spierpijn.	*My muscles ache.*

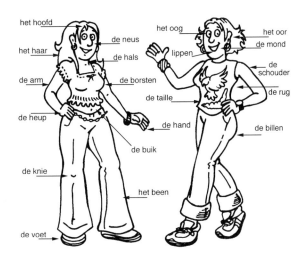

These phrases are used regularly, but only with the parts of the body listed here; **ik heb voetpijn**, for instance, sounds very odd:

Ik heb last van mijn …	(lit. *I have trouble with my …*)
Ik heb last van mijn buik.	*My stomach is giving me trouble.*
Ik heb last van mijn longen.	*My lungs are giving me trouble.*
Ik heb last van duizeligheid.	*I'm having dizzy spells.*
Ik heb last van mijn been.	*My leg is playing up.*
Ik heb last van mijn rug.	*I've got back problems.*

●**INSIGHT**

Ik heb last van mijn … is not really used to indicate acute pain, but to convey the fact that you are suffering either regularly or intermittently from any of these conditions. Note that you cannot say **Ik heb last van mijn hoofd**, but you can say: **Ik heb vaak last van hoofdpijn**.

More expressions on health:

Ik ben gezond. *I'm healthy.*

Ik ben ziek. *I'm ill.*

Ik ben misselijk. *I feel sick.*

Ik voel me niet zo lekker. *I'm not feeling very well.*

Ik ben verkouden. *I have a cold.*

Ik heb griep. *I've got the flu.*

Ik moet veel hoesten. *I'm coughing a lot.*

Ik heb een oorontsteking. *I've got an ear infection.*

Hij heeft een longontsteking. *He has got pneumonia.*

Ik heb een keelontsteking. *I've got a throat infection.*

but **Mijn oog is ontstoken.** *I've got an eye infection.*

Ik ben depressief. *I am depressed.*

Ik ben totaal gestresst. *I am totally stressed out.*

Ik ben allergisch voor … *I am allergic to …*

Ik heb hooikoorts. *I've got hayfever.*

 Exercise 2

Which answer is most appropriate?

a You are at the doctor's because you have hurt your knee playing football. She touches it and asks if it hurts. What do you say?

  i Ik heb last van mijn been.

  ii Dat doet pijn.

  iii Ik was voetbal aan het spelen.

b The doctor tells you, to your surprise, that you have an extensive injury and that you have to go to hospital (**het ziekenhuis**) for an X-ray.

  i Ik dacht dat het niet zoveel voorstelde.

  ii Hoe heeft u dat voor elkaar gekregen?

  iii Ik wil een röntgenfoto laten maken.

c You go to see the doctor because you think you have pneumonia. She listens to your chest and says that your lungs are clear. What is your reaction?

  i Ik dacht dat het vanzelf over ging.

  ii Dat valt mee.

  iii Ik heb zeker longontsteking?

d You go to the doctor because you are getting headaches. What do you say?

  i Ik heb vaak hoofdpijn.

  ii Ik heb last van mijn hoofd.

  iii Mijn hoofd doet zeer.

Exercise 3

TR 15, 01.50

There are seven people waiting in the doctor's surgery. When they see the doctor, how would each of them describe their complaints to him? Make up complete sentences, as if you were answering the doctor's question: Wat kan ik voor u doen? Here is an example. Ik heb pijn in mijn rug. (Note that there are sometimes several ways of saying it.)

   a dizzy spells

   b aching legs

   c a painful foot

   d a sore throat

   e an infected eye

   f feeling sick

   g having to cough a lot

Exercise 4

TR 15, 03.25

This is an extract from an email sent by Petra to her friend Lisette:

> Ik ben gisteren naar de dokter geweest omdat ik de laatste tijd vaak last heb van hoofdpijn. Ze vroeg of ik ook andere klachten had. Je weet, dat ik vaak heel erg slecht slaap. Het bleek dat mijn bloeddruk een beetje te hoog was en ze vroeg of ik me ergens zorgen over maakte. Ik vertelde dat ik het erg druk had op mijn werk. Ze zei toen dat ik het wat rustiger aan moet doen en dat ik me moet leren ontspannen. Ze wilde me liever geen medicijnen geven. Ik zei dat ik van plan was om een yogacursus te gaan volgen. Eigenlijk vind ik het wel goed, dat ze me geen medicijnen gaf, vind je ook niet?

Read the extract from Petra's email and imagine that you are Petra visiting the doctor. Provide simple answers to the doctor's questions and comments overleaf. Think about the answers first, then you can act it out.

vroeg (vragen)	*asked (ask)*
of	*(in this context) if*
de klacht	*complaint*
de bloeddruk	*blood pressure*
ik heb het druk	*I'm busy*
het rustig(er) aandoen	*take it easy (easier)*
ontspannen	*to relax/do relaxation*
ik ben van plan om …	*I'm planning to* …
het medicijn	*the medicine*

a Wat kan ik voor u doen?

b Heeft u ook andere klachten?

c Maakt u zich ergens zorgen over?

d Uw bloeddruk is een beetje te hoog. U moet zich eigenlijk leren te ontspannen.

 Exercise 5

You are going to the doctor because you feel sick, have a slight temperature and you are coughing a lot. Answer the doctor. Act the dialogue out or use the recording:

 TR 15, 04.20

Dokter	Wat kan ik voor u doen?
	[*Tell her you are coughing a lot.*]
Dokter	Heeft u ook andere klachten?
	[*Tell her you have got a slight temperature.*]
Dokter	En hoe voelt u zich?
	[*Tell her you are not feeling very well and that you feel sick.*]
Dokter	Eet u normaal?
	[*Tell her you cannot eat anything.*]
Dokter	(listening to your chest) U hebt geen longontsteking.
	Het is waarschijnlijk een griepje.

 # Grammar

ZIJN + AAN HET + INFINITIVE

Sieme was aan het fietsen.	*Sieme was cycling.*
Ik ben aan het voetballen.	*I am playing football.*
Ik was aan het voetballen.	*I was playing football.*
Hij is aan het werken.	*He is working.*
De kinderen zijn aan het spelen.	*The children are playing.*
Ik ben aan het lezen.	*I am reading.*

The pattern 'a form of the verb **zijn + aan het** + infinitive' is used in Dutch to indicate that an action is or was in progress.

This pattern needs to be translated into English with the *-ing* form of the verb.

Exercise 6

Look at the picture and identify the activities that the people (and animals) are doing.

Example: De man is met de hond aan het wandelen.

Exercise 7

 TR 15, 05.18

Wat was je aan het doen? Wat waren jullie aan het doen?

Answer this question, using the illustrations. Start your answer with We waren net *... We just were* **or Ik was net ...** *I was just.*

a schoenen kopen

b opruimen

c eten

d vrijen

e mijn broer bellen

f in de tuin werken

g deze oefening maken

 # Reading

TR 15, 06.32

Some extracts from an interactive website follow. On the website, people pose questions about their health problems and ask for advice from whoever wants to respond.

Probleem 1

Ik heb erge last van hooikoorts. Heeft iemand advies voor mij?

Kaatje

Beste Kaatje

Nou hier kan ik over meepraten. Bij ons heeft het hele gezin hooikoorts plus nog wat andere allergieën. Er staat hier altijd een doos zakdoeken op tafel en die is in een mum van tijd leeg.

Wat doen we eraan? We slikken pillen. Verder gebruiken we af en toe een neusspray en oogdruppels als er veel pollen in de lucht hangen. Ik kan je maar een ding aanraden: ga naar je huisarts en laat je testen op allergieën.

Josje

Hier kan ik over meepraten.	*I have got a lot of experience of this.* (lit. *I can talk about this*)
de allergie (plural allergieën)	*allergy*
een doos zakdoeken	*a box of tissues*
in mum van tijd	*in no time at all*
leeg	*empty*
slikken	*to swallow*
pillen slikken	*to take medication* (informal)
oogdruppels	*eyedrops*
aanraden	*to advise*

Probleem 2

Ik ben 31 jaar en heb al 2 jaar problemen met mezelf. Ik heb eigenlijk nergens zin in en ik ben altijd moe. Ik heb de afgelopen twee jaar van alles en nog wat geprobeerd. Ik ben voor van alles en nog wat getest, maar de dokters zitten ook met hun handen in het haar. Wel slik ik allerlei medicijnen, maar niets helpt. Ik besteed weinig tijd en aandacht aan mijn vrouw en kinderen, hoewel ik heel veel van hen hou. Dat is voor hen ook heel moeilijk. Is er iemand die mij een beetje kan helpen? Ik ben radeloos.

Pascal

Beste Pascal

Ik begrijp precies hoe je je voelt. Ik ken veel mensen zoals jij. Toch kun je hier weer bovenop komen. Ik adviseer je om natuurlijke remedies te gaan gebruiken. Het zal je helpen je leven weer in balans te brengen, zodat je weer kan genieten van je relatie met je vrouw en kinderen. Voor een behandeling kun je bij mij terecht. Ik help je graag de juiste remedie te vinden en je te begeleiden de komende tijd. Je zal zien dat de lichamelijke en mentale problemen overwonnen kunnen worden.

Wouter Hendriks, natuurtherapeut

Hallo

Ik kan me helemaal in u verplaatsen al ben ik een meisje van 18 en heb ik geen kinderen. Ook ik heb jaren last gehad van moeheid en depressiviteit. Op een gegeven moment zei de dokter tegen mij dat ik niet moest zeuren omdat ik nog zo jong was. Toen ben ik op het internet gaan zoeken en ik heb twee dingen gevonden die me hebben geholpen:

1. Therapie: ik ben naar een psycholoog gegaan en kwam erachter dat ik in de knoop zat met mijn verleden. Door er veel over te praten kwam alles eruit en ik voel me nu veel beter.

2. Homeopathie: een homeopaat kijkt naar de hele persoon en niet alleen de symptomen. Ik heb hier veel baat bij gehad en nu ben ik weer helemaal de oude.

Ik hoop dat u hier iets aan heeft. Veel succes!

Iris

V **nergens zin in hebben**	to feel like doing nothing
met je handen in	to be at your wits' end
het haar zitten	
medicijnen	medication
radeloos zijn	to be desperate
er weer bovenop komen	get out of it, get it under control
in balans brengen	to find your balance
genieten	to enjoy
de behandeling	treatment
Je kunt bij mij terecht.	I will help you.
begeleiden	to support
de komende tijd	the coming time
lichamelijk en mentaal	physically and mentally
een probleem overwinnen	to get on top of a problem
zich in iemand verplaatsen	to imagine yourself in someone else's position
al even	though
op een gegeven moment	at a certain moment
zeuren	to whinge
erachter komen	to find out, to discover
in de knoop zitten	struggling with your past
met je verleden	
door er over te praten	by/through talking about it
kwam alles eruit	everything came out
ergens baat bij hebben	to benefit from something
de oude zijn	be your old self again

● INSIGHT

People in the Netherlands frequently talk about their mental and emotional state. Of course this depends on the circles and age groups you are in contact with, but on the whole you will find this makes for a good conversation topic between friends. There certainly isn't as much of a stigma on mental health problems or on going into therapy as there is in some other countries and cultures.

There is also great enthusiasm for natural remedies, such as homeopathy, and these are used much more widely than just by new age enthusiasts.

Exercise 8

Answer the following questions in Dutch. Use the original language in the text to help you to answer the questions, but if you want to expand on the answers feel free to do so. You might want to discuss the text with a (near) native speaker.

a Which phrases do the two respondents to Pascal's letter use to show they understand him?

b What argument does Wouter Hendriks use in trying to convince Pascal?

c What is Wouter Hendriks's main reason for showing empathy with Pascal?

d Even though Iris is a girl of only 18 without family commitments, she feels she can relate to Pascal's problems. Why is that?

e What has her experience with doctors been?

f What is her advice to Pascal?

Exercise 9

Zou u naar een natuurtherapeut gaan? Wat zijn de voordelen/ nadelen daarvan? If you have a study partner discuss this issue, if not, write a short essay on the topic.

Exercise 10

Do you agree with the advice given by Wouter Hendriks and Iris? If you have a study partner discuss this issue.

NB To say you agree: **Ik ben het met je/Iris/Wouter eens dat ...** To say you disagree: **Ik ben het niet met je/Iris/Wouter eens dat ...**

Exercise 11

What advice would you have given Pascal? Write a response to his letter.

📖 Reading

  TR 15, 09.45

UREN BAKKEN IN DE ZON, WAAROM DOEN WE DAT NOG STEEDS?

Gisteravond toen ik thuiskwam na een hete werkdag, reed ik naar het strand om de honden uit te laten. Daar zaten horden mensen, waaronder veel jongeren, na te genieten van de zonnige dag. Er was hard gewerkt aan die mahoniebruine huiden. Armen werden naast elkaar gehouden op het terras waar ik ook even ging zitten. Wie was het bruinst? Ik keek naar mijn been, waar het litteken zit van een operatie waar een klein huidkankertje was weggehaald. Ik was altijd de eerste die er mahoniebruin bijliep. Maar nu weet ik wel beter. Wat ik op het strand zie, is puur bakgedrag. Uren achtereen. Ik weet nu ook dat die huidplekjes van mij dan wel niet gevaarlijk zijn, maar toch ... Wat zijn we toch stom, dacht ik. Je weet dat het slecht is en toch zit je uren in de zon. Zijn we niet hartstikke gek om te ploeteren voor een bruin vel, terwijl je ook in de schaduw lekker kunt lezen?

Hoe belangrijk vinden we die bruine huid? Waarom niet terug naar 'white is beautiful'?

[text adapted from http://www.libelle.nl]

thuiskomen		*to come home*
rijden		*to drive*
heet		*hot*
het strand		*beach*
de honden uitlaten		*to walk the dogs*
horden		*hordes*
nagenieten		*to enjoy the last of*
mahoniebruin		*mahogany brown*
armen naast elkaar houden		*people held their arms next to one another (to compare their tans)*
het litteken		*scar*
huidkankertje weghalen		*remove a small skin cancer*
er bruin bij lopen		*to be tanned*
bakken		*to bake*
het gedrag		*behaviour*
gevaarlijk		*dangerous, life threatening*
maar toch		*but still*
stom		*stupid*
hartstikke gek		*totally mad*
ploeteren		*to work hard, plodding*
het vel		*skin*
de schaduw		*shadow, shade*

Exercise 12

Answer the following questions in Dutch using the original text where possible.

    a When and why did the writer go to the beach?

    b How did she know that people had 'worked hard' on their tans?

    c Why did she look at her leg?

    d What does she call the activity of sitting at the beach for hours on end trying to get a tan?

    e Why are people stupid to engage in this kind of behaviour?

    f What does she advocate?

BAKGEDRAG BAKING BEHAVIOUR

What the writer is describing in the text is, of course, an issue in all countries. But many Dutch people seem to be true sun worshippers. At the faintest ray of sunshine, chairs and tables come out in gardens and in the many outdoor cafés. Getting a tan is thought of by some as an absolute must, as the editor describes in her text. Don't be surprised if you receive comments if you haven't achieved the prized mahogany skin colour by the middle of the summer (unless, of course, it has been a rainy one), particularly when you come from England. Not only can the Dutch be rather direct in their comments, some may have (as people everywhere) some stereotypical ideas about people in other countries. The English being pale (because of the amount of rain) is one of those ideas.

Hartstikke is a very informal word for *very*. More formal alternatives for *very* are **heel**, **erg** and **zeer**. Sometimes **zeer** can be perceived as a little more formal and old-fashioned than **heel** and **erg**, which are generally used more often. **Heel mooi** *very beautiful*. **Erg duur** *very expensive*. **Zeer langzaam** *very slow*.

Note that **erg** can also mean terrible, and is used in expressions such as **Erg, hè?** *It's terrible, isn't it?*

Exercise 13

Do you sit in the sun to 'bake'? Why or why not? Are you concerned about the health hazards of 'baking'? Discuss with a study partner. If you are studying on your own, write a short piece on this.

Exercise 14

Do you agree with the writer of the text that people should be less obsessed with getting a deep tan? Write a response to this text for the chatline of this publication.

Exercise 15

Do you think the text throws up racial issues?

❓ Ten things to remember

1 Idiomatic expressions such as **Wat is er aan de hand?** *What's going on?*, **Het valt wel mee** *It's not so bad* are useful to know and can be used in many different contexts. They are worth learning by heart.

2 **Zich voelen** *to feel* and **zich zorgen maken** *to worry* are reflexive verbs in Dutch, and always need to be used with a reflexive pronoun.

3 To talk about aches and pains the following structures can be used: **Ik heb pijn in mijn …** (lit. *I have pain in my …*); **Mijn … doet pijn/zeer** (lit. *My … pains/aches*).

4 **Ik heb …pijn** can also be used to describe pain: **Ik heb hoofdpijn** *I have a headache*, **ik heb keelpijn** *I have a throatache*.

5 To describe pains you need to know the parts of the body. Some of the most important in this respect are: **het hoofd** *head*, **het oog** *eye*, **de mond** *mouth*, **de arm** *arm*, **de hand** *hand*, **de buik** *belly*, **de knie** *knee*, **het been** *leg*, **de voet** *foot*.

6 The parts of the body can be used to describe aches and pains in the structure: **Ik heb last van mijn …** (lit. *I have trouble with my …*). This pattern is not used with acute pains.

7 Other useful expressions on health: **ik ben gezond** *I am healthy*, **ik ben ziek** *I'm ill*, **ik ben misselijk** *I feel sick*, **ik ben verkouden** *I have a cold*, **ik ben allergisch voor …** *I'm allergic for …* , **ik heb hooikoorts** *I have hayfever*.

8 To say you agree with someone, you can say **Ik ben het met je eens.** *I agree with you*. To say you disagree you can say **Ik ben het niet met je eens.** *I disagree with you*.

9 Beware when talking to Dutch people that they can be more direct in their comments than you may be used to.

10 **Hartstikke** is a very informal word for *very* and is used very often. **Ik ben hartstikke blij.** *I'm really happy*.

15 Ik zit zowat de hele dag te computeren

I'm on the computer just about the whole day

In this unit you will learn:

▶ *About internet services*
▶ *How to talk about (travel) insurance*
▶ *Expressions related to money*
▶ *How to compare one thing with another*

Dialogue

Annemieke has enrolled on a computer course for the over-50s and in a conversation with a friend she is talking proudly about how the use of the internet has changed her life:

 TR 16

Annemieke	Ja, ik zit zowat de hele dag te computeren, joh. Ik doe zelfs mijn boodschappen op het internet.
Tilly	Maar is dat niet lastig? Je moet bijvoorbeeld thuisblijven als de boodschappen worden bezorgd.
Annemieke	Nee hoor, want je kiest zelf een geschikt tijdstip waarop ze de boodschappen afleveren.
Tilly	Ja, maar … ik bedenk pas vaak als ik in de winkel ben wat ik wil eten. Als er bijvoorbeeld een aanbieding is voor iets, dan koop ik dat.
Annemieke	Op de website staan ook al hun aanbiedingen. Lekker makkelijk. Je kunt er rustig over denken wat je wilt eten. Nee hoor, ik vind het een bevrijding. Nou hoef ik op mijn vrije dagen tenminste niet naar de supermarkt te rennen. Ik ga dan lekker achter m'n computer zitten om te surfen. Ik heb ook net een nieuwe koelkast besteld. Stukken goedkoper dan als je het in de winkel koopt. En onze vakantie op het internet geboekt. Op die manier spaar je behoorlijk wat uit, hoor.
Tilly	Nou voor mij hoeft het niet, hoor. Ik ga liever gewoon winkelen.

zowat	*almost (in this context)*	
lastig	*a bother*	
bezorgen	*to deliver*	
kiezen	*to choose*	
geschikt	*suitable*	
tijdstip	*moment*	
afleveren	*to deliver*	
bedenken	*to think about, to realize*	
de aanbieding	*offer*	
rustig	*calmly, taking your time*	
de bevrijding	*liberating*	
vrije dagen	*days off*	
tenminste	*at least*	
rennen	*to run*	
net	*only just*	
de koelkast	*fridge*	
bestellen	*to order*	
stukken goedkoper	*much cheaper*	
Op die manier spaar je behoorlijk wat uit.	*In that way you save quite a bit of money.*	
Voor mij hoeft het niet.	*I'm not interested.*	
Ik ga liever gewoon winkelen.	*I'd rather shop normally.*	

Exercise 1

Listen to the dialogue a few times. When you feel comfortable with all the new words and expressions, read the dialogue out loud until you feel the sentences come almost naturally to you or act it out with a partner.

> ● **INSIGHT**
>
> **Joh** is an almost untranslatable interjection, used only in spoken language and generally indicates a friendly relationship, i.e. a relationship without any clear power differences. It is a very informal way of addressing someone. It comes closest in meaning to the interjection *man*, as in *hey, man*. The difference is that it can be used between males and females. On the whole, it is a young kind of usage, but is also used frequently between friends of an older age.

ZELF, ZELFS

Do not mix these two words up. **Zelf** is a pronoun, meaning *myself, her/himself, yourself* or the plural forms of these, e.g. *ourselves*. **Zelfs** is used to express surprise, as in the word *even*. Compare:

Je moet het zelf niet doen.	*You shouldn't do it yourself.*
Hij is zelf begonnen.	*He started it himself.*
Hij is zelfs begonnen te roken!	*He even started to smoke!*

● INSIGHT

Many new words in Dutch keep on surfacing with some regularity! Many of these new words come from English and are related to the new technologies. The Dutch have a tendency to take these words (which in English might not even be a verb), and add -en in order to make them into a verb. Examples are **computeren** *to use the computer*; **internetten** *to use the internet*; **mailen** *to email someone*.

This tendency is not exclusive to new technologies; compare, for instance, **sporten** *to 'do' sport*.

CURSUSSEN VOOR 50-PLUSSERS

In the Netherlands, going to courses at an adult education institute is very popular. Many of these courses are practical, such as computer courses, or health-related, such as yoga. But many courses are also geared towards topics and disciplines of a wider intellectual or general interest, from astrology to religious art in Russia. Some courses are specifically aimed at the over-50s.

INTERNET

As in many countries the use of the new technologies has changed many aspects of domestic life, as well as work. Many services can be accessed through the internet. Some useful information about shopping, financial or other services can be found at www.winkelstraat.nl.

Exercise 2

TR 16, 01.28

Lekker of niet? Read (or listen to) what the following people wrote about the things they like or don't like doing.

Thecla

Ik hou van soaps, internetten, lekker koken en creatief bezig zijn. Ik heb een hekel aan sporten, serieuze tv programma's en mijn belastingformulier invullen.

Amina

Ik heb veel interesses waaronder lezen, naar goeie films kijken, samen met de hele familie bij elkaar komen. Ik ben minder geïnteresseerd in winkelen, sporten en tuinieren.

NB goeie is the informal and spoken form for **goede**.

Laura

Ik ben gek op computeren en mailen. Ik klets graag met vriendinnen en ga graag naar de bios met een stel mensen. Overige interesses: creatief bezig zijn, winkelen, mijn huis opknappen.

koken	*to cook*
creatief bezig zijn	*to do something creative*
een hekel hebben aan	*to dislike*
belastingformulier	*tax form*
waaronder	*which include*
bij elkaar komen	*get together*
winkelen	*to shop (not food shopping)*
tuinieren	*to do the gardening*
kletsen	*to chat*
naar de bios gaan	*to go to the cinema (**bios** is used very frequently in spoken language rather than **bioscoop**)*
mijn huis opknappen	*to redecorate my house*
schilderen	*to paint, to decorate*

In this exercise you play the roles of Laura, Thecla and Amina as each of them answers the question Wat ga je doen? Refer to the information above and indicate whether they fancy the task or activity they have planned by using the word lekker when appropriate.

Example: naar een goede film op televisie kijken Amina
Amina: Ik ga vanavond lekker naar een goeie film op televisie kijken.

Add any time indication you find appropriate, such as vanavond, morgen, donderdag, straks (*in a minute*), **etc.**

Activiteit	Thecla	Laura	Amina
winkelen		v	v
in de tuin werken			v
belastingformulier invullen	v		
computeren		v	
naar een soap kijken	v		
sporten	v		v
iets creatiefs doen		v	
bij een vriendin gaan koffie drinken		v	
naar de bios gaan		v	
internetten	v		
iets lekkers koken	v		
haar kamer schilderen		v	
bij haar ouders op bezoek		v	

Exercise 3

TR 16, 02.35

At an interview you have requested with your bank manager, she is expounding the advantages of changing your current savings account to an internet account. You are resisting the pressure and voice your doubts:

Bankbeheerder	Internetbankieren biedt u veel voordelen, u kunt al uw bankzaken regelen waar en wanneer u wilt.
You	[*Ask whether this isn't a nuisance. For instance, you need a good computer.*]
Bankbeheerder	Nee hoor, u kunt vanaf elke pc heel eenvoudig al uw zaken afhandelen.
You	[*Object with: yes, but is it safe?*]
Bankbeheerder	Het is volkomen veilig. Wij gebruiken de nieuwste veiligheidsmethoden.
You	[*But is it not impersonal? You cannot ask any questions.*]
Bankbeheerder	Als u een vraag hebt kunt u het aan ons emailen. We nemen dan zo snel mogelijk contact met u op.
You	[*Say you're not interested. You'd rather go to the bank normally.*]

NB Look at the dialogue at the start of this unit to help you. You also need to know these words:

impersonal	**onpersoonlijk**
not asking any questions	**geen vragen stellen**

internetbankieren	*to bank via the internet*
voordelen bieden	*to offer advantages*
uw bankzaken regelen	*to arrange all your banking business*
uw zaken afhandelen	*to deal with/finish all your business*
eenvoudig	*simply*
volkomen	*completely*
veilig	*safe*
veiligheidsmethoden	*safety measures*
We nemen contact met u op.	*We will contact you.*
zo snel mogelijk	*as soon as possible*

Read the text below thoroughly so you understand all the words and structures.

 Reading

TR 16, 04.05

> ### ETEN THUIS LATEN BEZORGEN
>
> Af en toe heb je zo'n dag dat je echt geen zin hebt om te koken. Dan kan je natuurlijk een pizza bestellen, maar soms wil je gewoon iets anders. Een Chinees bijvoorbeeld, of een Italiaan. Of misschien heb je zin in een shoarma, of gewoon lekker Hollands. Via het internet kun je heel eenvoudig eten uit allerlei landen bestellen. Een van de internetbedrijven die zo'n dienst verleent is *thuisbezorgd. nl*. Heel eenvoudig. Je bestelt online wat je wilt hebben. *Thuisbezorgd* stuurt de bestelling door naar een restaurant bij jou in de buurt. Je krijgt een bevestiging per email en je betaalt aan de deur. Makkelijker kan gewoon niet.

af en toe	*occasionally*
echt geen zin hebben	*really not fancying something*
Soms wil je gewoon iets anders.	*Sometimes you just want something different.*
shoarma	*kebab*
eenvoudig	*simple*
doorsturen	*to send on*
bij jou in de buurt	*in your area*
de bevestiging	*confirmation*
aan de deur betalen	*to pay at the door*
Makkelijker kan gewoon niet.	*It couldn't be simpler.*

 Exercise 5

 TR 16, 05.09

Tell a friend about the service of Thuisbezorgd by filling in the gaps, using some of the new (as well as familiar) words you learned from the text.

a Ik vind het zo moeilijk om, als ik thuis kom van mijn werk, ook nog een lekkere en gezonde maaltijd klaar te maken. Ik heb er dan _____ geen _____ in.

b Misschien moet je eens wat vaker een maaltijd _____ laten _____ .

c Ja, pizza, zeker. Dat eet ik al zo vaak uit de diepvries. Soms wil je _____ iets _____ .

d Nee hoor, dat hoeft helemaal niet. Je kunt eten uit _____ restaurants _____ . Ja, 't is natuurlijk niet goedkoop. Maar zo _____ is het wel lekker hoor.

e Hoe _____ je dat dan?

f Via het internet. Er zijn een heel aantal _____ die dat voor je regelen.

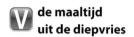 **de maaltijd**   *the meal*
uit de diepvries   *from the freezer*

 Exercise 6

 TR 16, 06.00

Write a similar dialogue to the one in Exercise 3, trying to sell the idea of ordering a meal online.

arguments to use in favour of	*arguments to use against the idea*
eten thuis laten bezorgen	
Good idea if you don't want to cook or are tired	It is bothersome and complicated to use a computer
It is easy to use, you can access the menus of various restaurants	You don't have a lot of choice
It's cheaper and easier than going to a restaurant	You might as well go to a restaurant

NB You need the following expressions: *Not a lot of choice.* **Weinig keus.** *You might as well go to a restaurant.* **Je kan net zo goed naar een restaurant gaan.**

In the Netherlands, particularly in the bigger towns, there is a great variety of restaurants serving food from different countries. Eating out is very popular and there is a lot of choice of foreign or exotic foods. Up until 30 years ago the only foreign food restaurants were the Chinese/Indonesian restaurants serving, in addition to the Chinese food so common in the western world, more specific Indonesian dishes such as **nasi goreng**, or **nasi** for short, accompanied with **kroepoek** *prawn crackers*. These days, many supermarkets stock Indonesian ingredients and it is very common to cook Indonesian food at home; **nasi** is perhaps the Dutch version of a British curry. After the Chinese/Indonesian restaurants, Italian restaurants were among the first foreign food restaurants to open, soon followed by French bistros and Turkish restaurants and snackbars selling **shoarma** (a kind of kebab). Nowadays, bistros have largely made way for a wide array of restaurants, particularly in the large cities, representing many different countries and cultures. These restaurants are very popular, perhaps because people like to eat the food of countries they have been to on their holidays.

 Exercise 7

Look carefully at the internet pages of Thuisbezorgd overleaf and answer the questions that follow.

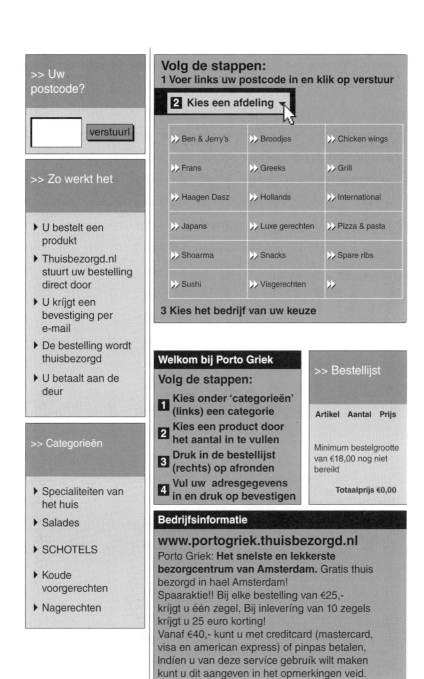

>> Uw postcode?

[   ] verstuurl

>> Zo werkt het

▸ U bestelt een produkt
▸ Thuisbezorgd.nl stuurt uw bestelling direct door
▸ U kríjgt een bevestiging per e-mail
▸ De bestelling wordt thuisbezorgd
▸ U betaalt aan de deur

>> Categorieën

▸ Specialiteiten van het huis
▸ Salades
▸ SCHOTELS
▸ Koude voorgerechten
▸ Nagerechten

Volg de stappen:
1 Voer links uw postcode in en klik op verstuur

2 Kies een afdeling ▾

Ben & Jerry's	Broodjes	Chicken wings
Frans	Greeks	Grill
Haagen Dasz	Hollands	International
Japans	Luxe gerechten	Pizza & pasta
Shoarma	Snacks	Spare ribs
Sushi	Visgerechten	

3 Kies het bedrijf van uw keuze

Welkom bij Porto Griek

Volg de stappen:

1 Kies onder 'categorieën' (links) een categorie
2 Kies een product door het aantal in te vullen
3 Druk in de bestellijst (rechts) op afronden
4 Vul uw adresgegevens in en druk op bevestigen

Bedrijfsinformatie

www.portogriek.thuisbezorgd.nl
Porto Griek: **Het snelste en lekkerste bezorgcentrum van Amsterdam.** Gratis thuis bezorgd in hael Amsterdam!
Spaaraktie!! Bij elke bestelling van €25,- kríjgt u één zegel, Bij inleveríng van 10 zegels kríjgt u 25 euro korting!
Vanaf €40,- kunt u met creditcard (mastercard, visa en american express) of pinpas betalen, Indíen u van deze servíce gebruík wilt maken kunt u dit aangeven in het opmerkingen veid.

>> Bestellijst

Artikel   Aantal   Prijs

Minimum bestelgrootte van €18,00 nog niet bereikt

Totaalprijs €0,00

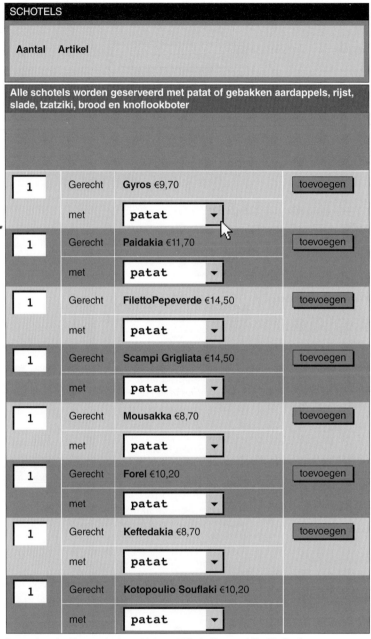

SCHOTELS				
Aantal	**Artikel**			

Alle schotels worden geserveerd met patat of gebakken aardappels, rijst, slade, tzatziki, brood en knoflookboter

1	Gerecht	**Gyros** €9,70		toevoegen
	met	patat ▾		
1	Gerecht	**Paidakia** €11,70		toevoegen
	met	patat ▾		
1	Gerecht	**FilettoPepeverde** €14,50		toevoegen
	met	patat ▾		
1	Gerecht	**Scampi Grigliata** €14,50		toevoegen
	met	patat ▾		
1	Gerecht	**Mousakka** €8,70		toevoegen
	met	patat ▾		
1	Gerecht	**Forel** €10,20		toevoegen
	met	patat ▾		
1	Gerecht	**Keftedakia** €8,70		toevoegen
	met	patat ▾		
1	Gerecht	**Kotopoulio Souflaki** €10,20		
	met	patat ▾		

[reproduced with permission of Internet Thuis Bezorgd Faciliteiten]

invoeren	*to add, type in*
versturen	*to send*
het bedrijf	*company* (here: *restaurant*)
bestelgrootte	*amount of order*
bereiken	*to achieve*
het aantal	*the number of*
invullen	*to fill in*
afronden	*to round up/down*
druk op/in	*click/press on*
spaaractie	*promotional offer whereby you can collect tokens which can be exchanged for a discount*
zegel	*token*
de pinpas	*bank debit card*

Answer these questions in English.

    a What special campaign is currently on at Porto Griek?

    b What is the minimum amount you need to spend if you want to pay by credit card?

    c What is served with all the dishes in Porto Griek?

    d Do you have to pay delivery costs when ordering a take-away?

    e How much would you pay if you ordered two Scampi Grigliata to be delivered to your house?

    f And how much if you ordered only one Filletto Pepeverde? (Clue: It is not just the price of one.)

 Exercise 8

Describe in English the whole process in the different steps to take to order musaka, with chips and accompaniments from Thuisbezorgd.

 # Reading

Read the following text, taken from the website www.geencentteveel.nl which compares various financial products.

Een reisverzekering is een verzameling van verschillende verzekeringsproducten / modules.

- ▶ Ziektekosten
- ▶ Hulpverlening (ongeval / pech)
- ▶ Bagage
- ▶ Ongevallenverzekering
- ▶ Annuleringsverzekering

Bij een aantal verzekeringen kunt u al of niet kiezen voor alle of enkele van deze modules. Hoe meer van deze modules u neemt hoe duurder het wordt. Kijk voordat u een reisverzekering neemt welke onderdelen van de reisverzekering u nodig hebt.

Voor enkele risico's bent u misschien al verzekerd. Door een complete reisverzekering (alle modules) aan te schaffen verzekert u zich misschien dubbel.

Controleert u bij uw autoverzekeraar of ziektekostenverzekeraar of u daar voor een reisverzekering goedkoper uit bent. Het kan behoorlijk schelen als u ziektekosten niet apart hoeft bij te verzekeren. Per persoon, per dag kan dit voordeel oplopen van €1,50 tot €2,50. Mogelijk hoeft u alleen privé klinieken in het buitenland bij te verzekeren.

Het kan zijn dat uw ziektekostenverzekering niet alle ziektekosten in het buitenland (met name de Verenigde Staten) volledig vergoedt. Dit kan financieel behoorlijk uit de hand lopen.

[adapted from http://www.geencentteveel.nl © GCT infomediair B.V.]

geen cent te veel	*not a penny too much*
de reisverzekering	*travel insurance*
de verzameling	*collection*
ziektekosten	*health insurance*
hulpverlening	*road assistance (accidents/breakdown)*
bagage	*luggage*
ongevallenverzekering	*accident insurance*
annuleringsverzekering	*cancellation insurance*
al of niet kiezen	*you have a choice of*
hoe meer … hoe duurder	*the more … the more expensive*
onderdelen	*parts*
nodig hebben	*to need*
het risico	*risk*
aanschaffen	*to buy*
dubbel	*double*

controleren	*to check*
de verzekeraar	*insurance company*
goedkoper uit zijn	*to be better (cheaper) off*
behoorlijk	*quite*
kan behoorlijk schelen	*can make quite a difference*
bijverzekeren	*to take out an extra (part of an) insurance*
mogelijk	*possibly*
het buitenland	*abroad*
vergoeden	*to recompense*
uit de hand lopen	*to get out of hand* (here: *in financial terms*)

 Exercise 9

This is quite a difficult authentic text with specific vocabulary. But you might well come across texts like this when you are in the Low Countries, so it is worth spending some time in trying to familiarize yourself with the vocabulary and style of this text.

 Exercise 10

Answer these questions in Dutch, using the text. You might need to adapt the sentences slightly, so make sure that you follow the grammatical rules about word order you have learned in previous units. If a question can be answered with a simple yes or no, try to expand on that. This activity is meant to encourage you to use some of the new language items you have just learned.

   a What does travel insurance normally consist of?

   b Do all travel insurance companies give you the option to insure for separate modules?

   c What could be the disadvantage of buying a complete travel insurance package?

   d Before buying travel insurance what would you need to check with your current car and/or health insurance company?

   e What do you have to take note of when you go to the USA on a holiday?

Exercise 11

Two friends are discussing holiday plans over the phone. Read this fragment of their phone conversation and fill in the gaps using the words in the box. When you have done that, you can listen to the completed dialogue on the recording.

aanschaft	volledig	hoog	zeker
allemaal	dubbel	bij elkaar	behoorlijk schelen
apart	gehuurd	natuurlijk	
uit … zijn	te		

 TR 16, 06.46

Marijn	We gaan deze zomer naar Amerika. We hebben een camper **a** _____ en zijn van plan om dwars door Amerika heen **b** _____ trekken.
Jasper	Goh. Leuk. Wel duur **c** _____ , hè?
Marijn	Ja, maar alles **d** _____ valt het nog wel mee. De huur van de camper, de vlucht en de reisverzekering zijn **e** _____ bij de prijs inbegrepen.
Jasper	Heb je wel gekeken of je goedkoper **f** _____ kan _____ voor je reisverzekering?
Marijn	Hoe bedoel je?
Jasper	Nou, als je een complete reisverzekering **g** _____ , dan verzeker je je misschien **h** _____ .
Marijn	O.
Jasper	Ja, het kan **i** _____ hoor, als je je ziektekosten niet **j** _____ hoeft bij te verzekeren.
Marijn	Ja, maar we gaan naar Amerika. Daar zijn de ziektekosten ontzettend **k** _____. En bij deze verzekering die we nu hebben, worden die kosten **l** _____ vergoed.
Jasper	O. Ja, dan moet je **m** _____ bij die verzekering blijven.

 Grammar

HOE ... HOE

One way of comparing is to indicate a causal relationship between two things.

**Hoe meer modules u neemt,
  hoe duurder het wordt.**

*The more modules you take, the
  more expensive it will become.*

Note that the **hoe ... hoe** sentence is made up from two sub-clauses, each one starting with the conjunction **hoe**. Because they are sub-clauses, the verb in each of these sentence parts moves to the end. Another example:

**Hoe minder geld ik heb, hoe
  meer ik lijk uit te geven.**

*The less money I have, the more
  I seem to spend.*

 Exercise 12

Make a link between the following events.

Example: lang in de zon zitten   bruin worden
           Hoe langer je in de zon zit, hoe bruiner je wordt.
           The longer you sit in the sun, the more tanned you'll be.

If no adjective is given in either the first or the second part, use the word meer to make the comparative.

Example: op de computer werken   het leuk vinden
           Hoe meer ik op de computer werk, hoe leuker ik het vind.
           The more I work on the computer, the more I enjoy it.

a	veel Nederlands praten	vloeiend worden
b	veel leren over dit onderwerp	interessant vinden
c	vaak buitenlands eten	lekker vinden
d	lang hier werken	saai vinden
e	hem lang kennen	hem waarderen
f	vaak naar voetbal kijken	beginnen te begrijpen

NB Note that for this activity you need to use your grammatical knowledge of forming comparatives, choosing the correct form and position of the verb.

> ● **INSIGHT**
>
> One stereotype about the Dutch is that they are pennypinchers: always on the lookout for a bargain, often talking about money (but not about how much they earn – that's definitely not done). In this unit there are certainly many references and expressions relating to being careful with your money. Whether this is a typically Dutch characteristic is for you to decide. Do you think, for instance, that similar references to money might be made in your home culture in similar situations?

Exercise 13

List as many words and expressions you can find in this unit relating to saving money. We think there are eight, but beady eyes may well discover more! You have also encountered some expressions relating to this in earlier units.

Exercise 14

Would you use the internet for shopping or other services? Why/why not? Write an argument about the usefulness or otherwise of internet services. You can concentrate on internet shopping, or having meals delivered at home or on buying financial services online.

🔮 Ten things to remember

1   The interjection **joh** is used only in spoken language and generally indicates a friendly relationship. It is a very informal way of addressing someone and comes closest in meaning to the English *man*. However, it can be used with men and women.

2   Do not mix up **zelf** and **zelfs**. **Zelf** is a pronoun, meaning *myself, her/himself, yourself* or the plural forms of these. **Zelfs** is used to express surprise, just like the English *even*. **Je moet het zelf niet doen.** *You shouldn't do it yourself.* **Hij is zelfs begonnen te roken.** *He has even started to smoke.*

3   **Lekker** is often used in relation to feeling or taste, but it is also used to indicate a sense of pleasure or satisfaction in general: **Dat is lekker goedkoop.** *That's nice and cheap.* **Ik ga lekker lezen.** *I'm going to (treat myself and) read a book.*

4   Many new words in Dutch come from English. Dutch has a tendency to take these words and add **-en** in order to make a new verb. Examples are **computeren** *to use the computer,* **mailen/emailen** *to send an email,* but also **tennissen** *to play tennis.*

5   Alongside Chinese food, Indonesian food is also very popular in the Netherlands. Many Chinese restaurants are a combination of Chinese and Indonesian restaurants.

6   **Nasi** or **nasi goreng**, a rice dish, is the most popular Indonesian dish in the Netherlands. But French, Italian and Greek food is also popular, as well as Turkish **shoarma**, which is a kind of kebab.

7   *Insurance* is **verzekering** in Dutch. There are many different kinds of **verzekering**. Some examples (note that they are all written as one word): **reisverzekering** *travel insurance,* **autoverzekering** *car insurance,* **ziektekostenverzekering** *health insurance,* **ongevallenverzekering** *accident insurance,* **annuleringsverzekering** *cancellation insurance.*

8   **Hoe … hoe …** is used to make a comparison by indicating a causal relationship. **Hoe harder u werkt, hoe meer u verdient.** *The harder you work, the more you earn.*

9   Note that the **hoe … hoe …** sentence is made up from two sub-clauses, each one starting with **hoe**. Because they are sub-clauses the verb in each is moved to the end.

10 One stereotype about the Dutch is that they are pennypinchers who are always on the lookout for a bargain.

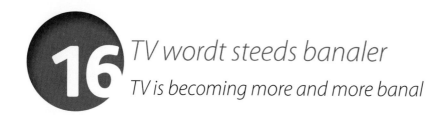

16 TV wordt steeds banaler
TV is becoming more and more banal

In this unit you will learn:
▶ *To talk about the media in the Netherlands*
▶ *How to give your own opinion*
▶ *To structure information*
▶ *About using adverbs*

Dialogue

At an evening class in Dutch as a foreign language, students are asked to discuss in small groups what kind of newspapers and magazines they read. Here is a fragment of that discussion from one of the groups:

 TR 17

Martin	Ik lees eigenlijk niet zo veel. Ja, boeken. Sciencefiction vooral. Maar kranten? Nee.
Rose	Ja, ja …
Martin	Ja soms … zo'n gratis blaadje dat je in de trein vindt.
Tamsin	Mmmm, ja ik …
Martin	Ik kijk naar het nieuws en dan weet ik ook weer wat er in de wereld is gebeurd. Meestal is het ellende en narigheid.
Rose	Ja, dat is wel zo …
Martin	Trouwens, je weet maar nooit of de kranten wel de waarheid vertellen. Vaak staan er van die overdreven verhalen in.
Tamsin	Ja, ja … sensationeel.
Rose	Ja, ja … maar misschien hangt dat ook af van welke krant je leest?
Tamsin	Ja, in sommige kranten lees je soms iets over een relletje en je denkt dat het bijna oorlog is, en als je dan hetzelfde verhaal in een andere krant ziet, dan wordt er alleen iets gezegd over een klein incident of zo …
Rose	Ik koop soms *de Volkskrant*, maar ik lees eigenlijk alleen de pagina met nieuws over mensen.
Tamsin	Ja, dat vind ik ook leuk om te lezen. Vooral over relaties en zo … of iets over mensen die problemen hebben of zo …
Martin	Wat een nonsens … koop dan gewoon een roddelblad.

het blaadje	magazine (slightly derogative)
het nieuws	the news (on television)
dan weet ik ook weer	then I'm up to date again
ellende en narigheid	misery and trouble
dat is wel zo	yes, that's true (but slightly hesitant)
trouwens	besides
je weet maar nooit	you never know
de waarheid vertellen	to tell the truth
overdreven	to exaggerate
misschien	perhaps
hangt af van	depends on
het relletje	riot
bijna	almost
de oorlog	war
wordt alleen iets gezegd over	something is only being said about
of zo	or that kind of thing
en zo	and that kind of thing
de pagina	page
koop dan gewoon	just buy
het roddelblad	gossip magazine

Exercise 1

Listen to and read the dialogue several times, until you are familiar with the expressions and tone. Then practise it, preferably with a partner, until you feel you can read this with relative fluency.

● INSIGHT

The expressions **of zo** and **en zo** are used after you have given an example of something and you want to indicate that there were other examples as well. They are used mainly in spoken language. If you want to indicate in a more formal way that something is an example you could say: **bijvoorbeeld** for example.

TONE
You might have found Martin a little rude in his brusque manner towards the two other partners in his group. He might have absorbed some Dutch mannerisms in communication. You had better get used to this and not take it personally. Dutch people are frequently unaware that people from other countries and cultures might take this overly direct way of communication the wrong way.

JE WEET MAAR NOOIT
Martin uses this phrase in a literal sense: *you just never know if they tell the truth*. But the same phrase is also used as an expression, exactly as it is in English:

| **Het heeft geen zin om een lot te kopen, je wint het toch nooit.** | *There is no point in buying a lottery ticket, you will never win anyway.* |
| **Nou … je weet maar nooit.** | *Well … you never know.* |

● **INSIGHT**

As in all languages, spoken language can sometimes seem surprisingly complex and complicated when you see it written down. This is because when people talk, they string various parts of sentences together into one long sentence. Look for instance at one of the sentences Tamsin utters:

Ja, in sommige kranten lees je soms iets over een relletje en je denkt dat het bijna oorlog is, en als je dan hetzelfde verhaal in een andere krant ziet, dan wordt er alleen iets gezegd over een klein incident of zo.

Written language is frequently more compact.

Exercise 2

Split Tamsin's sentence up into different shorter sentences and clauses. Note that there are some sub-clauses. How are these sentences and clauses connected in Tamsin's original sentence?

Exercise 3

Now write three short pieces on the reading preferences of each of the participants in the dialogue. Say what kinds of paper, if any, they like reading and what they specifically like or dislike about them.

This exercise encourages you to use the new vocabulary you have learned, but you must also think about grammatical structures. You could write these pieces in short, simple sentences, but you could also embellish it a little by using linking words and interjections.

Compare for instance:

Martin leest eigenlijk niet zo veel. Hij leest geen kranten. Soms leest hij een gratis blaadje dat hij in de trein vindt. Hij kijkt naar het nieuws en dan weet hij ook weer wat er in de wereld is gebeurd. Meestal is het ellende en narigheid. Trouwens, je weet niet of de kranten wel de waarheid vertellen, zegt hij.

Martin leest **eigenlijk geen** kranten. **Wel** leest hij soms zo'n blaadje dat je in de trein kan vinden. Hij kijkt **ook** naar het nieuws, **want** dan weet hij ook weer wat er in de wereld is gebeurd. **Maar** meestal is het **toch** ellende en narigheid. Hij vindt dat je **toch** nooit kan weten of kranten wel de waarheid vertellen, **omdat** er vaak van die overdreven verhalen in staan.

The first example uses more or less the same language as in the dialogue, adjusted only for grammatical correctness. The second example adds a bit more meaning by the use of connecting words and interjections indicated in bold. Note that some linking words are subordinating conjunctions, e.g. **omdat**, and that they will send the verb to the end. The key gives an embellished answer. You might want to check your answer with a (near) native speaker.

> **●INSIGHT**
>
> One of the most important rules of Dutch grammar is that the finite verb is usually put in second position in the sentence. Adhere to this rule as a priority when forming sentences, and you're halfway there. Note that any other verbs besides the finite verb are all moved to the end of the sentence, and that there are a few exceptions to the general rule – in questions without a question word, the sentence starts with the finite verb: **Ga je vroeg naar huis?** *Are you going home early?* And in sub-clauses all verbs, including the finite verb, are moved to the end of the clause: **Omdat ik te hard <u>heb gelopen</u>, …** *Because I walked too fast, …* (Note that this sub-clause takes up the first position of a larger sentence, which has to have its finite verb in second position right after the sub-clause: **Omdat ik te hard heb gelopen, <u>ben</u> ik nu moe.** *Because I walked too fast, I'm now tired.*

 Reading

 **TR 17, 01.38**

Tamsin moet voor haar klas een spreekbeurt houden over de media in Nederland.
Tamsin has to give a presentation about the media in the Netherlands as part of the class.

Ik ga het in mijn spreekbeurt hebben over de media, en dan met name de kranten in Nederland.

In Nederland kun je op verscheidene manieren het nieuws ontvangen. De meeste mensen luisteren naar het nieuws op de radio. Vaak kijken ze ook 's avonds nog naar het nieuws op tv: het Journaal op de zender Nederland 1 of op één van de commerciële omroepen.

Daarnaast kun je natuurlijk ook het nieuws in kranten lezen. Er zijn verschillende soorten kranten. In de eerste plaats heb je de plaatselijke dagbladen. Dat zijn kranten die in een bepaalde stad of omgeving worden gepubliceerd en gelezen. Een paar voorbeelden daarvan zijn: *het Haarlems Dagblad en het Leidsch Dagblad*. Die bladen komen respectievelijk uit Haarlem en Leiden. In de plaatselijke kranten lees je zowel internationaal als landelijk nieuws, maar er wordt ook veel aandacht besteed aan plaatselijk nieuws. Dat is vaak nieuws over de gemeente, bijvoorbeeld over belangrijke beslissingen die moeten worden genomen, zoals andere parkeerregels of zo … Ook vind je in de plaatselijke kranten veel informatie over de plaatselijke uitgaansmogelijkheden, de sportclubs en andere relevante dingen.

Verder heb je nog de landelijke kranten. Dat zijn de grootste kranten in Nederland. Een aantal voorbeelden daarvan zijn *de Telegraaf, het Algemeen Dagblad, Trouw en de Volkskrant*. Eigenlijk zijn alle kranten in Nederland kwaliteitskranten. Daar bedoel ik mee dat de kranten de informatie die ze geven vrij serieus nemen. In Nederland heb je op het moment geen echte boulevardbladen zoals in Duitsland of Engeland, maar dat kan natuurlijk veranderen. De meeste kranten zullen geen dingen zeggen waarvan ze weten dat het echt niet waar is. Hoewel sommige kranten wat serieuzer en ook moeilijker zijn dan andere. Zelf vind ik bijvoorbeeld dat *de Telegraaf* een beetje sensationeel is. Verder vind ik *het Algemeen Dagblad* bijvoorbeeld vrij makkelijk te lezen. *Trouw* en *het NRC Handelsblad* vind ik echt moeilijk. Daarom lees ik meestal *de Volkskrant*, daar leer ik veel nieuwe woorden uit en dan weet ik toch ook wat er allemaal in Nederland en de rest van de wereld is gebeurd.

---

het hebben over	to talk about	
met name	especially, particularly	
verscheidene, verschillende	various	
manieren	ways	
ontvangen	to receive	
de zender	channel	
commerciële omroep	commercial broadcaster	
daarnaast	also, in addition	
soorten	kinds	
in de eerste plaats	in the first place	
plaatselijke dagbladen	local (daily) papers	
bepaalde	certain	
stad	town	
de omgeving	environment	
gepubliceerd	published	
een paar voorbeelden daarvan	a few examples of that	
landelijk	national	
aandacht besteden aan	to give attention to	
de gemeente	the local council	
belangrijk	important	
beslissingen nemen	to take decisions	
de maatregel	measure	
parkeerregel	parking rule	
uitgaansmogelijkheden	venues, possibilities for entertainment and eating out	
een aantal voorbeelden	a few examples	
kwaliteitskrant	quality paper	
daar bedoel ik mee	with that I mean	
… serieus nemen	to take … seriously	
het boulevardblad	tabloid paper	
veranderen	to change	
waarvan	of which	
dat het echt niet waar is	that it really isn't true	
zelf	myself	
makkelijk	easy	
moeilijk	difficult	
daarom	because of that	
leren	to learn	

Exercise 4

Listen to Tamsin's presentation in class. Do not get disheartened by the long list of vocabulary. Even though this is quite a difficult text, you will be surprised at how much you will understand, particularly after listening to it a few times. You can read along with the printed text if you find it too difficult just to listen.

# Grammar

In her presentation, Tamsin decided to stick to some of the conventional forms of making a presentation, such as including an introduction, giving information in the main part of the presentation and including a conclusion. To help her listeners to understand the structure of the presentation she included various structuring words and sentences: connectors.

She also decided to make the presentation less formal by including her personal views **ik vind** and **zelf ben ik van mening** and also by including language which is more typical of a conversation: **parkeerregels of zo**, **een beetje sensationeel**, **echt moeilijk**.

WAYS OF STRUCTURING INFORMATION

om te beginnen	*to start*
in de eerste plaats	*in the first place*
in de tweede plaats	*in the second place*
in de derde plaats	*in the third place*
ten slotte	*finally*

SUMMING UP

verder	*further*
daarnaast	*in addition*
ook	*also, in addition*
bovendien	*besides*

INDICATING CONTRAST

toch	*still*
hoewel	*however*
maar	*but*

INDICATING EXAMPLES

een voorbeeld daarvan/ hiervan is	*an example of this is*
een paar voorbeelden daarvan/hiervan zijn	*a few examples of this are*
zoals	*such as*
bijvoorbeeld	*for example*

EXPLAINING YOURSELF

daar bedoel ik mee	*with that I mean*
ik bedoel	*I mean*

GIVING REASONS

daarom *that's why*

Exercise 5

TR 17, 04.25

You have decided to go on holiday with a group of friends. This is your first meeting where you are talking about the various options you have got. You have prepared yourself for this get-together and have a list of the various options you need to consider. To get everyone thinking in a focused manner, you give a little spiel about what you need to discuss this session. Using the points given, structure the information in such a way that it is easier for your friends to separate the various issues. Present it out loud first, then write it down.

Start your presentation with: **We moeten eerst bepalen** (*determine*)**/beslissen** (*decide*)**/bedenken** (*think about*) **wat we willen. Er zijn verschillende mogelijkheden** (*possibilities*):

Wat voor soort vakantie?	*What kind of holiday?*
strandvakantie	*beach holiday*
actieve vakantie	*active holiday*
avontuurlijke vakantie	*adventure holiday*
Waar?	*Where?*
in ons eigen land blijven	*to stay in our own country*
naar het buitenland gaan	*to go abroad*
binnen/buiten Europa	*to stay in Europe/go overseas*

Waar en hoe willen we overnachten?	*What do we want to do for accommodation?*
hotel	*in a hotel*
appartement/bungalow/ huisje huren	*to rent an apartment/villa/cottage*
kamperen	*to camp*

Wat willen we 's avonds doen?	*How do we want to spend our evenings?*
uitgaan	*going out*
naar clubs gaan, dansen	*going to clubs, go dancing*
rustig, op terrasjes zitten	*quietly, drinking at outdoor cafés*
vroeg naar bed gaan	*to go to bed early*

Hoe komen we er?	*How do we get there?*
met de auto	*by car*
vliegen	*by plane*
met de bus	*by bus*
met de trein	*by train*

Hoeveel willen we eraan besteden?	*How much do we want to spend on it?*

Exercise 6

TR 17, 05.34

You've been given the task at work to organize the twentieth anniversary celebration of your firm. You've been given total free range for this. You have made a list with the various issues to consider. You have called a meeting for a working party to think about the organization of the event. Specifically state that you are giving examples.

An example of a presentation is given in the key but, of course, there are various ways of doing this.

Wat willen we ermee bereiken?	*What do we want to achieve with this?*
Wat is ons doel met dit feest? de onderlinge band versterken	*What is our aim? to strengthen the bond among colleagues*
de medewerkers tonen dat ze gewaardeerd worden	*to show the staff they are appreciated*
onze collega's beter leren kennen	*to get to know our colleagues better*
gewoon een fantastische avond hebben	*just to have a fantastic evening*

Wat zijn de verschillende mogelijkheden?

Misschien kunnen we hier over brainstormen, maar hier zijn een aantal ideeën:

een diner met daarna entertainment:
- ▶ een band of een disco
- ▶ avond met karaoke
- ▶ creatieve avond met voordrachten en cabaret van de medewerkers

iets anders dan anders, avond met een thema:
- ▶ oosterse avond met buikdanseressen
- ▶ middeleeuwse avond met zang en dans
- ▶ Amerikaanse avond met hamburgers en line dancing

een dagje uit met z'n allen:
- ▶ een excursie naar de Efteling
- ▶ een dagje naar Londen met de Eurostar
- ▶ een diner in een kasteel

een weekend weg:
- ▶ naar Parijs
- ▶ naar een survival kamp
- ▶ in een zeilboot op het IJsselmeer

de voordracht	*sketch, reading a poem/rhyme out loud*
iets anders dan anders	*something different*
oosters	*eastern* (the word often evokes connotations of the *1001 Nights*)
buikdanseres	*belly dancer*
middeleeuws	*medieval*
het kasteel	*castle*
de zeilboot	*sailing boat*

● INSIGHT

Performing home-made songs, rhymes and sketches at a party is not as strange as it might seem. The Dutch are well accustomed to this. At many large family get-togethers, such as weddings and anniversaries, several of the guests will perform a sketch or sing a song, all home-made and geared at teasing the celebratory person or couple in a jocular manner.

DE EFTELING

This is one of the oldest and largest theme parks in the Netherlands. The theme: fairytales, but with some challenging rides into the bargain.

HET IJSSELMEER

This is the name of the large lake in the middle of the Netherlands previously called **de Zuiderzee**. This large area of water was a sea until 1932 when a dyke was built separating it from the **Noordzee**, thus turning it into a lake. This lake is popular for sailing and you can hire a large sailing boat called a **botter**, complete with a captain, for parties and days or weekends out.

 Exercise 7

Here is another activity to practise the use of sub-clauses. Look at Tamsin's presentation again and rewrite part of it (or all if you like) in reported speech. Start the sub-clause each time with the subject.

Example: Tamsin zegt dat **je** in Nederland op verscheidene manieren het nieuws kan ontvangen.
Tamsin zegt dat **de meeste** mensen naar het nieuws op de radio luisteren.
_____ dat ze vaak ook 's avonds nog naar het nieuws op tv kijken.

Note that when **je** is subject, and in her presentation is used in inversion, you need to add the **t** again:

Daarnaast kun je het nieuws natuurlijk ook in kranten lezen.

Tamsin zegt dat je het nieuws daarnaast natuurlijk ook in kranten kunt lezen.

(Refer back to Unit 2, under Spreek/spreekt, for further clarification of this.)

Start now from the second paragraph, Er zijn verschillende soorten kranten; and finish at Dat is vaak nieuws over de gemeente.

KRANTEN EN TIJDSCHRIFTEN

Tamsin gave a fairly good overview of the newspapers in the Netherlands. Of course, there are many more, particularly regional newspapers, but it certainly is true to say that there are no real tabloids in the Netherlands (not yet anyway). In addition to the daily papers there are some weekly ones, offering background news and analytical articles. These are becoming more and more like current affairs magazines. Examples are: *de Groene Amsterdammer* and *Vrij Nederland*, both having a leftish orientation. Glossy current affairs publications are, for instance, *Hp/de Tijd* and *Elsevier*, both having a more conservative orientation and reporting particularly on economic news. It might be interesting to know that each of the Dutch newspapers used to have clear religious or political orientations, which represented the political and religious streams in the Netherlands. In some of the newspapers there is still a remnant of this. This 'pillarization' as it is called has all but disappeared, but you still find traces of it in Dutch society; even hospitals, sports clubs and broadcasting organizations used to (and some still do) cater for one particular group in society, whether protestant, catholic, socialist or non-affiliated: **openbaar**. The only institutions where this distinction is still clearly visible, at least as far as the religious and non-affiliated streams go, is in schools.

 Exercise 8

Now prepare a presentation about newspapers or the media in general in your own country. Structure it logically and fairly formally. If you don't want to make it too formal, you can add your own opinion and some informal interjections as Tamsin did. Write the speech out in its entirety. In the key you will find an example answer about newspapers in Britain. If you know a (near) native speaker, ask him/her to read your speech and indicate where there are some errors. Before you ask him/her to help you to correct these, try to correct the errors yourself first. Then give your presentation.

Here are some more words you might want to use:

politiek gekleurd	*politically coloured*
links	*left wing*
rechts	*right wing*
conservatief	*conservative*
progressief	*progressive*
achtergrondinformatie	*background information*
zogenaamd	*so called*
invloed hebben	*have influence*

 Exercise 9

Tell someone about these newspapers in an informal situation, i.e. a monologue within a conversation. Having prepared this topic thoroughly in the previous activity, you should try and aim for some fluency in this.

 Grammar

PASSIVE

In this unit Tamsin used a grammatical form we have not yet talked about: the passive voice. It means that the subject of the sentence is not active; something is done to it or him/her. You can recognize this form when used in this unit, because it uses the verb **worden** in combination with a past participle:

Dat zijn kranten die in een bepaalde stad of regio worden gepubliceerd.

These are newspapers which are published in a particular town or region.

Er wordt ook veel aandacht besteed aan plaatselijk nieuws. *A lot of attention is also given to local news.*

At this stage in your learning of Dutch you do not need to be able to use this grammatical form actively. If you do want to know more about it, you can look it up in the Dutch grammar book accompanying this series.

ADVERBS

Adverbs are words which tell you if, how, how often, when, where and to what degree something is happening. In English adverbs often have -ly at the end, as in *quickly*.

Here is a list of some adverbs, although, clearly, there are many more.

We have divided them into categories so it is a little easier to see what adverbs can contribute to a sentence or statement.

if	degree	how often
misschien	**vrij**	**vaak**
maybe	*fairly*	*often, frequently*
waarschijnlijk	**redelijk**	**weinig**
probably	*reasonably*	*not often*
mogelijk	**echt**	**soms**
possibly	*really*	*sometimes*
zeker	**compleet**	**meestal**
certainly, definitely	*completely*	*mostly*
natuurlijk	**helemaal**	**regelmatig**
of course, naturally	*completely*	*regularly*
blijkbaar	**erg**	**altijd**
apparently	*very*	*always*
hopelijk	**absoluut**	**zelden**
hopefully	*absolutely*	*seldom*
beslist	**hartstikke**	**nooit**
definitely	*very* (informal)	*never*

NB The adverbs in the middle column (adverbs which indicate to what degree something is happening) are frequently followed by another adverb or adjective:

Example: **Ik ben redelijk goed in Nederlands.**
             Dit artikel is vrij moeilijk.

how	time	place
snel	**'s avonds**	**hier**
fast	*in the evening*	*here*
mooi	**nu**	**daar**
beautifully	*now*	*there*
lekker	**gauw**	**er**
lovely	*quickly*	
vriendelijk	**plotseling**	**in Amsterdam**
friendly	*suddenly*	
lelijk	**al**	**onderaan**
ugly	*already*	*underneath*
vrolijk	**nog**	**bovenaan**
cheerfully	*still*	*above*

Finally, there are also some adverbs that are used to link sentences. You have come across quite a few of these already during the course, even if we haven't always made that explicit. Normally, these linking adverbs also show a relationship between sentence parts (and thus ideas). Here are just a few:

- ▶ time: **daarna**, **daarvoor**, **toen**, **dan**, **nu**
- ▶ cause/reason: **daardoor**, **daarom**
- ▶ summing up: **ook**, **verder**, **bovendien**
- ▶ conclusion: **dus**

NB Do not confuse **toen** as an adverb, meaning *then*, with **toen** as a subordinating conjuction, meaning *when*.

WORD ORDER

When these adverbs are used for linking sentences (main clauses), they are the first word in the clause. This means you will get inversion, i.e. the verb will be next in the sentence and the subject will follow.

Exceptions to this rule are the following adverbs, which are normally followed by a comma and then the rest of the sentence, without any inversion:

overigens	*besides*
althans	*at least*
trouwens	*besides*
tenminste	*at least*
integendeel	*on the contrary*

Exercise 10

Link these sentences with the adverb given in parentheses.

    a Vroeger aten de Nederlanders alleen maar aardappels.

      Ze eten veel pasta en rijst. (nu)

    b U wordt eerst verwelkomd in het kasteel met een kopje koffie.

      De rondleiding begint. (daarna)

    c U kunt een fietstocht maken naar Monnickendam.

      U kunt daar genieten van poffertjes of pannekoeken. (daar)

    d Hij heeft een moeilijke jeugd gehad.

      Dat zegt hij. (althans)

    e Eerst gaan we naar de markt.

      We gaan koffie drinken. (dan)

    f Ik vind dat concert wel erg duur.

      Ik heb toch geen geld. (trouwens)

 Exercise 11

Hoe vaak doe je dit? State how often you engage in the following activities.

Example: eten koken voor jezelf

                Ik kook vaak (eten) voor mezelf/ik kook nooit (eten) voor mezelf

    a computeren

    b de krant lezen

    c een spreekbeurt houden

    d dansen

    e flirten

    f een maaltijd thuis laten bezorgen

    g boodschappen doen via het internet

    h sporten

    i met een camper of caravan op vakantie gaan

    j te veel drinken

Exercise 12

Hoe goed ben je hierin? State how good you are at the following activities.

Example: schilderen

                Ik kan redelijk goed, vrij goed, echt goed, hartstikke goed, helemaal/absoluut niet schilderen.

a snel typen

b zwemmen

c met mensen omgaan

d muziek spelen

e dansen

f Nederlands spreken

g liegen

h acteren

i voetballen

j zingen

 met mensen omgaan   *deal with people, have good social skills*
   liegen   *to lie*

Reading

 TR 17, 07.25

Here is a fragment of a discussion between parents on a TV programme about whether children and teenagers should be allowed to choose for themselves what they watch on television:

Gideon	Het wordt steeds banaler. Steeds meer seks, geweld, domme en stompzinnige programma's. Kinderen krijgen daardoor een heel verkeerd beeld van de maatschappij en van menselijke relaties. Ik vind dus dat je als ouder zeker moet bepalen wat je kinderen en tieners wel of niet mogen zien.
Sjaak	Ik ben het daar helemaal niet mee eens. Als je kinderen gaat verbieden naar bepaalde programma's te kijken dan willen ze er juist naar kijken.
Manisha	Daar ben ik het mee eens. Als kinderen, en vooral tieners, niet naar sommige programma's mogen kijken, dan doen ze het toch zeker stiekem bij een vriendje thuis?

<table>
<tr><td>Hester</td><td>Ja, en je hoopt natuurlijk dat ze zelf al gauw inzien dat sommige programma's echt te dom zijn om er tijd aan te besteden. Zelf ben ik van mening dat kinderen zelf wel kunnen bepalen wat de moeite waard is op tv, zeker als het pubers zijn. Ik vind dat je kinderen moet leren om op hun eigen oordeel af te gaan.</td></tr>
</table>

het geweld	*violence*
dom	*silly*
stompzinning	*stupid*
een verkeerd beeld	*a distorted view*
de maatschappij	*society*
bepalen	*to determine*
verbieden	*to forbid, to ban from doing something*
bepaalde	*certain*
stiekem	*secretly*
zelf inzien	*to realize themselves*
de moeite waard	*worthwhile*
de puber	*teenager*
leren	*to teach*
op je eigen oordeel afgaan	*to form your own judgement, make up your own mind*

The broadcasting system in the Netherlands is fairly complex. There are various channels, Nederland 1, 2 and 3, on which each of the public broadcasting organizations has been allocated broadcasting time. The largest of these organizations are **AVRO**, **TROS**, **VARA**, **VPRO**, **NCRV** and **KRO**. These broadcasters used to reflect the same political, social and religious affiliations as did other institutions in Dutch society (refer back to *Kranten en tijdschriften*). Again, to careful observers there are still traces left of these worldviews in the programming. The first two organizations mentioned are non-aligned, the second two represent more left-wing sympathies and the last two are protestant and catholic, respectively.

In addition, there are now quite a few commercial broadcasting stations, another clear sign that the division in social, political and religious groups is becoming a thing of the past.

As in other western countries, quiz programmes and soaps are very popular, but you might find more programmes of a specific sexual nature on TV in the Netherlands than in many other countries.

Exercise 13

In an email to a Dutch friend you are describing the discussion you saw on television. Describe to her what you felt the gist of the discussion was. Use the original text as much as you can.

Exercise 14

Wat vind je zelf? Discuss the same issue with a study partner or formulate your own opinion in writing so that you can send it to the chatline on the website of the broadcasting station.

? Ten things to remember

1   The expressions **of zo** and **en zo** are used after you have given an example of something and you want to indicate that there were other examples as well, mainly in spoken language. **In mijn vakantie ga ik uitslapen, op het strand liggen en lekker eten en zo.** *In my holidays I am going to sleep in, lie on the beach and eat nice food, and so on.*

2   You can structure the information that you're giving by using phrases such as **om te beginnen** *to start*, **in de eerste plaats** *in the first place*, **in de tweede plaats** *in the second place*, **ten slotte** *finally*.

3   In the passive, the subject of the sentence is not active, but has something done to him/her/it. **Er worden in Nederland veel kranten gepubliceerd.** *Many newspapers are published in the Netherlands.*

4   You can recognize the passive because it uses the verb **worden** in combination with a past participle. **Er wordt veel aandacht besteed aan plaatselijk nieuws.** *A lot of attention is given to local news.*

5   Adverbs are words which tell you if, how, how often, when, where and to what degree something is happening. In English, adverbs often end in *-ly*, like *quickly*. In Dutch they have no special ending.

6   There are many different adverbs. They can also be combined. Adverbs of degree, such as **redelijk** *reasonably*, are often followed by another adverb (or adjective), such as **goed** *well*: **Dat heb je redelijk goed gedaan.** *You have done that reasonably well.*

7   Some adverbs are used to link sentences. Normally these linking adverbs also show a relationship between sentence parts: **Het regende, <u>daarom</u> ben ik thuisgebleven.** *It rained, that's why I stayed at home.*

8   **Toen** as a linking adverb means *then*. **Toen** as a subordinating conjunction means *when*: **Ik kwam thuis en toen ben ik naar bed gegaan.** *I came home and then I went to bed.* **Toen ik jong was, sportte ik veel.** *When I was young, I played a lot of sports.*

9   Linking adverbs always take the first position in a clause. This means the verb will have to follow it directly, since it needs to be in second position.

10   Some linking adverbs are followed by a comma, after which the rest of the sentence or clause follows without a change to the word order. Examples are **overigens** *besides*, **althans** *at least*, **trouwens** *besides*, **tenminste** *at least*, **integendeel** *on the contrary*. **Het wordt mooi weer, althans, dat zegt Remco.** *It's going to be nice weather, at least, that's what Remco says.*

Key to the exercises

UNIT 1

3 a Hoe heet je?/Ik heet Irene Joseph; Waar kom je vandaan?/Ik kom uit Frankrijk. **b** Wie ben jij?/Ik ben Paolo Balti; Waar kom je vandaan?/Ik kom uit Italië. **c** Hoe heet jij?/Ik heet Hans Petersen; Waar kom je vandaan?/Ik kom uit Duitsland. **d** Hoe heet je?/Ik heet Karen Lending; Waar kom je vandaan?/Ik kom uit Zweden. **e** Wie ben je?/Ik ben Alex Harding; Waar kom je vandaan?/Ik kom uit Engeland.
4 a Hoe gaat het?/Niet goed. **b** Hoe gaat het?/Goed, dank je. **c** Hoe gaat het?/Niet goed. **d** Hoe gaat het?/Slecht. **e** Hoe gaat het?/Goed. **5 a** Wil je koffie?/Ja, graag. **b** Wil je een biertje?/Nee, dank je. **c** Wil je wijn?/Ja, graag. **d** Wil je thee?/Nee, dank je. **e** Wil je water?/Ja, graag. **6 a** zit; **b** wil; **c** ken; **d** ben; **e** kom; **f** ga; **g** bel **7 a** Ik bel morgen niet. **b** Ik ken Marc niet. **c** Ik ben Mariska niet. **d** Ik kan nu niet. **e** Dit is Monique niet.

UNIT 2

2 a Hij is Engelsman. **b** Zij is Duitse. **c** Hij heeft twee kinderen. **d** Hij spreekt Engels en Nederlands. **e** Zij spreekt Duits, Frans en Nederlands. **3** Ik ben Kevin Wilson. Ik ben Amerikaan. Ja, ik heb vier kinderen. Ja, ik spreek vloeiend Nederlands. Ja, ik spreek natuurlijk ook vloeiend Engels. Ik spreek vrij goed Frans.
4 a Dit is Wilma Miller. Zij is Duits(e). Zij heeft drie kinderen. Zij spreekt Nederlands en natuurlijk Duits. **b** Dit is Brad McLain. Hij is Amerikaan. Hij heeft geen kinderen. Hij spreekt Duits en natuurlijk Engels. **c** Dit is Chantal Bouquet. Zij is Française/Frans. Zij heeft vier kinderen. Zij spreekt alleen Frans.

UNIT 3

2 a Ik woon in een huis. Ja, ik heb een groot huis. **b** Wij hebben twee slaapkamers. Nee, wij hebben geen tuin maar wij hebben een balkon. **c** Ja, ik heb een tuin. Ja, ik woon aan het water. **3** Waar woon je? Woon je in een leuke buurt? Wat voor woning heb je? Woon je alleen? Hebben jullie een tuin?
4 Ik woon in Apeldoorn. Het huis heeft vier kamers. Ja, we zitten vlakbij de Veluwe. Ja, ik woon alleen.
5 a mijn **b** haar **c** onze **d** uw **e** jullie **f** hun **g** zijn **h** ons **6 a** - iv; **b** - iii; **c** - ii; **d** - v; **e** - i **7 a** Ik woon in Rotterdam. Ik heb een vierkamerwoning. Er is een mooie grote achtertuin. Het huis ligt vlakbij de dierentuin. **b** Ik woon in Haarlem. Ik heb een driekamerwoning. Er zijn twee grote balkons. Het huis ligt vlakbij de duinen. **c** Ik woon in Groningen. Ik heb een vijfkamerwoning. Er is een mooie open keuken. Het huis ligt vlakbij het centrum. **d** Ik woon in Apeldoorn. Ik heb een vierkamerwoning. Er is een comfortabele woonkamer. Het huis ligt vlakbij de Veluwe. **e** Ik woon in Purmerend. Ik heb een tweekamerwoning. Er is een grote slaapkamer. Het huis ligt vlakbij Amsterdam. **8 a** a renovated upstairs flat. **b** It has an open fire; large living room; open kitchen; luxury bathroom and three bedrooms and a spacious balcony. **c** It is 150 square metres.

UNIT 4

2 a Ik heb wit brood nodig. **b** Ik heb melk nodig. **c** Ik heb boter nodig. **d** Ik heb druiven nodig. **e** Ik heb suiker nodig. **f** Ik heb kaas nodig. **g** Ik heb hagelslag nodig. **h** Ik heb aardappels nodig. **i** Ik heb bruin brood nodig. **j** Ik heb chips nodig. **3 a** jullie **b** zij **c** zij **d** u **e** hij jij **g** ik **h** wij **4 a** je **b** hij **c** ze **d** ik, jij **e** jullie **f** ze **g** zij, ik **h** je **5 a** Hoeveel tomaten hebben we nodig?/We hebben anderhalf pond tomaten nodig. **b** Hoeveel citroenen hebben we nodig?/We hebben drie citroenen nodig. **c** Hoeveel jonge kaas hebben we nodig?/We hebben vier ons jonge kaas nodig. **d** Hoeveel koffie hebben we nodig?/We hebben twee pakken koffie nodig. **e** Hoeveel wijn hebben we nodig?/We hebben vier flessen wijn nodig. **f** Hoeveel bier hebben we nodig?/We hebben een krat bier nodig. **g** Hoeveel chips hebben we nodig?/We hebben twee zakken chips nodig. **h** Hoeveel halfvolle melk hebben we nodig?/We hebben een pak halfvolle melk nodig. **6 a** wil **b** mag **c** kan **d** moeten **e** kan **f** wil **g** kunnen **h** moet **7 a** Ja, ik mag van mijn baas thuis werken. **b** Ja, ik moet vaak de afwas doen. **c** Ja, je kan vanmiddag op visite komen. **d** Ja, we willen melk in de koffie. **e** Ja, jullie mogen hier roken (or: Ja, je mag hier roken.) **f** Ja, ik wil het huis ook echt kopen. **g** Ja, ik kan de computer zelf repareren. **h** Ja, je moet het programma voor me opnemen.

UNIT 5

2 a Pardon, meneer. Waar is het toilet? **b** Pardon, mevrouw. Weet u waar het postkantoor is? **c** Is er hier een parkeergarage? **d** Pardon, meneer. Weet u de weg naar de Langestraat? **e** Pardon, mevrouw. Bent u hier bekend? Ik zoek een bank. **f** Pardon. Waar is het ziekenhuis? **3 a** Je/U moet bij de stoplichten linksaf. **b** We willen een dvd-speler. **c** Ze kan niet naar het feest. **d** Wil je een hond? **e** Het rapport moet morgen naar het hoofdkantoor. **f** Mag ik nog een koekje? **g** Ze willen vroeg naar huis. **h** Remco en ik moeten naar Antwerpen. **4 a** maar **b** want **c** en **d** maar **e** en **f** of **g** en **5 a** moet – no inversion **b** loopt – inversion **c** ziet – inversion **d** moet – inversion **6 a** Morgen gaan we naar het strand. **b** Vaak heeft hij hoofdpijn. **c** In Italië hebben ze een tweede huis. **d** Op de snelweg rijdt hij altijd te snel. **e** De keuken moet je schoonmaken. **f** Vandaag kan hij zijn emails niet lezen. **g** Voor de spits wil ze vertrekken. **h** Dit jaar willen we ons huis verven. **7 a** Wij moeten vandaag werken./Vandaag moeten wij werken. **b** Wil je morgen ook naar de bioscoop? **c** Wij gaan in februari op vakantie./In februari gaan wij op vakantie. **d** U moet bij de stoplichten rechtsaf./Bij de stoplichten moet u rechtsaf. **e** Weet u de weg naar het Rijksmuseum? **f** Ik kan niet komen want ik moet naar de dokter. **g** Waar komen je vader en moeder vandaan? **h** Ik moet morgen mijn computer repareren./Morgen moet ik mijn computer repareren. **8 a** vierde **b** derde **c** vijfde **d** dertiende **e** achtste **9 a** het ziekenhuis **b** het museum **c** het café **d** de school.

UNIT 6

2 a Houdt Milva van politiek? **b** Houden Esther en Fred van klassieke muziek? **c** Houdt Marius van kranten lezen? **d** Houden Bill en Nancy van zwemmen? **e** Houden Frédérique en haar kinderen van schoonmaken? **f** Hou jij van literatuur? **3 a** Ja, Milva houdt van politiek./Nee, Milva houdt niet van politiek. **b** Ja, Esther en Fred houden van klassieke muziek./Nee, Esther en Fred houden niet van klassieke muziek. **c** Ja, Marius houdt van kranten lezen./Nee, Marius houdt niet van kranten lezen. **d** Ja, Bill en Nancy houden van zwemmen./Nee, Bill en Nancy houden niet van zwemmen. **e** Ja, Frédérique en haar kinderen houden van schoonmaken./Nee, Frédérique en haar kinderen houden niet van schoonmaken. **f** Ja, ik hou van literatuur./Nee, ik hou niet van literatuur. **4 a** Vindt Johan Indonesisch eten lekker? **b** Vinden Julie en Micha fietsen leuk? **c** Vinden jullie soaps op de TV saai? **d** Vindt Michaels zus fotografie interessant? **e** Vind jij sporten leuk? **f** Vinden je ouders de schilderijen van Rembrandt mooi? **5 a** deze/die **b** dit/dat **c** deze/die **d** deze/die **e** deze/die **f** dit/dat **g** dit, dat **h** deze/die **6 a** Felipe draagt een blauwe broek, een wit t-shirt en een groene stropdas. **b** Marja draagt een rode jurk, gouden oorbellen en een zwarte bril. **c** Chris draagt een donker pak, een lichte stropdas en een gouden horloge. **d** Jurgen draagt een zwart t-shirt, een gele korte broek en witte sokken. **e** Jennifer draagt een groene rok, een roze blouse en een gele bril. **f** Karin draagt een bruine broek, zwarte schoenen en een zilveren ring. **g** Joop draagt een grijze broek, een blauw overhemd en een oranje stropdas. **h** Miranda draagt een witte jurk, roze schoenen en plastic oorbellen. **8 a** Wil je dit dunne boek kopen of dat dikke? **b** Wil je deze goedkope poster kopen of die dure? **c** Wil je deze grote bank kopen of die kleine? **d** Wil je dit gouden horloge kopen of dat zilveren? **e** Wil je deze hoge tafel kopen of die lage? **f** Wil je deze snelle computer kopen of die langzame? **g** Wil je deze groene gordijnen kopen of die blauwe? **h** Wil je dit moderne schilderij kopen of dat klassieke? **9** Ik ga dinsdag boodschappen doen. Ik ga woensdag de auto wassen. Ik ga donderdag squashen met Erik. Ik ga vrijdag koffie drinken bij Remco. Ik ga zaterdag het huis schoonmaken. Ik ga zondag met de hond op het strand wandelen.

UNIT 7

2 a David vertrekt van station Haarlem. **b** Hij gaat naar Amsterdam CS (Centraal Station). **c** Het kaartje kost €8.50. **d** Het is een retourtje. **3 a** Het is acht uur. **b** Het is half vier. **c** Het is tien voor half elf. **d** Het is kwart voor één. **e** Het is vijf over half zes. **f** Het is kwart over twee. **4 a** De trein naar Den Haag HS vertrekt om 17.26. **b** De trein is om 18.11 in Den Haag. **c** U moet de trein van 17.40 nemen. **d** De trein naar Voorschoten vertrekt om 17.29. **e** U moet de trein van 17.26 nemen. **f** Nee, er gaat geen trein van Haarlem naar Schiphol. **g** Van station Amsterdam RAI. **h** De volgende stoptrein van Leiden naar Den Haag CS vertrekt om 18.02. **5 b** te **c** te **f** te **g** te **h** te **j** tes leave blank **a**, **d**, **e**, **i**. **6 a** naar, welke **b** over, te **c** waar **d** wil **e** hoeft. **7 a** Waar is de krantenkiosk?/Waar kan ik kranten en tijdschriften kopen? **b** Waar is de fietsenstalling? Waar kan ik mijn fiets stallen? **c** Waar is de telefooncel?/Waar kan ik bellen? **d** Waar is de bushalte?/Waar kan ik de bus nemen? **e** Waar is de restauratie?/Waar kan ik iets eten en drinken? **f** Waar is het wisselkantoor?/Waar kan ik geld wisselen?

UNIT 8

2 Ja, ik heb genoten./Ik ben in Amsterdam geweest./Ik ben naar het Rijksmuseum geweest en ik heb een toneelstuk gezien./Ja, het is me prima bevallen. **3 a** ben/geweest **b** hebben/gekocht **c** hebben/gefietst **d** zijn/gefietst **e** zijn/gegaan **f** hebben/gegeten gedronken **g** hebben/geboekt **h** hebben/getroffen **i** heeft/gelezen **j** hebben/gepraat **k** zijn/gerend **l** hebben/gerend **m** Heeft/verteld **n** hebben/ontmoet **o** heb/beloofd **p** hebben/gereisd **q** Heb/gestudeerd. **4 a** Wanneer zijn Beatrix en Claus getrouwd? **b** Wie heeft de Rietveldstoel gemaakt? **c** Wie heeft de paalwoningen gebouwd? **d** Wanneer is Nederland Europees kampioen geworden? **e** Wanneer heeft Rembrandt de Nachtwacht geschilderd? **f** Wie heeft koningin Beatrix gekust? **5 a** Ik ben naar Frankrijk geweest. Ik heb in Parijs de Eiffeltoren bezocht. Ik heb de Seine gezien. Ik heb ook wat wijn gekocht. Ik heb stokbrood en Franse kaas gegeten. **b** Ik ben naar Italië geweest. Ik heb in Florence de kathedraal bezocht. Ik heb veel oude kerken en schilderijen gezien. Ik heb wat souvenirs gekocht. Ik heb pizza gegeten. **c** Ik ben naar Amerika geweest. Ik heb in New York de Empire State Building bezocht. Ik heb veel moderne architectuur gezien. Ik heb ook een t-shirt gekocht. Ik heb bagels gegeten. **7** This morning: cloudy. This afternoon: some bright spells. This evening: the wind will pick up. **8 a** Nee, het regent niet. **b** Het regent. **c** Nee, het is zacht. **d** Nee, het vriest niet. **e** Het is 1 graad. **f** Malaga is de warmste plaats in Europa.

UNIT 9

2 a iv **b** vii **c** iii **d** ii **e** i **f** v **g** vi. **3 a** Ik koop kaartjes om naar de opera te gaan. **b** Jan fietst hard om op tijd thuis te zijn. **c** Ik wil naar de winkel om een fles wijn te kopen. **d** Anneke koopt een krant om hem te lezen. **e** We gaan naar het postkantoor om postzegels te kopen. **f** We gaan naar het VVV om informatie te vragen. **4 a** hem **b** mij **c** hen/hun **d** haar **e** hem **f** jou/je **g** ons **h** jullie **i** ze **j** hen/hun/ze **k** ze **l** hem. **5 k**, **e**, **c**, **j**, **f**, **a**, **d**, **b**, **h**, **i**, **g**. **6 a** komen binnen **b** aangestoken **c** hangen … op **d** meegebracht **e** weg … gaan **f** weggegaan **g** nadenken **h** na te denken **i** weggezet.

UNIT 10

2 a Vanavond kom ik thuis. **b** Overmorgen ga ik naar Brussel. **c** In het najaar verhuis ik. **d** Vanmiddag wil ik op de koffie komen. **e** 's Ochtends zwem ik. **f** In mei moet ik examen doen. **3 a** Ik leer pas vier maanden Nederlands. **b** Ik werk al vijf jaar bij dat bedrijf. **c** Ik heb al een week vrij. **d** We zijn pas drie jaar getrouwd. **e** Ik schrijf al twintig jaar poëzie. **f** Ik heb m'n (or mijn) zus al acht maanden niet gezien. **g** Onze kinderen zijn pas anderhalve week op vakantie. **h** Ik sta hier pas tien minuten te wachten. **4 a** Jolanda deed een cursus caligrafie. **b** Geert en Hanifa woonden nog samen in dat appartementje in Rotterdam. **c** Masima gaf les op een middelbare school. **d** Ik ging vaak naar concerten en het theater. **e** Hanneke zat een jaar lang voor haar studie in het buitenland. **f** Eelkert werkte meestal niet. **5 a** Hij had een grote tuin. **b** Hij werkte als ontwerper. **c** Hij ging vaak uit. **d** Hij maakte veel vrienden.

e Hij verdiende veel geld. **f** Hij kreeg weinig vakantie. **g** Hij at in restaurants. **h** Hij sprak veel Frans.
6 a die **b** die **c** dat **d** die **e** dat **f** die **g** dat **h** die **7 a** De CD die ik wil kopen, kost €14. **b** Het horloge dat ik wil kopen, kost €125. **c** Het t-shirt dat ik wil kopen, kost €21. **d** De tafel die ik wil kopen, kost €249. **e** De lamp die ik wil kopen, kost €38,99. **f** Het overhemd dat ik wil kopen, kost €27,25. **g** De fiets die ik wil kopen, kost €230. **h** Het huis dat ik wil kopen, kost te veel.

UNIT 11

2 The dialogue could read: • Heb je zin om naar de bioscoop te gaan? – Nee, dat lijkt me niet zo leuk. Zullen we naar de dierentuin gaan? • Nee, daar heb ik geen zin in. Wil je naar het museum gaan? – Nee, daar ben ik niet in geïnteresseerd. Laten we naar het park gaan. • Ja, een goed idee, dat lijkt me leuk.
3 a Hij verslaapt zich vaak. **b** Zij heeft zich nog nooit verslapen. **c** De kinderen hebben zich niet goed gedragen. **d** Ik verbaas me over de verkiezingsuitslag. **e** Herinner jij je onze leraar Frans nog? **f** Wij hebben ons op het feest goed geamuseerd. **g** Verveel jij je nooit tijdens de zomervakantie? **4** The sentences could read: Renate houdt niet van rode wijn maar wel van zeer zoete witte wijn. Kim vindt rode soepele en fruitige wijn even lekker als witte droge wijn. Hij vindt zoete witte wijn niet lekker. Remi vindt aperitieven net zo lekker als zoete witte wijn. Hij houdt meer van zoete witte wijn dan van droge witte wijn. **5 a** Ik heb niet naar dat tv-programma gekeken. **b** Ik vind rode wijn niet lekker. **c** Hij heeft dat boek niet gelezen. **d** Het verhaal dat ik gelezen heb, is niet leuk. **e** Mijn moeder komt morgen niet op bezoek. **f** Ik durf niet alleen in het donker naar huis te gaan. **g** Zit niet steeds met je vriendin te praten. **6 a** geen, wel **b** nooit **c** niet **d** geen, wel **e** geen **f** nooit **7 a** lijkt **b** vind **c** dol **d** zich **e** allebei **f** anders. **8** Marius bestelt een omelet met spek en een vers geperste jus d'orange. Jobje krijgt een glas melk en een kinderpannenkoek. Herman bestelt een boerenomelet met salade en alcoholvrij bier. Saskia wil een Franse uiensoep, Franse cider en een Franse koffie toe. **9** Nee, ik hou niet van pannenkoeken. Ik heb liever iets met een slaatje erbij./Nee ik heb geen zin in een pannenkoek./Ja, dat lijkt me lekker./Ik heb wel zin in bier, maar ik durf geen alcohol te nemen./Ik vind Franse cider lekker. Zullen we bestellen?

UNIT 12

2 a Met Theo Bakker. Zou ik meneer Winkelman kunnen spreken? (or Kan ik meneer Winkelman even spreken?) **b** Met Desiree van Manen. Kunt u me doorverbinden met toestel 153? (or Mag ik toestel 153?) **c** Met (your name). Kan ik even met meneer Smit spreken? (or Zou ik meneer Smit kunnen spreken?)/Ogenblikje. Het toestel is in gesprek. **d** Met Marja Kruishout. Is Bernadette er?/Ogenblikje (or Momentje). **e** Met Berghuis. Met Özlem. Is Ingrid er? Ik zal haar even (voor je) roepen. **f** Met Elsa Hofman. Dag Elsa, met Yannick. Is Myrthe thuis? Ja. Mag ik haar even (spreken)? **3 a** Zou je ook een kopje koffie voor mij willen meenemen? **b** Zou je de telefoon willen opnemen? **c** Zou ik uw pen kunnen lenen? **d** Zou jij de afwas willen doen? **e** Zou jij de wc willen schoonmaken? **f** Zou jij het gras willen maaien? **g** Zou jij me een glaasje wijn willen inschenken? **h** Zou jij mijn telefoon willen aannemen? **i** Zou jij de vlucht willen boeken? **4 a** Ik dacht dat jij de gegevens zou opzoeken? **b** Ik dacht dat jullie naar Griekenland zouden gaan? **c** Ik dacht dat je naar de bioscoop zou gaan? **d** Ik dacht dat jij een afspraakje zou hebben met je nieuwe vriendje? **e** Ik dacht dat jij een email zou sturen naar Nienke? **f** Ik dacht dat u me zou doorverbinden met de manager? **5 a** Je zou harder moeten werken. **b** Je zou je rijbewijs moeten halen. **c** Je zou haar wat vaker moeten bellen. **d** Jullie zouden afspraakjes met elkaar moeten maken. **e** Ze zouden wat minder moeten snoepen. **f** Hij zou een pruik moeten kopen. **g** Je zou naar de gym moeten gaan. **h** Ze zouden yoga moeten doen. **7 a** Als ik de loterij won/ zou winnen, zou ik een jaar lang op vakantie gaan. **b** Als ik een nieuwe studie kon volgen/zou kunnen volgen, zou ik Swahili gaan studeren. **c** Als ik terug in de tijd kon/zou kunnen, zou ik Rembrandt vragen een portret van me te schilderen. **d** Als ik nu op een andere plaats kon zijn/zou kunnen zijn, zou ik op een terrasje op een Grieks eiland willen zitten. **e** Als ik een eigen huis kon laten bouwen/zou kunnen laten bouwen, zou ik een beroemde architect opdracht geven een huis op Texel te bouwen. **f** Als ik een afspraakje met een beroemde ster kon hebben/zou kunnen hebben, zou ik met David Beckham uit willen gaan. **g** Als ik een dief een auto zag stelen/zou zien stelen, zou ik de politie bellen. **h** Als ik de koningin mocht ontmoeten/zou mogen ontmoeten, zou ik haar gewoon een hand geven. **i** Als iemand me vroeg mee te doen aan een tv-show/zou vragen mee te doen aan een tv-show, zou ik een gat in de lucht springen. **9** (Het was) fantastisch/(over) van alles en nog wat/Nee, ze was nog precies hetzelfde/Nou en of/Ik kreeg vanochtend al een telefoontje van haar. Misschien komt ze volgende maand/Ja het was echt leuk. Zeg ik moet nu weg. Ik bel je nog wel/Ja, ok. Bedankt voor het belletje/het telefoontje. Tot horens. **10** om; in; in; met; om; met; bij; op; in; uit; over; na; uit; naar; op; naar; in; van; naar; om. **11 a** onder **b** tussen **c** voor/naast **d** langs **e** aan **f** in, aan **g** onder **h** op **i** in **j** aan, aan **k** naast **12 a** waarmee **b** waarmee **c** waar **d** met wie **e** waarover **f** waaraan **g** met wie **h** waarvoor. **13 a** Ja, ik luister ernaar. **b** Ja, ik ben eraan toegekomen. **c** Ja, ik rijd er vaak mee. **d** Ja, ik heb eronder gekeken. **e** Ja, ik kan erbij. **f** Ja, ik heb ermee geschreven. **g** Ja, ik heb er goed naar gekeken. **14 a** Nee, ik luister er niet naar. **b** Nee, ik ben er niet aan toegekomen. **c** Nee, ik rijd er niet vaak mee. **d** Nee, ik heb er niet onder gekeken. **e** Nee, ik kan er niet bij. **f** Nee, ik heb er niet mee geschreven. **g** Nee, ik heb er niet goed naar gekeken. **15 a** Ja, ik heb er een hekel aan./Nee, ik heb er geen hekel aan. **b** Ja, ik hou ervan./Nee, ik hou er niet van. **c** Ja, ik hou ervan./Nee, ik hou er niet van. **d** Ja, ik vertrouw erop./Nee, ik vertrouw er niet op. **e** Ja, ik besteed er veel tijd aan./Nee, ik besteed er niet veel tijd aan. **f** Ja, ik besteed er veel geld aan./Nee, ik besteed er niet veel geld aan. **g** Ja, ik leer er veel uit./Nee ik leer er niet veel uit. **h** Ja, ik werk er graag mee./Nee, ik werk er niet graag mee. **16 a** Ja ik heb daar een hekel aan./Nee ik heb daar geen hekel aan./Daar heb ik een/geen hekel aan. **b** Ja ik hou daarvan./Nee ik hou daar niet van. Daar hou ik (niet) van. **c** Ja ik hou daarvan./Nee ik hou daar niet van. Daar hou ik (niet) van. **d** Ja ik vertrouw daarop./Nee ik vertrouw daar niet op. Daar vertrouw ik (niet) op. **e** Ja ik besteed daar veel tijd aan./Nee ik besteed daar niet veel tijd aan. Daar besteed ik (niet) veel tijd aan. **f** Ik besteed daar veel geld aan./Nee ik besteed daar niet veel geld aan. Daar besteed ik (niet) veel geld aan. **g** Ja ik leer daar veel uit./Nee ik leer daar niet veel uit. Daar leer ik (niet) veel uit. **h** Ja ik werk daar graag mee./Nee ik werk daar niet graag mee. Daar werk ik (niet) graag mee. **17 a** Je hebt hem voor de zekerheid of voor de lol of voor je werk. **b** Omdat iedereen er een heeft. **c** Niet de allerkleinste en allerduurste die er is. **d** Dan kan je niet meer zonder. **e** Hij belt eigenlijk niet zo vaak. Hij besteedt het vooral aan sms-jes. **f** Omdat als je eenmaal met iemand aan het sms-en bent dan blijf je aan de gang.

UNIT 13

1 a Ieder mens is uniek qua talent, persoonlijkheid en capaciteiten. **b** Dat betekent dat ieder mens anders op veranderingen reageert. **c** De één vindt een nieuwe situatie een uitdaging terwijl de ander het een bedreiging vindt. **d** Ze kijken eerst naar de wensen, talenten en motivatie van de medewerkers. **e** Zo krijgt iedere medewerker precies het advies en de training die hij of zij nodig heeft. **2** Ieder mens (subject) is (main verb) uniek qua talent, persoonlijkheid en capaciteiten. Dat (subject) betekent (main verb) dat ook ieder mens (subject) anders op veranderingen reageert (main verb). De één (subject) vindt (main verb) een nieuwe situatie een uitdaging, terwijl de ander (subject) het een bedreiging vindt (main verb). Bij Personeelsadvies op maat kijken (main verb) we (subject) daarom eerst naar de wensen, talenten en motivatie van uw medewerkers. Zo krijgt (main verb) iedere medewerker (subject) precies het advies en de training die hij of zij (subject) nodig heeft (main verb). Onze trainers (subject) zijn (main verb) zeer ervaren professionals die (subject) snel tot de essentie doordringen (main verb) **3** … die hij of zij nodig heeft. … die snel tot de essentie doordringen **4** Wij hebben op onze school al wel veel ervaring hiermee (main clause) omdat we al 25 jaar lesgeven in alle vakken aan kinderen (sub-clause) voor wie het Nederlands geen moedertaal is (relative clause in the sub-clause). We hebben hier kinderen (main clause) die uit Turkije, Suriname, Indonesië en andere landen komen (sub-clause/relative clause). Kinderen en ouders kiezen deze school (main clause) omdat het praktisch nut heeft (sub-clause). Het is handig om Nederlands en Engels te spreken (main clause). Voordat we de kinderen op deze school toelaten (sub-clause), vragen we altijd naar hun motivatie (main clause). Ze moeten niet alleen naar deze school komen (main clause), omdat hun ouders dat graag willen (sub-clause). Veel kinderen komen hier (main clause) omdat ze later een internationaal beroep willen hebben (sub-clause). Ze willen acteur of computerprogrammeur worden (main clause). Het is dan een voordeel (main clause) als je goed Engels spreekt (sub-clause).

5 a Omdat ze al 25 jaar lesgeven in alle vakken aan kinderen voor wie het Nederlands geen moedertaal is. **b** Omdat het praktisch nut heeft; het is handig om Nederlands en Engels te spreken.
c De kinderen moeten niet alleen naar deze school komen omdat hun ouders dat graag willen.
d Het is dan een voordeel als je goed Engels spreekt. **6 a** Het was alsof ik hem eerder gezien had.
b Ik heb die parasol niet gekocht omdat ik hem te duur vond. **c** Ik vind het zo leuk als ik iemand op straat Nederlands hoor praten. **d** Ik moet mijn moeder bellen omdat het niet goed met haar gaat.
e Mijn vader ging altijd met me voetballen als hij maar even tijd had. **7 a** terwijl **b** hoewel terwijl
c hoewel **d** als **e** toen **f** omdat **g** voordat **8 a** Terwijl Meta thuis bleef met hun dochter, ging Harry met zijn zoon op vakantie. **b** Hoewel hij pas 15 is, gaat Kim alleen met zijn vrienden op vakantie.
c Hoewel sommige van hun vrienden drugs gebruiken, maakt Adrie zich geen zorgen over haar tieners. **d** Als ik voor mijn achttiende nog steeds niet rook, krijg ik een auto van mijn ouders. **e** Toen ik 21 was, ontmoette ik mijn grote liefde. **f** Omdat we elkaar respecteren, hebben we een goede relatie.
g Voordat ik zwanger raak, wil ik eerst een carrière hebben. **9** Kun je in het openbaar spreken? Ik kan dat een beetje. Kun je andere meningen respecteren? Ik ben daar goed in./Ik kan dat goed. Kun je goed naar anderen luisteren? Ik kan dat redelijk goed./Ik ben daar redelijk goed in. Kun je op een vriendelijke manier nee zeggen? Ik kan dat helemaal niet./Ik ben daar helemaal niet goed in. Kun je je makkelijk aan nieuwe situaties aanpassen? Ik kan dat redelijk goed./Ik ben daar redelijk goed in. Kun je effectief onderhandelen? Ik kan dat een beetje. Kun je effectief en overtuigend argumenteren? Ik kan dat redelijk goed./Ik ben daar redelijk goed in. Kun je problemen analyseren? Ik kan dat goed./Ik ben daar goed in. Kun je anderen inspireren? Ik kan dat heel erg goed./Ik ben daar heel erg goed in.
13 a Je kijkt naar je eigen capaciteiten en problemen en je leert hoe je je tijd beter kan indelen, hoe je je eigen doelen kan kiezen, hoe je een probleem kan analyseren en hoe je assertief kunt zijn.
b Eigenlijk omdat haar baas het wil en betaalt, maar ook omdat ze vindt dat het haar (zelf) helpt.
c Dat je alleen maar met jezelf bezig bent en niet met je werk. **d** Zij vindt het juist goed om over jezelf na te denken en dat helpt je juist in je werk. **14** De voordelen van deze cursus zijn dat je naar je eigen capaciteiten en problemen kijkt. Je leert hoe je je tijd beter kan indelen, hoe je je eigen doelen kan kiezen, hoe je een probleem kunt analyseren en aanpakken en hoe je assertief kunt zijn. Het is ook een voordeel dat je jezelf wel leert kennen tijdens deze cursus. Je leert over jezelf nadenken en dat helpt je in je werk. Een nadeel is misschien dat je wel erg intensief met jezelf bezig bent. **16 a** Zij is na de geboorte van haar oudste zoon in deeltijd gaan werken/Na de geboorte van haar oudste zoon is zij in deeltijd gaan werken. **b** Zij vindt lesgeven erg leuk en dat gaat haar na zoveel jaar ook makkelijk af. Ze kan goed met haar collega's overweg. Ze heeft genoeg tijd voor haarzelf en de kinderen. Ze wordt gewaardeerd en gerespecteerd. **c** Het lijkt haar een logische stap en haar collega's verwachten dat ook van haar. **d** Haar deeltijdpartner wil niet samen met haar op die baan solliciteren en zij is er eigenlijk nog niet aan toe om weer voltijds te gaan werken. **e** Zij moet een keus maken tussen voltijds werken en deeltijd werken en zij moet beslissen of zij de logische stap naar een managementspositie wil zetten met alle bijbehorende voor-en nadelen vandien. **f 1)** Zij kan de baan in deeltijd gaan doen. Zij kan in haar sollicitatie aangeven dat zij de baan in deeltijd wil gaan doen of ze kan een andere deeltijdpartner zoeken met wie ze op deze baan solliciteert. **2)** Zij hoeft niet nu te solliciteren, ze kan een baan als hoofd nog even uitstellen. Misschien kan ze nu extra taken aannemen die haar alvast voorbereiden op zo'n functie. **3)** Zij moet bepalen of zij wel een baan als hoofd wil. Zij moet ook bepalen of de voldoening of de financiële beloning wel opweegt tegen de nadelen en de stress die deze baan met zich meebrengt. **g** Zij moet vooral goed naar zichzelf luisteren. Ze moet zich niet door anderen gek laten maken. **17** U heeft drie mogelijkheden: **1)** U kan de baan in deeltijd gaan doen. U kan in uw sollicitatie aangeven dat u de baan in deeltijd wil gaan doen of u kan een andere

deeltijdpartner zoeken met wie u op deze baan solliciteert. Het voordeel hiervan is dat u in deeltijd kunt blijven werken en tijd hebt voor de kinderen. Het nadeel hiervan is dat de kans groot is dat u uiteindelijk een driekwart baan doet en maar voor een halve baan betaald krijgt. **2)** U hoeft niet nu te solliciteren, u kan een baan als hoofd nog even uitstellen. Misschien kan u nu extra taken aannemen. De voordelen hiervan zijn dat u zich alvast kan voorbereiden op zo'n functie en u kunt dan tevens zien of zo'n managementbaan u aantrekt. Uw kinderen zijn dan ook weer iets ouder. Het nadeel hiervan is dat u nu misschien een goede kans maakt op de baan. **3)** U moet bepalen of u wel een baan als hoofd wil. U hoeft dus niet op de baan te solliciteren. Het voordeel hiervan is dat u veel dingen die u leuk vindt niet hoeft in te leveren en u zult tijd voor uzelf over hebben. U zult ook minder stress hebben. Het nadeel is dat een baan als hoofd ook voldoening of een financiële beloning met zich meebrengt. Ik raad u aan om goed naar uzelf te luisteren en u moet zich niet door anderen gek laten maken. U moet uiteindelijk die baan doen.

18 A model answer:

Mariëlle	Tja, ik wil graag advies. Ik weet niet of ik op een baan als hoofd van een school zal solliciteren of niet?
Yvo	Laten we bij het begin beginnen. Je werkt nu op een school als docent?
Mariëlle	Ja, ik werk al 13 jaar op dezelfde basisschool, eerst voltijds, maar na de geboorte van mijn oudste zoon ben ik in deeltijd gaan werken.
Yvo	Mm, en heb je het nog steeds naar je zin daar?
Mariëlle	Ja, eigenlijk wel. Ik vind lesgeven erg leuk en dat gaat me ook wel makkelijk af na zoveel jaar. Ik vind ook het contact met mijn collega's en de kinderen op school erg leuk.
Yvo	Waarom zou je op een baan als hoofd solliciteren?
Mariëlle	Nou ja, 't hoofd van de school waar ik nu werk gaat weg. Het lijkt een logische stap dat ik op zijn baan solliciteer. En mijn collega's verwachten dat ook van me. Maar mijn deeltijdpartner wil niet samen met mij op die baan solliciteren en ik weet niet of ik weer voltijds wil gaan werken.
Yvo	Ja, dat is geen makkelijke beslissing. Je moet eigenlijk twee beslissingen maken. Ten eerste: wil je voltijds of in deeltijd gaan werken en ten tweede: wil je eigenlijk wel een baan op managementsniveau?
Mariëlle	Tja eigenlijk weet ik dat niet. Daarom ben ik hier.
Yvo	Goed. Je moet jezelf eerst een paar vragen stellen. Om te beginnen wat voor kwaliteiten heb je nodig voor een baan als hoofd en … heb je die kwaliteiten ook in huis?
Mariëlle	Ja dat is nu juist het probleem. Ik weet niet waar ik goed in ben.
Yvo	Nou, we beginnen gewoon met een lijstje invullen. Je moet hier op aangeven wat je sterkste kanten zijn en welke vaardigheden je hebt.
Mariëlle	Zal ik dat nu doen?
Yvo	Nee, doe het thuis. Dan kun je erover nadenken. Volgende week kijken we naar de voordelen en nadelen van de baan als hoofd. En de week daarna kijken we of er ook andere alternatieve oplossingen zijn.
Mariëlle	Dank je wel. Ik zal het lijstje invullen. Tot volgende week dan.
Yvo	Ja tot de volgende keer.

21 a goh **b** nou **c** even **d** gewoon **e** juist **f** alleen maar

UNIT 14

2 a ii **b** i **c** ii **d** i. **3 a** Ik heb last van duizeligheid. **b** Mijn benen doen zeer (or pijn). **c** Mijn voet doet zeer (or pijn). **d** Ik heb keelpijn. **e** Mijn oog is ontstoken. **f** Ik ben misselijk. **g** Ik moet veel hoesten. **4 a** Ik heb vaak last van hoofdpijn. **b** Ik slaap vaak heel slecht. **c** Ik heb het erg druk op mijn werk. **d** Ik ben van plan om een yogacursus te (gaan) volgen. **5** Ik moet veel hoesten./Ik heb een beetje verhoging./Ik voel me niet zo lekker. Ik ben misselijk./Ik kan niets eten. **6 a** Een jongen is voetbal aan het spelen. **b** Een jongen is een boek aan het lezen. **c** Een man is met zijn hond aan het wandelen. **d** Een vrouw is aan het fietsen. **e** Een hond is aan het rennen. **f** Een meisje is aan het zingen. **g** Een meisje is aan het dansen. **h** Een kat is een vogeltje aan het opeten. **7 a** Ik was net schoenen aan het kopen. **b** Ik was net aan het opruimen. **c** We waren net aan het eten. **d** We waren net aan het vrijen. **e** Ik was net mijn broer aan het bellen. **f** Ik was net in de tuin aan het werken. **g** Ik was net deze oefening aan het maken. **8 a** Ik begrijp precies hoe je je voelt./Ik kan me helemaal in u verplaatsen. **b** Het zal hem helpen zijn leven weer in balans te brengen zodat hij weer kan genieten van zijn relatie met zijn vrouw en kinderen. **c** Wouter Hendriks wil Pascal graag behandelen en begeleiden (zodat hij geld kan verdienen). **d** Zij heeft ook jaren last gehad van moeheid en depressiviteit. **e** Niet zo goed. Haar dokter zei tegen haar dat ze niet zo moest zeuren omdat ze nog zo jong was. **f** Haar advies is (zij raadt Pascal aan) om naar een psycholoog te gaan en om naar een homoeopaat te gaan/homoeopathie te gebruiken (of om op het internet te gaan zoeken). **12 a** Ze ging naar het strand toen ze thuiskwam na een hete werkdag om de honden uit te laten. **b** Ze hadden mahoniebruine huiden en armen werden naast elkaar gehouden om te kijken wie het bruinst was. **c** Omdat daar het litteken zat van een operatie waar een klein huidkankertje was weggehaald. **d** bakgedrag **e** Omdat ze weten dat het slecht is en toch zitten ze uren in de zon terwijl ze ook in de schaduw lekker kunnen lezen. **f** Waarom niet terug naar (om terug te gaan naar) white is beautiful?

UNIT 15

2 a Laura: Ik ga straks lekker winkelen. Amina: Ik ga/moet straks winkelen. **b** Ik ga/moet vanmiddag in de tuin werken. **c** Thecla: Ik moet vanavond mijn belastingformulier invullen. **d** Laura: Ik ga straks lekker computeren. **e** Thecla: Ik ga nu lekker naar een soap kijken. **f** Thecla: Ik ga/moet morgen sporten. Amina: Ik ga/moet vanavond sporten. **g** Laura: Ik ga vanmiddag lekker iets creatiefs doen. **h** Laura: Ik ga morgenochtend lekker bij een vriendin koffie drinken. **i** Laura: vanmiddag ga ik lekker naar de bios. **j** Thecla: Ik ga straks even lekker internetten. **k** Thecla: Ik ga vanavond lekker iets lekkers koken. **l** Laura: Morgen ga ik lekker mijn kamer schilderen. **m** Amina: Ik ga zondag lekker bij mijn ouders op bezoek. **3 a** Maar is dat niet lastig? Je hebt bijvoorbeeld een goede computer nodig. **b** Ja, maar is het wel veilig? **c** Maar is het niet onpersoonlijk? Je kunt geen vragen stellen. **d** Nou voor mij hoeft het niet. Ik ga liever gewoon naar de bank. **5 a** echt, zin **b** thuis, bezorgen **c** gewoon, anders **d** allerlei, bestellen, af en toe **e** doe **f** (internet) bedrijven **6** This is only an example dialogue: Thuisbezorgd biedt je veel voordelen. Het is een goed idee als je geen zin hebt om te koken of als je moe bent. Maar is dat niet lastig? Het is lastig en moeilijk om een computer te gebruiken? Nee hoor. Het is juist makkelijk te gebruiken. Maar je hebt weinig keus. Je kunt eten uit allerlei restaurants bestellen. Je kan net zo goed naar een restaurant gaan. Het is goedkoper dan naar een restaurant te gaan. **7 a** een spaaractie: bij elke bestelling van €25 krijg je één zegel. Bij inlevering van tien zegels krijg je €25 korting **b** €40 **c** patat of gebakken aardappelen, rijst, salade, tzatziki, brood en knoflookboter **d** Nee, niet als je in Amsterdam woont: gratis thuisbezorgd in heel Amsterdam **e** 2× €14.50: €29 **f** €18 (minimum bestelgrootte is €18). **8 a** You fill in your postcode and click on send. **b** You choose a particular restaurant category (e.g. Japanese, Greek etc.). **c** You click on the restaurant of your choice. **d** You click on a food category of that restaurant (e.g. in this case: schotels (dishes)). **e** You add on whether you want chips or other accompaniments. **f** You need to have an order of €18 or more, so you need to order something else as well. **g** You send it off. **h** You don't have to pay Porto Griek, because *Thuisbezorgd* will take over from here. They send your order through to the restaurant and you pay at the door when the food is delivered. **10 a** Een verzameling van verschillende verzekeringsproducten/modules. **b** Nee, alleen een aantal verzekeringen doen dit. **c** U verzekert zich misschien dubbel. **d** Of u daar voor een reisverzekering goedkoper uit bent. **e** Dat uw ziektekostenverzekering alle ziektekosten in de VS vergoedt. **11 a** gehuurd **b** te **c** zeker **d** bij elkaar **e** allemaal **f** uit … zijn **g** aanschaft **h** dubbel **i** behoorlijk schelen **j** apart **k** hoog **l** volledig **m** natuurlijk **12 a** Hoe meer Nederlands ik praat, hoe vloeiender ik word. **b** Hoe meer ik over dit onderwerp leer, hoe interessanter ik het vind. **c** Hoe vaker ik buitenlands eten eet, hoe lekkerder ik het vind. **d** Hoe langer ik hier werk, hoe saaier ik het vind. **e** Hoe langer ik hem ken, hoe meer ik hem waardeer. **f** Hoe vaker ik naar voetbal kijk, hoe meer ik het begin te begrijpen. **13** een aanbieding, stukken goedkoper, op die manier spaar je behoorlijk wat uit, korting, spaaractie, goedkoper uit zijn, het kan behoorlijk schelen, dit voordeel kan oplopen tot …

UNIT 16

2 Ja in sommige kranten lees je soms iets over een relletje. (en) Je denkt (main clause) dat het bijna oorlog is. Als je dan hetzelfde verhaal in een andere krant ziet (sub-clause) dan wordt er alleen iets gezegd over een klein incident of zo. **3** Martin: As in the example, followed by: Martin vindt het nonsens om alleen maar de krant te lezen voor nieuws over mensen en hun relaties of problemen. Hij vindt dat je dan net zo goed een roddelblad kan kopen. Rose koopt soms *de Volkskrant*, maar ze leest eigenlijk alleen de pagina met nieuws over mensen. Ze is het eens met Martin dat je ook gewoon naar het nieuws kan kijken, want dan weet je ook weer wat er in de wereld is gebeurd. Maar ze vindt niet dat er in alle kranten overdreven verhalen staan. Ze denkt dat het misschien afhangt van welke krant je leest. Tamsin vindt ook dat er soms sensationele verhalen in kranten staan. Maar ze is het eens met Rose dat dat afhangt van welke krant je leest. Als je in sommige kranten iets leest over een relletje, dan lijkt het in de ene krant bijna oorlog, terwijl in een andere krant alleen iets gezegd wordt over een klein incident. Ze vindt het, net als Rose, ook leuk om iets over mensen en hun relaties of hun problemen te lezen. **5** This is only an example: Ten eerste moeten we bepalen wat voor vakantie we willen. Willen we een strandvakantie, een actieve vakantie of een avontuurlijke vakantie of zo … Ten tweede: waar willen we naartoe? Gewoon in ons eigen land blijven of naar het buitenland? Ten derde moeten we ook beslissen waar en hoe we willen overnachten. Bijvoorbeeld in een hotel, of gaan we kamperen of een bungalow huren? Verder moeten we bedenken hoe we er komen. Gaan we vliegen, met de auto of met de bus? Ook moeten we bedenken wat we 's avonds gaan doen; willen we uitgaan naar clubs of willen we juist rustig op terrasjes zitten en vroeg naar bed? En dan ten slotte: hoeveel willen we aan onze vakantie besteden? **6** Om te beginnen moeten we natuurlijk bedenken wat we met dit feest willen bereiken. Is het doel om de onderlinge band te versterken, of om de medewerkers te tonen dat ze gewaardeerd worden? Of willen we bereiken dat we onze collega's beter leren kennen? Of willen we gewoon een fantastische avond hebben? Verder moeten we eerst bekijken wat de verschillende mogelijkheden zijn. Misschien kunnen we hier straks over brainstormen, maar hier zijn een aantal ideeën: ten eerste een diner met daarna entertainment. Bijvoorbeeld, een band of een disco, een avond met karaoke of een creatieve avond met voordrachten en cabaret van de medewerkers. Ten tweede kunnen we misschien iets anders dan anders doen, zoals een avond met een thema. Voorbeelden van thema's kunnen zijn: een oosterse avond met buikdanseressen, of een middeleeuwse avond met zang en dans, of een Amerikaanse avond met hamburgers en line dancing. Ten derde kunnen we een dagje uit met z'n allen. Voorbeelden daarvan zijn een excursie naar de Efteling, of een dagje Londen met de Eurostar of een diner in een kasteel. En tenslotte kunnen we zelfs een weekend weg met z'n allen. We kunnen bijvoorbeeld naar Parijs, of naar een survival kamp, of misschien kunnen we een boot huren voor een weekendje op het IJsselmeer. **7** Tamsin zegt dat er verschillende soorten kranten zijn. Tamsin zegt dat je in de eerste plaats de plaatselijke dagbladen hebt. Tamsin zegt dat dat de kranten zijn die in een bepaalde stad of omgeving worden gelezen. Tamsin zegt dat een paar voorbeelden daarvan *het Haarlems Dagblad* en *Leidsch Dagblad* zijn. Tamsin zegt dat die bladen respectievelijk uit Haarlem en Leiden komen. Tamsin zegt dat je in de plaatselijke kranten zowel internationaal als landelijk nieuws leest, maar dat er ook veel aandacht aan plaatselijk nieuws besteed wordt. Tamsin zegt dat dat vaak nieuws is over de gemeente. **8** In het Verenigd Koninkrijk zijn er verschillende soorten kranten. In de eerste plaats heb je de zogenaamde tabloids. Dit zijn populaire kranten die het nieuws niet zo serieus nemen. Zij zijn vaak erg sensationeel en geven meer nieuws en informatie over onderwerpen die de meeste mensen leuk vinden. De tabloids zijn erg belangrijk in het Verenigd Koninkrijk omdat zoveel mensen ze lezen en dus hebben deze kranten veel invloed. Voorbeelden van de tabloids zijn *The Mirror*, *The Sun* en *The Daily Mail*. Deze kranten zijn politiek gekleurd. De *Mirror* is bijvoorbeeld vrij links, maar de meeste tabloids zijn conservatief. Verder heb je de zogenaamde broadsheets, de kwaliteitskranten. Die geven veel informatie over wat er in de wereld is gebeurd en ze geven ook veel achtergrondinformatie. Deze kranten zijn ook politiek gekleurd. De *Guardian*, bijvoorbeeld is vrij links, terwijl de *Daily Telegraph* vrij rechts is. Ik lees zelf de … omdat … **10 a** Vroeger aten de Nederlanders alleen maar aardappels. Nu eten ze veel pasta en rijst. **b** U wordt eerst verwelkomd in het kasteel met een kopje koffie. Daarna begint de rondleiding. **c** U kunt een fietstocht maken naar Monnickendam. Daar kunt u genieten van poffertjes of pannekoeken. **d** Hij heeft een moeilijke jeugd gehad. Althans, dat zegt hij. **e** Eerst gaan we naar de markt. Dan gaan we koffie drinken **f** Ik vind dat concert wel erg duur. Trouwens, ik heb toch geen geld. **13** Gisteren was er een discussie op tv over de vraag of kinderen zelf mogen beslissen naar welke tv programma's ze kijken. De meeste mensen vonden eigenlijk dat je kinderen zelf moet laten beslissen. Ze zeiden bijvoorbeeld dat als je kinderen gaat verbieden naar bepaalde programma's te kijken, ze er dan juist naar willen kijken. Of dat ze het dan toch stiekem bij een vriendje thuis doen. Iemand zei ook dat ze vond dat kinderen zelf wel kunnen bepalen wat de moeite waard is en dat je kinderen moet leren op hun eigen oordeel af te gaan. Er was maar één man die vond dat tv steeds banaler wordt met veel seks en geweld en dat kinderen daardoor een verkeerd beeld krijgen van de maatschappij. Ik ben het eigenlijk met hem eens. Wat vind jij?

Appendix

Irregular verbs

Here is a list of the imperfect and present perfect forms of some of the most commonly used irregular verbs in Dutch. The first column gives the infinitive of the verb, the second the imperfect forms (singular and plural), the third the past participle used in the present perfect and the fourth column gives the English equivalent of the verb. For verbs that use a form of **zijn** to make the present perfect, the past participle is preceded by **is**.

bakken	bakte, bakten	gebakken	*to bake*
beginnen	begon, begonnen	is begonnen	*to begin*
besluiten	besloot, besloten	besloten	*to decide*
bevallen	beviel, bevielen	is bevallen	*to please*
bewegen	bewoog, bewogen	bewogen	*to move*
bieden	bood, boden	geboden	*to offer*
blijven	bleef, bleven	is gebleven	*to stay*
breken	brak, braken	gebroken	*to break*
brengen	bracht, brachten	gebracht	*to bring*
denken	dacht, dachten	gedacht	*to think*
doen	deed, deden	gedaan	*to do*
dragen	droeg, droegen	gedragen	*to wear, carry*
drinken	dronk, dronken	gedronken	*to drink*
eten	at, aten	gegeten	*to eat*
gaan	ging, gingen	is gegaan	*to go*
gelden	gold, golden	gegolden	*to be valid*
geven	gaf, gaven	gegeven	*to give*
hangen	hing, hingen	gehangen	*to hang*
hebben	had, hadden	gehad	*to have*
helpen	hielp, hielpen	geholpen	*to help*
heten	heette, heetten	geheten	*to be called*
houden	hield, hielden	gehouden	*to hold*
kiezen	koos, kozen	gekozen	*to choose*
kijken	keek, keken	gekeken	*to look*
komen	kwam, kwamen	is gekomen	*to come*
kopen	kocht, kochten	gekocht	*to buy*
krijgen	kreeg, kregen	gekregen	*to get*
kunnen	kon, konden	gekund	*to be able*
lachen	lachte, lachten	gelachen	*to laugh*
laten	liet, lieten	gelaten	*to let*
lezen	las, lazen	gelezen	*to read*

liggen	lag, lagen	gelegen	*to lie*
lijken	leek, leken	geleken	*to look like*
lopen	liep, liepen	is gelopen	*to walk*
moeten	mocht, mochten	gemoeten	*to have to*
mogen	moest, moesten	gemogen	*to be permitted to*
nemen	nam, namen	genomen	*to take*
rijden	reed, reden	is gereden	*to ride, travel*
roepen	riep, riepen	geroepen	*to call*
ruiken	rook, roken	geroken	*to smell*
scheiden	scheidde, scheidden	gescheiden	*to separate*
scheppen	schiep, schiepen	geschapen	*to create*
scheren	schoor, schoren	geschoren	*to shave*
schrijven	schreef, schreven	geschreven	*to write*
slaan	sloeg, sloegen	geslagen	*to hit*
slapen	sliep, sliepen	geslapen	*to sleep*
sluiten	sloot, sloten	gesloten	*to shut*
spreken	sprak, spraken	gesproken	*to speak*
staan	stond, stonden	gestaan	*to stand*
sterven	stierf, stierven	is gestorven	*to die*
treffen	trof, troffen	getroffen	*to come across, be lucky*
vallen	viel, vielen	is gevallen	*to fall*
vangen	ving, vingen	gevangen	*to catch*
varen	voer, voeren	is gevaren	*to sail*
vergeten	vergat, vergaten	is vergeten	*to forget*
verliezen	verloor, verloren	verloren	*to lose*
vinden	vond, vonden	gevonden	*to find*
vliegen	vloog, vlogen	is gevlogen	*to fly*
vragen	vroeg, vroegen	gevraagd	*to ask*
vriezen	vroor, vroren	gevroren	*to freeze*
wassen	waste, wasten	gewassen	*to wash*
wegen	woog, wogen	gewogen	*to weigh*
werpen	wierp, wierpen	geworpen	*to throw*
weten	wist, wisten	geweten	*to know*
worden	werd, werden	is geworden	*to become*
zien	zag, zagen	gezien	*to see*
zijn	was, waren	is geweest	*to be*
zitten	zat, zaten	gezeten	*to sit*
zoeken	zocht, zochten	gezocht	*to look for*
zwemmen	zwom, zwommen	is gezwommen	*to swim*

Dutch–English glossary

aan *to, on, at*
aanbieden *to offer*
de aandacht *attention*
aandoen *to put on*
aangenaam *pleased (to meet you)*
aangeven *to hand*
de aangifte *application*
aankleden *to dress*
aankomen *to arrive*
aannemen *to assume*
aanpakken *to approach, tackle*
aanraden *to advise*
aanstaande *coming/next*
aansteken *to light*
aantreffen *to come across*
aantrekkelijk *attractive*
aanwijzen *to direct*
de aardappel *potato*
de aardbei *strawberry*
aardig *nice*
de aardrijkskunde *geography*
achter *behind*
achteraan/achterin *at the back*
achterlaten *to leave behind*
de achternaam *surname*
de achtertuin *the back garden*
actief *active*
het adres *address*
de adreswijziging *change of address*
de advertentie *advertisement*
het advies *advice*
de advocaat *barrister, advocaat*
de afdeling *department*
afgelopen *last (time), finished*
afkrijgen *to finish (in time)*
afleggen *to go a distance*
afmaken *to finish*
afronden *to wind up*
de afspraak *appointment*
afspreken *to arrange*
afstempelen *to date stamp, validate*
afstuderen *to graduate*
afwassen *to wash up*
het akkoord *agreement*
al *already*
alcoholisch *alcoholic*
algemeen *general*
allebei *both*
alleen *only, alone*

allemaal *all*
allerlei *all kinds of*
alles *everything*
als *if*
altijd *always*
alvast *already*
zich amuseren *to amuse oneself*
ander *other*
anderhalf *one and a half*
anders *otherwise, different*
het antiek *antique*
het antwoord *answer*
antwoorden *to answer*
het apparaat *apparatus*
de appel *apple*
de appeltaart *apple pie*
het arbeidsbureau *job centre*
de arbeidskracht *employee*
arbeidsongeschikt *disabled*
arbeidsovereenkomst *employment contract*
de arbeidsvergunning *work permit*
de asbak *ashtray*
de assistent *assistant*
de automaat *vending machine*
de avond *evening*
de avondcursus *evening class*
het avondeten *evening meal*
de azijn *vinegar*

de baan *job*
de badkamer *bathroom*
de bagage *luggage*
de balie *reception*
het balkon *balcony*
het bankje *small bench*
de bankmedewerker *bank employee*
de basisschool *primary school*
beantwoorden *to answer*
bedankt *thanks*
bedoelen *to mean*
het bedrijf *company*
het been *leg*
het beestje *small animal*
het beetje *bit*
de begane grond *ground floor*
beginnen *to start*
begrijpen *to understand*
behalve *unless, apart form*
behoren *to belong*

beide *both*
bekend *well known*
bekijken *to look at, consider*
belangrijk *important*
de belasting *tax*
beleefd *polite*
belegen *mature (as in cheese)*
het beleid *policy*
bellen *to phone*
beloven *to promise*
beneden *downstairs, beneath*
beoordelen *to urge*
bereid *prepared*
het beroep *profession*
de beslissing *decision*
besluiten *decide*
besmettelijk *infectious*
het bestaan *existence*
besteden *to spread*
bestellen *to order*
de bestelling *the order*
bestemd *meant/intended*
het betaalmiddel *the means of payment*
betalen *to pay*
de betekenis *the meaning*
beter *better*
betreffen *to concern*
de beurt *turn*
de bevolking *population*
de bewolking *clouds*
bewolkt *cloudy*
de bezienswaardigheid *tourist attraction*
bezig *busy*
bezoeken *to visit*
bieden *to offer*
de biefstuk *steak*
bij *at, by*
bijna *nearly*
de bijverdienste *additional income*
bijzonder *special*
binnen *inside*
binnenkomen *to come inside*
binnenkort *soon*
de bioscoop *cinema*
blauw *blue*
blij *happy, glad*
blijken *to seem, appear*
blijven *to stay*
de bloeddruk *blood pressure*
de bloem *flower*
de bloemenkiosk *flower stall*
de bloemkool *cauliflower*
de blokletters *capital letters*
het boek *book*

boeken *to book*
de boodschappen *shopping*
de boodschappenlijst *shopping list*
de boom *tree*
het bord *plate, sign*
de borrel *drink, party*
de boter *butter*
bouwen *to build*
boven *upstairs, above*
bovendien *besides*
bovenop *on top, above*
de bovenwoning *upstairs flat*
branden *to burn*
brengen *to bring*
het briefje *note*
de broek *trousers*
het brood *bread*
het broodje *roll*
bruin *brown*
de buik *stomach*
de buikpijn *stomach ache*
buiten *outside*
het buitenland *foreign country*
de bult *bump*
de bureauchef *manager*
de buschauffeur *bus driver*
de bushalte *bus stop*
het bushokje *bus shelter*
de buur *neighbour*
de buurman *neighbour (male)*
de buurt *local area*
het buurthuis *community centre*

de carrière *career*
de cassière *check-out girl*
het centrum *centre*
het cijfer *mark, number*
de collega *colleague*
comfortabel *comfortable*
compleet *complete*
het computerprogramma *computer program*
het concert *concert*
contact *contact*
de cursus *course*

daar *there*
daardoor *because of*
daarentegen *however*
daarna *after that*
daarom *because of*
de dag *day*
de dagtaak *daily work*
de damesmode *ladies' fashion*
dan *then*

danken to thank
dankzij thanks to
dat that
het deel part
deelnemen to take part
de deken blanket
denken to think
dergelijk similar
deze these, this
dezelfde same
dicht close, closed
dichtbij close by
de dienst service
de dierentuin zoo
dik fat
het ding thing
direct direct
dit this
de dochter daughter
het doel aim, object, goal
doen to do
de dokter doctor
dol op keen on, wild about
de donateur donor
donker dark
dood dead
door through
doorbrengen to spend (time)
doorhalen delete
doorlezen to read through
doorlopen to walk on
doorverbinden to connect (telephone)
doorverwijzen to refer to
doorzetten to persevere
de doos box
draaien to show (a film)
dragen to carry, wear
de drank drink
drinken to drink
droog dry
druk busy
het dubbeltje 10-cent coin
het duin dune
de duizeligheid dizziness
duren to last
durven to dare
dus so
duur expensive

echt really
de economie economy, economics
economisch economical
een a, an
eens once

eenzaam lonely
eerder before
eergisteren the day before yesterday
de eeuw century
het ei egg
eigen own
eigenlijk actually
het eind end, fair distance
eindelijk finally
het eindexamen final exam
de eis requirement
electrisch electric
elkaar one another
en and
enig some, lovely
het enkeltje single (ticket)
enorm huge
de enquête survey
enzovoort and so on
erg very bad
ergens somewhere
erkennen to recognize, admit
de ervaring experience
de etage flat
eten to eat
de etenswaren food
het etentje dinner (party)
europees european
exact exact
het examen exam
exclusief exclusive

het feest party
het feit fact
de fiets bicycle
fietsen to cycle
de fietsenstalling bicycle shed
de fietstocht cycle ride, trip
fijn nice
de film film
financieel financially
het flensje pancake
de fles bottle
de foto photograph
fotograferen to take photographs
de framboos raspberry
de functie position

gaan to go
de gast guest
het gat hole
gauw quick
gebakken fried, roast
gebeuren to happen

het gebied *area*
de geboortedatum *date of birth*
geboren worden *to be born*
het gebouw *building*
het gebruik *use, usage*
gebruiken *to use*
de gedachte *thought*
geel *yellow*
geen *not a …, none*
het gegeven *detail*
het geheim *secret*
geïnteresseerd *interested*
gek *crazy, mad*
de geldzaak *money matter*
geleden *ago*
de gelegenheid *occasion, possibility*
de geleidehond *guide dog*
geliefd *popular*
gelijk *right, same*
geloven *to believe*
gelukkig *happy*
de gemeenschap *community, society*
de gemeente *municipality, council*
het gemeentehuis *the council offices*
genieten *to enjoy*
genoeg *enough*
gepensioneerd *retired*
gepubliceerd *published*
het gerecht *dish*
gescheiden *divorced*
de geschiedenis *history*
geschikt *suitable*
gesloten *closed*
het gesprek *conversation, dialogue*
het geval *case*
de gevangenis *prison*
geven *to give*
het gewicht *weight*
gewoon *usual, normal*
het gezang *singing*
gezellig *cosy*
het gezicht *sight, face*
gezond *healthy*
de gids *guide (book)*
gisteren *yesterday*
het glas *glass*
goed *good*
goedemiddag *good afternoon*
goedemorgen *good morning*
goedenavond *good evening*
goedkoop *cheap*
de graad *degree*
graag *please*
de gracht *canal*

de griep *influenza (flu)*
grijs *grey*
de groei *growth*
groen *green*
de groente *vegetables*
de groenteboer *greengrocer*
de groentesoep *vegetable soup*
de groentewinkel *greengrocers*
de groep *group*
de grond *ground*
groot *big*
de gulden *guilder*
gunstig *favourably*

het haar *hair*
de haard *open fire*
haasten *to hurry*
de hak *heel (of shoe)*
de hal *hallway*
halen *to fetch*
hallo *hello*
de hals *neck*
de handel *trade*
de handschoen *glove*
hangen *to hang*
het hapje *snack*
de haring *herring*
hartelijk *affectionate, warm*
hebben *to have*
heden *presently, now*
heel *very*
heerlijk *wonderful*
heet *hot*
het heimwee *homesickness*
helaas *unfortunately*
heleboel *a lot*
helemaal *completely*
de helft *half*
helpen *to help*
het hemd *shirt*
het hemelbed *four-poster bed*
de herenkleding *mens' fashion*
de herfst *autumn*
herhalen *to repeat*
herinneren *to remember*
herkennen *to recognize*
het *it, the*
heten *to be called*
hetzelfde *same*
heus *really*
hier *here*
hij *he*
historisch *historic*
de hoek *corner*

hoesten to cough
hoeveel how much, how many
hoeven not having to
hoewel although
de hond dog
honger hunger
het hoofd head
het hoofdgerecht main dish
het hoofdkantoor head office
de hoofdpijn headache
de hoofdstad capital city
hoog high
het hoogseizoen peak season
horen to hear, belong (to)
de hotelkamer hotel room
de hotelreservering hotel booking
houden to keep
het huis house
de huisarts general practitioner
hun their, them
huren to rent
de huur rent

het idee idea
ieder every
iedereen everyone
iemand someone
iets something
het ijs ice, ice-cream
immers after all
in in
inclusief inclusive
inderdaad indeed
de industrie industry
ineens suddenly
de informatie information
informeren to inform
de ingang entrance
het initiatief initiative
de inlichting information
de instantie authority
interessant interesting
zich interesseren to be interested
de introduktie introduction
invullen to fill in

het jaar year
het jaarverslag annual report
jammer pity (wat jammer = ** what a pity)**
jarig celebrating a birthday
de jas coat
jazeker certainly
de jeugd youth
jeuken to itch

jij you
jong young
de jongen boy
jou you
jouw your
juist right, just, exactly
jullie you (plural)
de jurk dress

de kaars candle
de kaart map, card
het kaartje ticket, small map
de kaas cheese
de kaaswinkel cheese shop
de kabeljauw cod
de kalender calendar
de kalfslever calf's liver
de kamer room
het kammetje small comb
de kans chance
de kant side
het kantoor office
de kapstok coat hooks
de kassa cash desk
de kast cupboard
de kat cat
de keelontsteking throat infection
de keelpijn sore throat
de keer time, turn
de kelder cellar
het kenmerk characteristic
kennen to know
de kennis acquaintance, knowledge
de kennismaking getting to know (someone)
keren to turn
de kerk church
de ketjap soy sauce
de keuken kitchen
de keukenkast kitchen cupboard
de kies tooth
de kiespijn toothache
kiezen to choose
kijken to look
de, het kilogram kilogram
het kind child
het kindergerecht children's menu
de kinderjaren childhood
de kindermode children's fashion
de kindertijd days of one's youth
de kip chicken
klaar finished, ready
klaarmaken to finish, prepare (for)
de klacht complaint
de klant customer, client

klassiek *classical*
kleden *to dress*
de kledingzaak *fashion shop*
klein *small, little*
het kleingeld *small change*
de kleur *colour*
de kleuterschool *nursery school*
de klok *clock*
kloppen *to knock*
dat klopt *that's right*
knippen *to cut*
het knuffelbeest *cuddly toy*
de koffie *coffee*
het kolbert *men's jacket*
komen *to come*
de koning *king*
de koningin *queen*
de konversatie *conversation*
de kool *cabbage*
de koopavond *late-night shopping*
de koopwoning *house (owner-occupied)*
de koorts *fever*
de kop *head, cup*
kopen *to buy*
het kopje *cup*
het korfbal *basketball*
kort *short*
de korting *discount*
de kost *cost*
kosten *to cost*
koud *cold*
de krant *newspaper*
de krantenkiosk *newspaper stand*
krijgen *to get*
de kruidenier *grocer's*
het kruispunt *crossroads*
kuchen *to cough*
kunnen *to be able*
de kunst *art*
de kust *coast*
kwaad *angry, cross*
het kwart *quarter, a fourth*
het kwartiertje *quarter of an hour*
het kwartje *25-cent coin*

laag *low*
laat *late*
het lamsvlees *lamb (meat)*
het land *country*
lang *long*
langdurig *lengthy*
langs *along*
langskomen *to visit, pop in*

langzaam *slow, slowly*
laten *to let, have something done*
de leeftijd *age, era*
leeg *empty*
de leestekst *reading text*
leggen *to put*
lekker *nice*
lelijk *ugly*
lenen *to borrow*
de lente *spring (season)*
de leraar *teacher*
leren *to learn*
de les *lesson*
lesgeven *to teach*
letterkunde *literature*
leuk *nice*
leunen *to learn*
leven *to live*
lezen *to read*
de lezer *reader*
licht *light*
het lidmaatschap *membership*
de lidstaat *member state*
liever *preferably, rather*
liggen *to lie*
de ligging *position (geographically)*
lijken *to seem, appear, look like*
de lijn *line, dieting*
de linkerhand *left hand*
de linkerkant *left-hand side*
linksaf *to the left*
de liter *litre*
het loket *ticket office*
lokettist *booking-clerk*
de long *lung*
de longontsteking *pneumonia*
lopen *to walk*
de lucifer *match(es)*
luisteren *to listen*
lunchen *to have lunch*
luxe *luxury*

de maag *stomach*
de maagpijn *stomachache*
de maaltijd *meal*
de maan *moon*
de maand *month*
maar *but*
de maat *size, measure*
mager *thin*
maken *to make*
makkelijk *easy*
de man *man*

de manier *manner*
de markt *market*
het marktonderzoek *market research*
matig *moderate*
mede *also*
de medewerker *employee*
het medicijn *medicine*
meebrengen *to bring along*
meegaan *to go along*
meekomen *to come along*
meemaken *to experience*
meenemen *to take along*
meer *more*
de meerderheid *majority*
meest *most*
meestal *mostly*
het meisje *girl*
de melk *milk*
de meneer *gentleman, Mr, sir*
menig *many, many a*
het mens *person (plural: people)*
de menukaart *menu*
met *with*
meteen *straight away*
mevrouw *madam, Mrs*
de middag *afternoon*
middelbaar *middle, intermediate*
het midden *middle*
mij *me*
mijn *my*
minder *less*
minimaal *minimal*
het minst *least*
minstens *at least*
de minuut *minute*
misschien *maybe*
misselijk *sick*
modern *modern*
moe *tired*
de moeder *mother*
de moedertaal *mother tongue*
moeilijk *difficult*
moeten *to have to, must*
mogelijk *possible/possibly*
de mogelijkheid *possibility*
mogen *to be allowed to, may*
het moment *moment*
de mond *mouth*
monetair *monetary*
mooi *beautiful*
morgen *tomorrow*
morgenavond *tomorrow evening*
de mouw *sleeve*
de munt *coin*

het museum *museum*
de muts *cap, hat*
de muziek *music*

na *after*
de naam *name*
naar *to*
naartoe *to*
naast *next*
de nacht *night*
nadat *after*
het nadeel *disadvantage*
nadenken *to think (about)*
het nagerecht *dessert*
het najaar *autumn (season)*
namelijk *namely*
nationaal *national*
de nationaliteit *nationality*
het natuurijs *natural ice*
natuurlijk *naturally, of course*
de natuurvoeding *health foods*
nauw *narrow, close*
nauwelijks *hardly*
nee *no*
neerzetten *to put down*
nemen *to take*
nergens *nowhere*
het netwerk *network*
niemand *nobody*
niet *not*
niets *nothing*
nietwaar *is(n't) it? have(n't) you?*
nieuw *new*
nieuwsgierig *curious*
nodig *necessary*
nog *yet*
nooit *never*
noord *north*
nou *well, now*
nul *zero*
het nummer *number*

de ober *waiter*
de ochtend *morning*
de oefening *exercise*
het ogenblik *moment*
de olie *oil*
omdat *because*
de omgeving *environment, local area*
ommezijde *overleaf*
omroepbijdragen *TV licence*
onaardig *unkind, not very nice*
onafhankelijk *independent*
onder *under*

onderstaand *below*
het onderwijs *education*
de onderwijzer *teacher*
het onderzoek *research*
het ongeluk *accident*
ongeveer *approximately*
onhandig *clumsy*
ons *our*
het ontbijt *breakfast*
ontevreden *not satisfied*
ontmoeten *to meet*
ontspannen *to relax*
ontvangen *to receive*
de onvoldoende *failure (exam)*
het onweer *thunderstorm*
het onweert *there's a thunderstorm*
het oog *eye*
ooit *ever*
ook *also*
het oor *ear*
de oorlog *war*
de oorontsteking *ear infection*
de oorpijn *earache*
opbellen *to phone*
opbouwen *to build up*
opeenvolgend *successive*
openbaar *public*
openen *to open*
opeten *to eat (up)*
opfleuren *to brighten (up)*
ophalen *to pick up*
ophangen *to hang (up)*
de opklaring *sunny spells*
opleiden *to educate*
de opleiding *schooling, training*
de oplossing *solution*
de oppervlakte *surface (area)*
opstaan *to get up*
opstellen *to set up*
opzoeken *to look up*
oranje *orange*
oud *old*
de ouder *parent*
de OV-chipkaart *electronic ticket for public transport*
over *over*
overal *everywhere*
het overhemd *shirt*
overkant *other side*
overmorgen *day after tomorrow*
overstappen *to change (trains, buses)*
overtuigen *to convince*

paar *pair, few*
paars *purple*

het pak *suit, pack(age)*
de pannenkoek *pancake*
het pannenkoekenhuis *pancake restaurant*
de pantalon *trousers*
de paraplu *umbrella*
de pasfoto *passport photo*
het pasje *identity card*
de paskamer *fitting room*
passen *to fit*
de patat *chips*
het perron *platform*
het personeel *personnel, staff*
de personeelsafdeling *personnel department*
de personeelschef *personnel manager*
persoonlijk *personal, personally*
de pijn *pain, ache*
de pijp *pipe*
de, het pils *lager*
de plaats *place*
plaatsen *to place*
plaatsvinden *to take place*
de plattegrond *map, ground plan*
het plezier *pleasure*
de plooi *pleat*
plotseling *suddenly*
de poes *cat*
de politie *police*
het politiebureau *police station*
de positie *position*
het postkantoor *post office*
de postzegel *stamp*
praten *to talk*
precies *precise, precisely*
de premie *premium*
presteren *to achieve*
prettig *pleasant, nice*
de prijs *price*
privé *private*
proberen *to try*
het probleem *problem*
proeven *to taste*
profiteren *to profit (from, by)*
de promotie *promotion*
de provincie *province*
het prul *trash*

de raad *council, advice*
het raam *window*
raar *strange*
de rand *edge*
reageren *to react, respond*
het recept *recipe, prescription*
recht *straight*
rechtdoor *straight, ahead*

de rechterhand (on your) right- hand side
de rechterkant right-hand side
rechts (to the) right
rechtsaf (to the) right
de reclame advertising
redelijk reasonable, reasonably
de reden rescue
de regel rule
regelen to arrange
regelmatig regularly
de regen rain
regenachtig rainy
de regenbui rain (shower)
regenen to rain
de regenjas raincoat
de regering government
het regeringsbeleid government policy
de reis trip
het reisbureau travel agent
de reischeque travellers' cheque
de reisverzekering travel insurance
reizen to travel
rennen to run
repareren to repair
reservatie reservation, booking
reserveren to reserve, book
reservering reservation, booking
de restauratie restaurant (at a station)
het retour return
riant spacious
richten to direct
rijden to ride, drive
de rijksoverheid central government
de rijksuniversiteit state university
de rijst rice
het rijtuig carriage
het risico risk
robuust robust
roepen to call
de rok shirt
roken to smoke
de roltrap escalator
rond round, around
rondkijken to look around
de rondreis tour
de rondvaart boat trip (round trip)
rood red
rottig rotten, nasty
de röntgenfoto X-ray
ruim spacious, ample
het rundergehakt minced beef
het rundvlees beef
rustig quiet
de ruzie argument

het salaris salary
samen together
samenwerken to cooperate
de samenwerking cooperation
de saus sauce
de schaakclub chess club
schaatsen to skate
schaken to play chess
schakering gradation, shade (of colour)
zich schamen to be embarrassed
scheiden to divorce
de schelvis haddock
schijnen to seem, appear, shine (the sun)
de schilder painter
schilderen to paint
het schilderij painting
schitterend brilliant
de schoen shoe
de schoenwinkel shoe shop
de schol plaice
de school school
schoon clean
schoonmaken to clean
schriftelijk written
schrijven to write
schrobben to scrub
de secretaresse secretary
sfeervol atmospheric
de sinaasappel orange
het sinaasappelsap orange juice
sinds since
de sla lettuce
de slaapkamer bedroom
slagen to pass (exam)
de slager butcher
slapen to sleep
slecht bad
slechts only
de sleutel key
sluiten to close
de smaak taste
smal narrow
snappen to understand
sneeuwen to snow
snel quick
snijden to cut
sociaal social
de soep soup
soepel supple, flexible
de sollicitant applicant
de sollicitatie job application
solliciteren to apply for a job
sommige some
soms sometimes

het souterrain basement
de spaarpot piggy bank
sparen to save (money)
speciaal special, especially
de spek bacon
spelen to play
de sperzieboon green bean
de spijkerbroek jeans
de spijt regret
het spitsuur rush-hour
spoed haste, rush
het sportcentrum sports centre
sporten to do sport, take exercise
sportief sporty
de spreekkamer surgery
spreken to speak
het spul gear, things
staal steel
staan to stand, be
stabiel stable
de stad city, town
het stadhuis town hall
sterk strong
sterven to die
steunen to support
stevig sturdy
stil quiet
de stoel chair
het stokbrood French bread
het stoplicht traffic lights
stoppen to stop
storten to deposit (money)
de straat street
de straf punishment
straffen to punish
strak tight
straks soon, later
streven to strive
de strippenkaart bus/tram ticket
strooien to sprinkle
de stropdas tie
studeren to study
de studierichting discipline, subject (study)
de studietijd years of study
de stuiver 5-cent coin
het stuk piece
sturen to send
de suiker sugar
de supermarkt supermarket

de taal language
de tabel chart, table

de tafel table
de taille waist
de talenkennis knowledge of languages
talentvol talented
tamelijk reasonably, fairly
de tand tooth
de tas bag
technisch technical
tegen against
tegenover across, opposite
tegenwoordig nowadays, present
tekenen to draw, sign
de tekening drawing
de tekst text
telefonisch by telephone
de telefoon telephone
de telefooncel telephone box
de televisie television
de temperatuur temperature
tennissen to play tennis
tenslotte finally
de tentoonstelling exhibition
terecht (at) the right place, rightly
het terras patio, street, café
terug back, again
terugbellen to phone back
terugkeren to return
terwijl while
tevreden satisfied
het theater theatre
thuis at home
het tientje 10-euro note
de tijd time
tijdelijk temporary
tijdens during
het tijdschrift magazine
toch nevertheless, still, yet
de tocht tour
toekomen(aan) to get round to
de toelichting explanation
toen then, when
toenemen increase
de toepassing application
de toerist tourist
toestaan to allow
het toestel extension, apparatus
het toetje desert
de tomaat tomato
het toneelstuk play
tot until, to, as far as
totaal total, totally
totdat until

de trein train
trouwen to marry
trouwens besides, anyway
de trui pullover, jumper
de tuin garden
tussen in between
de twijfel doubt

uit out
uiteindelijk finally, ultimate
de uitgang exit
uitkijken to look out
uitnodigen to invite
uitoefenen to practise
uitproberen to try out
uitrusten to rest
de uitslag result, rash
uitsluiten to exclude
uitstekend excellent
uitstralen to radiate
uittypen to type out
het uitzendbureau job centre
de universiteit university
het uur hour

vaak often
de vacature vacancy
de vader father
het vak subject, profession
de vakantie holiday
de vakopleiding vocational training
vallen to fall, drop
van of, from
vanaf from
vandaag today
vanzelf automatically
het varkensvlees pork
vast definite, for certain, for the time being
veel many
de vegetariër vegetarian
vegetarisch vegetarian
veilig safe
de veiligheid safety
ver far
zich verbazen to be amazed
verbeteren to improve
verblijfplaats dwelling
verblijven to stay
verbouwen to renovate
verdelen to divide
verdienen to earn
het verdrag treaty

vereist required
verenigd united
de vergadering meeting
vergeten to forget
zich vergissen to be mistaken
het verhaal story
verhuizen to move house
het verkeer traffic
verkeerd wrong
verkopen to sell
de verkoper salesman
zich verkouden to have a cold
verliezen to lose
zich vermaken to enjoy oneself
vermelden to mention
vermist missing
vermoeiend tiring
de verpleegster nurse
verplicht obligatory
verschillend different
het verslag report
verstaan to understand
verstandig sensible
versterken to strengthen
vertellen to tell
vertrekken to leave
zich vervelen to be bored
vervelend annoying
het vervoer transport
verwachten to expect
verwachting forecast, expectation
verwijzen to refer
verzamelen to collect
de verzekering insurance
verzilveren to cash
verzoeken to request
verzorgend caring
de vestigingsplaats place of business
het vestje cardigan, waistcoat
vierkant square
vinden to find
de vis fish
vlakbij close by
het vlees meat
vliegen to fly
het vliegtuig plane
vloeiend fluent
de vlucht flight
zich voelen to feel
de voet feet
de voetbal football
de voetbalclub football club

voetballen to play football
vol full
voldoende sufficient, pass (exam)
volgeboekt booked up
volgen to follow
volgend next
volgens according to
het volleybal volleyball
voluit in full
volwassen adult
voor for, before
vooraan at the front
vooral especially
het voorbeeld example
voorbereiden to prepare
voorbij past, by
voordat before
het voordeel advantage
voordelig inexpensive
het voorgerecht starter, hors d'oeuvre
het voorhoofd forehead
het voorjaar spring
voornaam first name
het voorstel proposal
voorstellen to propose
de voorstelling show
voorzien to anticipate
de voorziening provision
vorig last
de vraag question
het vraaggesprek interview
vragen to ask
vreemd strange
de vriend friend (male)
de vriendin friend (female)
vriezen to freeze
vrij free, quite, rather
het vrijhandelsgebied free-trade zone
vroeg early
vroeger previous, in the past
de vrouw woman
vullen to fill

waaien to blow (wind)
waar where
waarom why
waarover what ... about
waarschuwen to warn
waarvoor what ... for
wachten to wait
de wafel waffle
wandelen to walk
wanneer when
het warenhuis department store

warm warm
wassen to wash
wat what
de waterpokken chickenpox
de week week
het weer weather
de weerkaart weather map
de weersverwachting weather forecast
de weg way, road
weggaan to go away
de wegwijzer signpost
wegzetten to put away
weigeren to refuse
weinig little, not much
wel well, quite
welk which, what
de welvaart prosperity
wennen to get used to
de wens wish, desire
wenselijk desirable
de wereld world
de wereldoorlog world war
het werk work
werken to work
de werkervaring work experience
de werkgever employer
de werkkracht employee, worker
werkloos unemployed
de werkloosheid unemployment
de werknemer employee
de werksfeer work climate
het werkstuk project
weten to know, manage
wetenschappelijk scientific
wie who
wij we
de wijkvereniging residents' association
de wijn wine
willen to want
de winkel shop
het winkelcentrum shopping centre
het winkelmandje shopping basket
het winkelwagentje shopping trolley
winnen to win
de winterjas winter coat
de wiskunde mathematics
wisselen to change
het wisselgeld (small) change
het wisselkantoor bureau de change
wit white
wonen to live
de woning house, flat
de woonkamer living room
de woonplaats dwelling

de woonvergunning *resident's permit*
het woord *word*
de woordvolgorde *word order*
worden *to become*

de zaak *business*
zacht *soft*
de zakenrelatie *business relationship*
de zakenwereld *business world*
zakken *to fail (exam)*
de zee *sea*
zeer *very, ache*
zeggen *say*
zeker *certain, certainly*
zekerheid *certainty*
zelf *self*
zelfstandigheid *independence*
de zelfstudie *self-access study*
zetten *to set, put*
zich *oneself*
ziek *ill*
het ziekenhuis *hospital*
de ziektekostenverzekering *health insurance*
zien *to see*
zij *she, they*
zijn *to be*

de zin *sense*
de zinswending *phrase, turn of speech*
zitten *to sit, be*
zoals *such as*
zodat *so that*
zodra *as soon as*
zoeken *to look for*
zoet *sweet*
zogenaamd *so called*
zoiets *something like*
de zomer *summer*
de zon *sun*
zonder *without*
de zool *sole*
de zoon *son*
zorgen *to take care (of, for)*
zout *salt, salty*
zoveel *so much, so many*
zowel *both, as well as*
zo'n *such (a)*
het/de zuivel *dairy produce*
zullen *shall, will*
zuur *sour*
zwaar *heavy*
zwart *black*

English–Dutch glossary

(a) little **een beetje**
(be) able (vb.) **kunnen**
about / around **om**
above **boven**
abroad **het buitenland**
according to **volgens**
account **de rekening**
acquaintance **de kennis**
active **actief**
activity **de activiteit**
actor **de acteur**
actress **de actrice**
address **het adres**
administrator **de administrateur**
adore (vb.) **adoreren**
advice (give good advice) **raad (een goede raad geven), het advies**
after **na**
(in the) afternoon **'s middags**
against / to **tegen**
age **de leeftijd**
agreed **afgesproken**
air **de lucht**
airport **het vliegveld**
alarm clock **de wekker**
all **allemaal**; *all in all* **al met al**; *all sorts of* **allerlei**
allow / let (vb.) **laten**
allowed (be allowed) **mogen**
along **langs**
already / as early as **al**
also **ook**
although **(ook) al**
always **altijd**
ample / considerable **riant**
amuse oneself (vb.) **(zich) amuseren**
analyse (vb.) **analyseren**
apple **de appel**
appointment / arrangement **de afspraak**
apricot **de abricoos**
arm **de arm**
arrive (vb.) **aankomen**
art **de kunst**
article **het artikel**
artist **de kunstenaar (-ares)**
artistic **artistiek**
as far as … goes **wat … betreft**
as much **evenveel**

ask (vb.) **vragen**
aspirin **de aspirine**
assistant **de assistent(e), de medewerker (-ster)**
at **bij**; *at home* **thuis**; *at night (after midnight)* **'s nachts**
attractive **aantrekkelijk**
aunt **de tante**
autumn **de herfst, het najaar**

back **de rug**
back **terug**
bad **slecht**
badly **slecht**
bag **de tas, zak**
bag, small **het zakje**
baker **de bakker**
ball **de bal**
banana **de banaan**
bank **de bank**; *bank employee* **de bankassistent(e)**
bar / pub **de kroeg**
based on **gebaseerd op**
basement **het souterrain**
be (vb.) **zijn**
bean **de boon**
beautiful **mooi**
because **want**
become (vb.) **worden**
become used to (vb.) **wennen**
beef **het rundvlees**
beer **de pils, het bier**
before **voor**
begin **beginnen**
behaviour **het gedrag**
belt **de riem**
better **beter**
between **tussen**
bicycle **de fiets**
big **groot**
birthday **de verjaardag**; *it's my birthday* **ik ben jarig**
biscuit **het koekje**
black **zwart**
blend / mix (vb.) **mengen**
blow (vb.) **blazen**
blow (wind) (vb.) **waaien**
blue **blauw**
body **het lichaam**

book (vb.) **boeken**
book **het boek**
booked **geboekt**
boot **de laars**
bored (to get bored) **(zich) vervelen**
boring **saai**
born **geboren**
borrow **lenen**
bossy **bazig**
both **allebei**
bottle **de fles**; extra charge on glass bottles **het statiegeld**
boy **de jongen**
boyfriend **de vriend**
break **de pauze**
breakfast **het ontbijt**; have breakfast **ontbijten**
bring (vb.) **brengen**; bring with (vb.) **meebrengen**
broken **gebroken, kapot**
brother **de broer**
brown **bruin**
bureau de change **het wisselkantoor**
bus stop **de bushalte**
businessman **de zakenman**
businesswoman **de zakenvrouw**
busy **druk**
but **maar**
butcher **de slager**
butter **de boter**
buy (vb.) **kopen**
by **bij**

cabbage **de kool**
cabin **de trekkershut**
café **de kroeg**
(be) called (vb.) **heten**
camp (vb.) **kamperen**
campsite **de camping**
canal (in towns) **de gracht**
cancel (an appointment) (vb.) **afzeggen**
cancel (ticket) (vb.) **stempelen**
cap **het petje**
capital **de hoofdstad**
careless / sloppy **onzorgvuldig**
caring **zorgzaam**
carrot **de wortel**
carry (vb.) **dragen**
carton **het pak**
cat **de poes, kat**
cauliflower **de bloemkool**
celebrate (vb.) **vieren**
centre (of town) **het centrum**
certain **bepaald**
certainly **zeker, beslist**

chair **de stoel**
challenge **de uitdaging**
chance **de kans**
change **het kleingeld**
change (vb.) **veranderen**; (buses etc.) **overstappen**; (clothes) **(zich) verkleden, omkleden**; (money etc.) **wisselen**
changeable **wisselend**
characteristic (personal) **de karaktertrek, de karaktereigenschap**
chat **kletsen**
cheap **goedkopp**
checkout **de kassa**
cheese **de kaas**; extra mature cheese **de oude kaas**; mature cheese **de belegen kaas**; young cheese **de jonge kaas**
chemist **de drogist**
chess (to play chess) **schaken**
chicken **de kip**
child **het kind** (pl. **kinderen**)
chips (French fries) **de patat, friet**
chocolate **de chocola**
choice **de keuze**
church **de kerk**
cinema **de bioscoop**
clean (vb.) **schoonmaken**
clean **schoon**
clever **knap**
client / customer **de klant**
close to **vlakbij**
clothes **de kleren** (pl.)
cloudy **bewolkt**
cod **de kabeljauw**
coffee **de koffie**
coin **de munt**
cold **koel, koud**
collect (vb.) **afhalen, verzamelen**
colour **de kleur**
comb **de kam**
come (vb.) **komen**; come back (vb.) **terugkomen**; come with (vb.) **meekomen**
comfortable **comfortabel**
comic **de strip**
company **het bedrijf**; company culture **de bedrijfscultuur**
compare (vb.) **vergelijken**
compass **het kompas**
complicated **ingewikkeld**
connect (vb.) **verbinden, doorverbinden**
connection **de verbinding**
conversation **het gesprek**
cook (vb.) **koken**

corner **de hoek**
cost (vb.) **kosten**
cottage / cabin **het huisje**
cough **de hoest, hoesten** (vb.)
country **het land**
countryside **het platteland**
covered **overdekt**
crate **de krat**
cream **de room**
criticize (vb.) **bekritiseren**
cross (road) (vb.) **oversteken**
crossroads **het kruispunt**
curl **de krul**
cut (vb.) **knippen, snijden**
cycle (vb.) **fietsen**

dance (vb.) **dansen**
dangerous **gevaarlijk**
dark **donker**
daughter **de dochter**
day **de dag**
delicious **overheerlijk**
demanding **veeleisend**
dentist **de tandarts**
depart (vb.) **verstrekken**
department **de afdeling**
department store **het warenhuis**
departure **het vertrek**
dessert **het nagerecht, toetje**
differ (vb.) **verschillen**
difference **het verschil**
different **verschillend**
difficult **moeilijk**
dine (vb.) **dineren**
direction **de richting**
dirty **vies**
disciplined **gedisciplineerd**
discover (vb.) **ontdekken**
disguise / camouflage (vb.) **camoufleren**
dish / meal **de schotel**
disturb **storen**
dizziness **duizeligheid**
do (vb.) **doen**
doctor **de dokter**
dominate (vb.) **domineren**
door **de deur**
dream (vb.) **dromen**
dress **de jurk**
(get) dressed (vb.) **(zich) aankleden**
drink **de drank, de borrel**
drink (vb.) **drinken**
drive (vb.) **rijden**
driver **de chauffeur**

dry **droog**
dyke **de dijk**

each **elk, ieder**; each other **elkaar**
ear **het oor**
early **vroeg**
earn (vb.) **verdienen**
easy **makkelijk**
eat (vb.) **eten**
editor **de redacteur**
egg **het ei** (pl. **eieren**)
elaborate **uitgebreid**
electricity **de electriciteit**
embroider **borduren**
empty **leeg**
end **het eind**
endive **de andijvie**
energetic **energiek**
energy **de energie**
enjoy (vb.) **genieten**
enjoy oneself (vb.) **(zich) vermaken**
entrance **de ingang**
equal **gelijk**
especially **vooral**
euro **de euro** (pl. **euro's**)
even **zelfs**
even though **(ook) al**
evening **de avond**; in the evening
    's avonds
everywhere **overal**
example **het voorbeeld**; for example **bijvoorbeeld**
excellent **uitstekend**
except **behalve**
exchange (vb.) **wisselen**
exciting **boeiend**
exercise **de oefening**
exhibition **de tentoonstelling**
exist (vb.) **bestaan**
exit (motorway) **de afrit, de afslag**
expensive **duur**
experience **de ervaring**
explain (vb.) **verklaren**
extensive **uitgebreid**
eye **het oog**

fairly **tamelijk, redelijk, vrij**
fall (vb.) **vallen**
family **de familie, het gezin**; family life **het**
    familieleven
fanatical **fanatiek**
fancy (a boy/girl/doing something) (vb.) **gek zijn op**;
    fancy (doing) something (vb.) **zin hebben in/om**
fantastic **fantastisch**

far **ver**
fashion **de mode**
fashionable **modieus**
fast **hard, snel**
fat **dik**
father **de vader**
favourite **favoriet**
feel (vb.) **(zich) voelen**
fetch (vb.) **halen, ophalen**
fever **de koorts**
(a) few **een paar**
few / little **weinig**
filled **gevuld**
film **de (speel)film**
find (vb.) **vinden**
finish (vb.) **afmaken**
fish **de vis**
flight **de vlucht**
flower **de bloem**
flu **de griep**
food **etenswaren**
foot **de voet**
football **het voetbal**
for **voor**
forget **vergeten**
free **vrij**
freeze (vb.) **vriezen**
friend (female) **de vriendin**
friend (male) **de vriend**
friendly **vriendelijk**
from **vanuit, van**; from now on **voortaan**
fry (vb.) **bakken**
frying pan **de koekepan**
fun **leuk**; fun to be around **gezellig**

garden **de tuin**
general practitioner **de huisarts**
get **krijgen**; get up (vb.) **opstaan**; get in/on (vb.)
instappen
gherkin **de augurk**
gift **het cadeau**
girl **het meisje**
girlfriend **de vriendin**
give (vb.) **geven**; give out (vb.) **uitreiken**
glass **het glas**; glass of beer **het pilsje, biertje**
glasses **de bril**
go **gaan**; go away (vb.) **weggaan**; go out with (vb.)
gaan met; go round / mix with **omgaan**
goat's cheese **de geitenkaas**
good **goed**
good hearted **goedaardig**
good looking (also: clever) **knap**
grandma **de oma**
grandpa **de opa**

grandparent **de grootouder**
grape **de druif**
green **groen**
green bean **de sperzieboon**
greengrocer **de groenteboer**
grey **grijs**
grocer **de kruidenier**
guide **de gids**

habit **de gewoonte**
haddock **de schelvis**
hair **het haar**
hairdresser's **de kapsalon**
hand in (vb.) **inleveren**
handkerchief **de zakdoek**
handle **de knop**
hang up (vb.) **ophangen**
hanky **het zakdoekje**
haste **de haast**
have **hebben**
have to, must (vb.) **moeten**
hay fever **de hooikoorts**
head **het hoofd**
headstrong **koppig**
healthy **gezond**
heating **de verwarming**
help (vb.) **helpen**
here **hier**
history **de geschiedenis**
holiday **de vakantie**
homely **huiselijk**
homework **het huiswerk**
honest / honourable **integer**
horror film **de griezelfilm**
hors d'oeuvre **het voorgerecht**
hospital **het ziekenhuis**
hour **het uur**
house **het huis**
how **hoe**
how much **hoeveel**
humour **de humor**
hundreds and thousands **de hagelslag**
(be) hungry (vb.) **honger hebben**
hurry (vb.) **(zich) haasten**

ice, ice-cream **het ijs**
idea **het idee**
ill **ziek**
illness **de ziekte**
important **belangrijk**
in **bij**; in front of **voor**
indecisive **besluiteloos**
indeed **trouwens**
indicate (vb.) **aangeven**

industrious **ijverig**
influence **de invloed**
in-line skating **skeeleren**
inner peace **de innerlijke rust**
inside **binnen**
(be) interested (vb.) **(zich) interesseren**
interesting **interessant**
introduce (vb.) **voorstellen**
inventive / resourceful **vindingrijk**
irresistible **onweerstaanbaar**
irritate (vb.) **irriteren**
irritating, a nuisance **vervelend**
itch (vb.) **jeuken**

jacket **de jas, het colbert**
jar **de pot**
jealous **jaloers**
jeans **de spijkerbroek**
job **de baan**
jolly **vrolijk**
journey **de reis**
juice **het sap**
just **gewoon**

key **de sleutel**
kiss (vb.) **kussen, zoenen**
kitchen **de keuken**
knit (vb.) **breien**
know (vb.) **weten**
knowledge **de kennis**

lack of **het gebrek aan**
lake **het meer**
lamb (meat) **het lamsvlees**
language **de taal**
late **laat**
lawyer **de advocaat**
lay / put (vb.) **leggen**
leader **de leider**
learn (vb.) **leren**
least **minst**
leave (vb.) **verlaten, weggaan**
lecturer **de docent(e)**
leek **de prei**
left (to the) **links**
leg **het been**
lend (vb.) **lenen**
less **minder**
lesson **de les**
lettuce **de sla**
librarian **de bibliothecaris(esse)**
light **het licht, licht** (adj.)
light (weight) **licht**
like **houden van**

limit / restrict (vb.) **beperken**
line **de lijn**
liquorice **de drop**
list **de lijst**
listen (vb.) **luisteren**
literature **de literatuur**
(a) little **een beetje**
little, few **weinig**
live (vb.) **leven**; live (in a place, house) (vb.) **wonen**
loan **de lening**
lobster **de kreeft**
local **plaatselijk**
lock (canal etc.) **de sluis**
long **lang**
look (vb.) **kijken**; look like (vb.) **eruitzien**; look after
    oppassen; look for / seek (vb.) **zoeken**
love **het liefde**; to be in love with **verliefd zijn op**
lovely **heerlijk**
loving **liefhebbend**
lunch **de lunch**; have lunch **lunchen**
lunch break **de lunchpauze**

machine **de automaat**
mad **dol**
magazine **het tijdschrift**
magnificent **magnifiek**
main course **het hoofdgerecht**
make (vb.) **maken**; make an appointment (vb.)
    afspreken
man **de vent** (informal)
manner / way **de manier**
many / much **veel**
map **de kaart**
marvellous **schitterend**
matter **de kwestie**
meal **de maaltijd**
mean (vb.) **bedoelen, betekenen**
meat **het vlees**
medicine **het geneesmiddel**
meet (vb.) **ontmoeten**
melon **de meloen**
middle **het midden**
mild **zacht, mild**
milk **de melk**; full fat milk **de volle melk**;
    semi-skimmed milk **de halfvolle melk**; skimmed
    milk **de magere melk**
mince **het gehakt**
minute **de minuut**
mistake **de vergissing, fout**
(be) mistaken (vb.) **(zich) vergissen**
mix (with) (vb.) **(zich) mengen onder**
mobile phone **het mobieltje**
moderate **matig**
moment **het ogenblik(je)**

month **de maand**
moody **chagrijnig, humeurig**
moors **heidevelden**
more **meer**
morning **de morgen, ochtend**;
   in the morning **'s morgens, 's ochtends**
most **meest**
mother **de moeder**
motherly **moederlijk**
motorbike **de motor**
motorway **de autosnelweg**
mountain **de berg**
mouth **de mond**
much / many **veel**
municipality **de gemeente**
music **de muziek**
mussel **de mossel**
must, have to (vb.) **moeten**

nag / complain **zeuren**
name **de naam**
nationality **de nationaliteit**
natural / naturally **natuurlijk**
nature area **het natuurgebied**
nature / character **de aard**
near **bij**
nearly **bijna**
neat **net, netjes**
necessary **nodig**
neck **de hals**
necklace **de ketting**
neighbourhood **de buurt**
network **het netwerk**
nevertheless **toch**
new **nieuw**
newspaper **de krant**
next **daarna, volgend**; next one **de volgende**; next
   to **daarnaast, naast**
nice **aardig, prettig**
night **de nacht**
no **nee, geen**
not until **pas**
note (money) **het biljet**
nothing **niets**
now **nu**
number **het nummer**
nurse **verpleger, verpleegster**

obvious **duidelijk**
of **van**
offer (vb.) **bieden**
office **het kantoor**
often **vaak**
oil **de olie**

old **oud**
old-fashioned **ouderwets**
on **aan**
onion **de ui**
only **slechts**; only one **de enige**
opinion **de mening**
orange (colour) **oranje**
orange (fruit) **de sinaasappel**
orange juice **de jus d'orange,**
   de sinaasappelsap
order (vb.) **bestellen**
ordinary, just **gewoon**
organize (vb.) **organiseren**
other **ander**
otherwise **anders**
out **uit**
outside **buiten**
overtime **het overwerk**
own **eigen**

pack / fetch **pakken**
pain **de pijn**
paint (vb.) **schilderen, verven**
paint **de verf**
painting **het schilderij**
pair **het paar**
paper **het papier**
parcel **het pakje**
parent **de ouder**
party **het feest**
pass (vb.) **passeren**
patient **geduldig**
pay **betalen**; pay by card/get money from an ATM
   pinnen; pay attention to (vb.) **letten op**
payment **de betaling**
pea **de erwt**
peach **de perzik**
peanut butter **de pindakaas**
pear **de peer**
perhaps **misschien**
permitted to (vb.) **mogen**
person **de mens, de persoon**
personal code **het PINnummer**
pharmacist **de apotheek**
philosophical **filosofisch**
photograph **de foto**
pick up (vb.) **opnemen**
piece **het stuk**; piece of furniture **het meubel**
pill **het pilletje, de pil**
pineapple **de ananas**
place **de plaats**
place (vb.) **zetten**
plaice **de schol**
plain **effen**

plastic bag **het plastic tasje**
platform **het perron**
play (vb.) **spelen**; play football (soccer) (vb.)
   voetballen; play sport (vb.) **sporten**; play tennis
   (vb.) **tennissen**
please **graag**
pocket **de zak**
police **de politie**
police station **het politiebureau**
policeman **de politieagent**
policewoman **de politieagente**
polite **beleefd**
pork **het varkensvlees**
possess (vb.) **bezitten**
post office **het postkantoor**
postcard **de briefkaart**
potato **de aardappel**
practical **praktisch**
practice **de praktijk**
prawn **de garnaal**
preference **de voorkeur**
prepare (vb.) **voorbereiden**
prepared **bereid**
prescription **het recept**
present **cadeau(tje), kado(otje)** (old spelling)
press / print (vb.) **drukken**
pretentious **pretentieus**
pretty **fraai**
previous **vorig**
priority **de prioriteit**
private **privé**
problem **het probleem**
profession **het beroep**
programme **het programma**
project **het project**
propose (vb.) **voorstellen**
public **openbaar**
punctual **punctueel**
purple **paars**
put / lay (vb.) **leggen**

quarter **het kwart**
question **de vraag**
quiet **rustig, stil**
quite **nogal**

radish **de radijs**
railway **de spoorweg**; railway timetable **het**
   spoorboekje
rain **de regen**
raspberry **de framboos**
rather **liever**
react to (vb.) **reageren op**
read (vb.) **lezen**

(be) ready (vb.) **klaar staan**
real / really **echt**
really / actually **eigenlijk**
reason **de reden**
reasonable **redelijk**
recipe **het recept**
red **rood**
relationship **de relatie**
relax (vb.) **ontspannen**
reliable **betrouwbaar**
repair (vb.) **repareren**
repeat (vb.) **herhalen**
responsible **verantwoordelijk**
result **de uitslag, het gevolg**
return **het retour**
rice **de rijst**
right (to the) **rechts**
ring (vb.) **bellen**; ring up (vb.) **opbellen**
risk **het risico**
road **de weg**
roll (bread) **het bolletje, het broodje**; roll (crusty)
   het puntje
romantic **romantisch**
room **de kamer**
round **rond**
round off (vb.) **afronden**
roundabout **de rotonde**
route / line **de lijn**
rubbish **het afval**; rubbish bag **de vuilniszak**
rucksack **de rugzak**

sail (vb.) **zeilen**; sailing boat **varen**
salesperson (male) **verkoper**, (female) **verkoopster**
salty **zout**
sandwich **de boterham**
save (vb.) **sparen**
say **zeggen**
scream (vb.) **schreeuwen**
sea **de zee**
season **het jaargetijde**
secondhand **tweedehands**
secretary **de secretaresse**
see (vb.) **zien**
seem (vb.) **schijnen**
self-confidence **zelfvertrouwen**
selfish **egoïstisch**
sell (vb.) **verkopen**
send (vb.) **versturen**; send an email (vb.) **emailen**
sense / feeling **het gevoel**
sensitive **gevoelig**
service **de dienst**
share (vb.) **delen**
shirt **het overhemd**
shoe **de schoen**

shop (vb.) **winkelen**
shop **de winkel**
shop assistant **de winkelbediende**
shopping **de boodschappen**
short **kort**
shower (of rain) **de bui**
shut **dicht**
sick **misselijk**
sick / ill **ziek**
since **sinds**
single **enkel**
sister **de zus**
sit (vb.) **zitten**
size **de maat**
skate (vb.) **schaatsen**
skirt **de rok**
sleep **slapen**
sleeping bag **de slaapzak**
sleeve **de mouw**
slice **het plakje**
slim **slank**
slow **traag**
slowly **langzaam**
small **klein**
small-minded **kleinzielig**
smart / clever **slim**
smile (vb.) **glimlachen**
snack **het hapje**
snow (vb.) **sneeuwen**
snow **de sneeuw**
so / thus **dus**
soap **de zeep**
sociable **sociaal**
soft **zacht**
solve (vb.) **oplossen**
someone **iemand**
something **iets**
sometimes **soms**
somewhere **ergens**
son **de zoon**
soon **straks**
soup **de soep**
sour **zuur**
south **zuid**
sparkling mineral water **spa rood**
speak (vb.) **spreken, praten**
spend (vb.) **uitgeven**
spinach **de spinazie**
spiritual **spiritueel**
(be) spoiled (vb.) **verwend worden**
spread (vb.) **smeren**
spring **de lente, het voorjaar**
spring roll **loempia**
stage **het toneel**

stairs **de trap**
stamp (a ticket) (vb.) **afstempelen**
stamp (postage) **de (post)zegel**
stand **staan**
starter **het voorgerecht**
station **het station**; station buffet **de restauratie**
stay **blijven**; stay (vb.) (with someone) (vb.) **logeren**
steak **de biefstuk**
stick / jam (vb.) **klemmen**
stiff **stijf**
still / yet **nog**
still mineral water **spa blauw**
stomach **de buik, de maag**
stop (vb.) **stoppen**
store **de winkel**
storm **onweren**
straight on **rechtdoor**
straightaway **meteen, direct**
strange **raar, vreemd**
strawberry **de aardbei**
street **de straat**
strength **de kracht**
striped **gestreept**
strong **sterk**
student **de student**; fellow student **de medestudent**
studies **de studie**
study (vb.) **studeren**
stupid **dom**
such as **zoals**
suck (vb.) **zuigen**
sugar **de suiker**
suit **het pak**
suitcase **de koffer**
summer **de zomer**
sun **de zon**
sunny **zonnig**
supermarket **de supermarkt**
surgery (time) **het spreekuur**
surroundings **de omgeving**
sweater **de trui**
sweet **het snoepje**
sweet / nice **zoet**
swim (vb.) **zwemmen**
swimming pool **het zwembad**
sympathetic **sympathiek**
symptom **het symptoom**
system **het systeem**

table **de tafel**
tactful **tactvol**
take (vb.) **nemen**; take with (vb.) **meenemen**
talk (vb.) **praten, spreken**
taste **smaken**

tasty **lekker**
tea **de thee**
teach (vb.) **leren**
teacher **de leraar (-ares)**
team (of eleven) **het elftal**
telephone **de telefoon**; telephone number **het telefoonnummer**
tendency **de neiging**
terrible / terribly **vreselijk**
terrific **geweldig**
text **de tekst**
thank (vb.) **danken**
thanks **bedankt**
that **dat**
theatre **het theater, de schouwburg**
theme park **het pretpark**
then **dan**
there **daar, er**
thin **dun, mager**
thing **het ding**
things, a great many **heel veel**
think (vb.) **denken**; think about (vb.) **nadenken**
(be) thirsty (vb.) **dorst hebben**
this **dit**; this afternoon **vanmiddag**; this evening **vanavond**; this morning **vanmorgen, vanochtend**
this, these **deze**
though **ook al**
throat **de keel**
throw (vb.) **gooien**
thunderstorm **onweersbui**
ticket **het kaartje, de kaart;**
ticket clerk **de lokettist(e);**
ticket office **het loket**
tidy / neat **netjes**
tie (neck-) **de stropdas**
tight **strak**
time **de tijd**
times (?times) **keer (?keer)**
tired **moe**
to **naar, aan**
to (up to, as far as) **tot**
today **vandaag**
together **samen**
tomato **de tomaat**
tomorrow **morgen**
toothbrush **de tandenborstel**
toothpaste **de tandpasta**
town **de stad** (pl. **steden**)
traffic jam **de file**
train **de trein**
transport **het vervoer**
travel (vb.) **reizen**; travel agent **het reisbureau**
trip **de tocht, het uitstapje**

trousers **de broek**
try on (vb.) **passen**
tub **het kuipje**
turn (my turn) **de beurt (mijn beurt)**
turn / time **de, het keer**
type **het soort**

uncle **de oom**
uncompromising **star**
understand (vb.) **begrijpen**
undress (vb.) **uitkleden**
unfortunate **helaas**
ungrateful **ondankbaar**
university **de universiteit**
urgent **dringend**
use (vb.) **gebruiken**
(get) used to (vb.) **wennen**
usually **meestal**

valid **geldig**
vegetables **de groente**
very **heel**
view **het uitzicht**
village **het dorp**
visit **het bezoek**
visit (vb.) **opzoeken**
vulnerability **kwetsbaarheid**
vulnerable **kwetsbaar**

wait (vb.) **wachten**
waiter **de ober**
walk **de wandeling**
walk (vb.) **lopen, wandelen**; walk (a dog) (vb.) **uitlaten**
want / wish (vb.) **willen**
warm / affectionate **hartelijk**
wash oneself (vb.) **(zich) wassen**
wasteful **verkwistend**
way / manner **de manier**
wear (vb.) **dragen**
weather **het weer**; weather (lovely) **weertje**
weather forecast **de weersverwachting**
website designer **de website-ontwerper**
week **de week**
weight **het gewicht**
wet **nat**
what **wat**
when **wanneer**
where **waar**
which **welk(e)**
white **wit**
who **wie**
whole **heel**
window **het raam**

wine **de wijn**
without **zonder**
woman **de vrouw**
wonderful **prachtig, schitterend**
woods **bossen**
work **het werk**; work pressure **de werkdruk**

work (vb.) **werken**
write (vb.) **schrijven**; write down (vb.) **opschrijven**
year **het jaar**
yellow **geel**
yet / still **nog**
young **jong**

Grammatical index

Note: references are to unit and exercise number (the topic referenced follows the exercise).